EU TE BUSCO

EU TE BUSCO

Luiz Sérgio

Psicografia: Irene Pacheco Machado

RECANTO

2ª Edição
2008

Esta edição: do 21º ao 25º milheiro.

Sérgio, Luiz (*Espírito*).

Eu Te busco / Luiz Sérgio ; psicografia : Irene Pacheco Machado. — 2. ed. — Brasília : Recanto, 2008.

336p. : il. ; 21 cm.

ISBN 85-86475-42-4

1. Espiritismo. 2. Tóxico. 3. Reencarnação

I. Machado, Irene Pacheco. II. Título.

CDD 133.9

ISBN 85-86475-42-4

Capa e ilustrações: Mauricio Maia Soutinho
Este livro foi psicografado no ano de 2001, em Brasília, DF, Brasil.

SUMÁRIO

MENSAGEM AO LEITOR

Salmo 70:

16 *Apresentarei os feitos do Senhor Deus, evocarei tua justi-*
ça, que é somente tua.
17 *Ó Deus, tu me instruíste desde a juventude, e até hoje*
proclamei teus prodígios.
18 *Agora, na velhice e de cabelos brancos, não me abando-*
nes, ó Deus, até eu anunciar aos descendentes os feitos de teu braço,
e às gerações vindouras teu poder!
19 *Tua justiça, ó Deus, eleva-se até aos céus. Realizaste coi-*
sas grandiosas: quem como tu, ó Deus?
20 *Tu, que me fizeste experimentar perigos múltiplos e gra-*
ves, de novo me farás viver; das profundezas da terra me levantarás
outra vez.
21 *Aumentarás minha dignidade e de novo me confortarás.*
22 *Por isso, ao som da harpa, te darei graças, meu Deus, por*
tua fidelidade; cantarei para ti ao som da cítara, ó Santo de Israel.
23 *Ao cantar em tua honra exultarão de alegria meus lábios*
e minha alma, que resgataste;
24 *todos os dias, minha língua proclamará tua justiça, por-*
que se cobriram de vexame e ignomínia os que procuravam minha
desgraça.

Querido irmão leitor, a quem muito devemos pelas preces de amor e respeito a nós endereçadas, muitas delas desde as primeiras mensagens dirigidas a nossa família carnal.

Há muito queríamos escrever esta cartinha a quem vem todo esse longo tempo nos acompanhando, livro por livro, e vibrando com as nossas conquistas. Chegou o dia de abrir o nosso coração, ultimamente chagado de tristeza e vergonha, pois mesmo já desencarnado não estamos distante de disse-me-disse e de mentiras, muitas delas muito graves, pois tentam interromper nossa tarefa, que não é tão grande quanto a de outros importantes e respeitados Espíritos que trabalham nas fileiras Espiritistas. Porém, mesmo não sendo um astro de esplendor divino, somos uma estrelinha escolhida por Jesus para brilhar, nem que seja com mínima luz, junto àquele que necessita.

Você, leitor amigo, deve estar perguntando: onde o Luiz Sérgio quer chegar? E tem razão. Hoje chegou a hora de responder às milhares de cartas que indagam: você está escrevendo com outros médiuns, Luiz Sérgio?

Antes, vamos recordar o livro *O mundo que eu encontrei*, psicografado por nossa prima Alayde. Depois, junto com a Lúcia, a Alayde psicografou *Intercâmbio*. Como a Alayde já havia completado sua tarefa como médium, a doença a levou a parar. Nesse tempo, porém, fomos chamados a iniciar um trabalho sério e perigoso, no qual teríamos grandes adversários das trevas, os quais tudo fariam para não nos deixar ir até o fim. Fomos informados também de que, dado o nosso linguajar de jovem e as narrações bem fortes, "doutores da lei" não aceitariam nossos livros, ou melhor, nosso novo modo de narrar os fatos. Assim, nós, Luiz Sérgio, e a médium Irene Pacheco Machado fomos convidados para a árdua tarefa de trabalhar junto a traficantes e drogados e ficamos um pouco assustados. Nós, Luiz Sérgio, pensamos em correr, desistindo, alegando imaturidade.

Para quem não conhece Irene, ela é uma médium que iniciou sua mediunidade sem correr atrás de grupos mediúnicos, porque os Espíritos foram até seu lar e a prepararam, assim como a toda a sua família, não para se tornar mais uma médium, isso não. Irene recebeu, através de suas mãos, as instruções doutrinárias, os livros para estudar, e estes livros foram todos aqueles que devem ser leitura obrigatória para quem quer adentrar a Doutrina Espírita. Quando chegamos até Irene, ela passava noites e noites estudando as obras básicas e aproveitamos para fazer o mesmo, junto a Espíritos nos quais ela colocou pseudônimo, pois eram por demais respeitados na Doutrina, porque não queria que ninguém julgasse que desejava só aparecer, por pensar que assim procede quem não tem respeito nem conhece a beleza dos ensinos doutrinários.

Demoramos, preparando-nos para o novo trabalho. Em desdobramento, Irene acompanhava os Raiozinhos de Sol em ajuda aos dependentes químicos. Foi um início difícil, pois ela era dona de casa, desconhecendo totalmente o terrível mundo da droga. Mesmo vivendo nesses dois mundos, ela nada contava, nem ao seu marido. Era algo muito importante para todos nós, que iniciamos um trabalho único na seara espírita.

Muito depois de ficarmos amigos é que "mudamos" para o lar dos Machados, onde estava iniciando-se um grupo espírita. Irene estudava *Deus na Natureza*, de Flammarion, e os livros de Paul Gibier e de outros Espíritos e, com Lázaro, *O Livro dos Espíritos*, letra por letra. E a freqüência à casa de Irene aumentava, pois muitos a buscavam para receber consolo. Foi quando Lázaro a mandou buscar um Centro Espírita respeitável, onde sua mediunidade seria melhor analisada. E ela se foi, iniciando pelo "jardim-de-infância", em nenhum momento deixando que percebessem que tinha grandes amigos, Espíritos de grande conhecimento doutrinário a ajudá-la a conhecer melhor a Doutrina Espírita. Enquanto isso, iniciamos o livro *Na Esperança de uma Nova Vida*, que também Irene a ninguém contou que era de Luiz Sérgio, chegando mesmo a nos pedir para colocar pseudônimo, o que irmã Celina, Espírito responsável pela psicografia, não autorizou. Irene não queria escrever com Espírito já conhecido na Doutrina, e nós já tínhamos escrito três volumes com os quais você, leitor, vibrou.

Irene relutava em mostrar o livro *Na Esperança de uma Nova Vida*. Um dia, depois de muito tempo, ela o entregou a nossa mãe que, mesmo sem muita experiência para "traduzir" a psicografia mecânica da médium, o fez por amor. Não tivemos dinheiro para editá-lo, apesar de já termos três livros na praça, que não deram lucro, pois paga-se a editora e o revendedor recebe cinqüenta por cento do valor do livro. Para publicar nosso livro, minha mãe teve de fazer um bazar. Todo o grupo da Casa Espírita Recanto de Maria, o Rema, nessa época já registrado como Centro Espírita, teve de ajudar para arrecadar dinheiro para a publicação. Assim, saiu o primeiro tiro contra as drogas que explodiu no meio espírita. As críticas foram terríveis, pois falávamos de sexo, de drogas e usando gírias. Como o Vaticano, que ficou sempre longe do que estava se passando na sociedade, ignorando a mudança que nela ocorria, os pseudo-espíritas também diziam que nossos alertas eram fantasiosos. Confessamos que nos sentimos acuado e muito triste, mas Irene dizia: "Luiz Sérgio, temos uma tarefa e não podemos decepcionar os Espíritos que em nós confiaram. Não me importo em não receber os aplausos dos encarnados, porém, quero ter a consciência em paz de que jamais deixei um trabalho para trás por covardia. Não desejo ser conhecida nem elogiada no meio espírita, isso nunca, sou apenas uma cooperadora de sua obra. Seguro somente um lápis e fique sabendo, Luiz Sérgio, que jamais usarei seu nome para ser bajulada. Sempre serei Irene e meu ideal é levantar a Casa de Maria junto a todos os pedaços da alma de minha mentora, Francisca Theresa. Jamais sairei pelo Brasil ou irei a um Centro Espírita fazendo propaganda de seus livros. Você, minha criança, nunca vai precisar disso. Quem ama você, ama-o como você é, e quem não gosta do seu jeito jocoso de escrever não vai ler os seus livros apenas porque alguém fez propaganda deles. Ninguém é obrigado a comprar livro nenhum. Faça o seu trabalho, ou melhor, façamos o nosso trabalho. As pedras, vamos transformá-las em alerta para melhorar cada vez mais, para estudar cada vez mais, pois Doutrina Espírita é um curso eterno. Ninguém tem diploma de doutor em Espiritismo, nem ele, que o codificou com tanta sabedoria, Allan Kardec."

Assim, ao lado da minha grande amiga, fomos nadando contra a correnteza e quanta dificuldade enfrentamos! Depois, outros livros foram editados, por mercê de nossos queridos amigos do Rema, outros gratuitamente, por bondade de algumas autoridades.

A partir do livro *Ninguém está Sozinho*, Lázaro achou por bem a irmã Celina assumir a orientação da psicografia da médium e criou uma equipe de revisão, composta de Espíritos e encarnados. Luiza Helena, uma irmã que acompanhou Irene desde o começo, foi escolhida para "traduzir" sua psicografia mecânica, pois é tarefa muito difícil devido à velocidade da escrita, e este trabalho vem sendo realizado até hoje pela irmã. O grupo encarnado da psicografia chega a julgar que ela fez um "cursinho" na espiritualidade, tal a facilidade com que realiza esta tarefa.

Entretanto, muitos fatos ocorreram. Por inexperiência, registraram a livraria ou editora separadamente da Casa Espírita e isso causou à Casa de Maria vários contratempos, pois até hoje a Casa luta para se livrar desse grande erro cometido pelos encarregados na época dos livros. Depois, veio a quase falência da editora, pois quando o Dirceu, marido da Irene, foi ver quanto devia, era uma quantia enorme e o dinheiro que ele colocava do seu bolso não dava para salvar os livros. Ele vendeu dois terrenos da família para saldar os compromissos com nossos livros. Antes, porém, de Alayde e Lúcia passarem para o Rema os direitos autorais dos primeiros livros, minha mãe os ofereceu para um revendedor de Brasília, para que ele editasse as nossas obras, e ele as recusou. Porém, Dirceu, Irene e todo o grupo do Rema tudo fizeram para não parar a nossa obra, não por vaidade, pois a médium compra e sempre comprou os livros que escreve. O único benefício que a médium Irene Pacheco Machado recebe é a ingratidão e as críticas desumanas, mas graças a Deus ela nem as percebe, pois vive em outro mundo, o mundo dos que não desejam aparecer.

Muitos hoje dizem que foram os nossos livros que levantaram o Rema. Sim, eles ajudaram, mas quem fala isso não conhece a real verdade, por não ter participado da luta dos remistas, catando latinhas de alumínio para vender, fazendo almoços para muitas e muitas pessoas e o bazar considerado o mais bonito do Brasil. A Casa de Maria tornou-se uma escola de arte, na qual os seus trabalhadores não têm idade, pois tornaram-se grande artistas, até as crianças.

Por que estamos contando para você, leitor, nossa história? Porque chegamos a pensar em largar tudo, porém, quando nós e a médium fomos até o Departamento da Psicografia aqui do mundo espiritual, foram projetados filmes mostrando o bem que nossos livros haviam feito a muitos e muitos jovens. Agora, nesta nossa conversa, queremos informar a você, leitor amigo, que este Luiz Sérgio hoje não tem mais sobrenome, porque o tempo rasgou nossa carteira de identidade. O sobrenome que carregamos, temo-lo no coração: a imagem plasmada de amor aos nossos pais, irmão e familiares. Sendo assim, torna-se difícil provar que só escrevemos pelas mãos da médium Irene Pacheco Machado. Acredite quem desejar acreditar. Não temos como prová-lo; infelizmente, para os Espíritos o DNA não funciona, mas hoje digo basta aos médiuns e editoras que usam o meu nome apenas para vender livro e se tornar conhecidos. No dia em que fomos chamados para trabalhar com os Raiozinhos de Sol prometemos lealdade e se ficamos indo de ninho em ninho, colocando um ovo aqui, outro acolá, não completamos nossa obra, que não é pequena. Portanto, está na sua avaliação, leitor amigo, constatar se os livros escritos por outros médiuns são nossos ou não, mas eu, Luiz Sérgio, declaro categoricamente que não o são, pois nossa tarefa, na psicografia, é com Irene. Nós afirmamos que um dia encontramos uma árvore chamada Recanto de Maria e nela abrigamos nosso Espírito, porque nessa árvore aprendemos o que é o amor, a humildade, a caridade e o valor do estudo. O que não está certo é o fato de muitas livrarias, ditas espíritas, estarem vendendo esses livros que não são nossos, e com títulos completamente antidoutrinários, pois em momento algum desejei glorificar um suposto "novo" Deus nem jamais tive a pretensão, a suprema arrogância e prepotência de querer "caminhar com a verdade", porquanto a Introdução de *O Evangelho Segundo o Espiritismo* esclarece: "(...)ninguém, neste mundo, poderia alimentar fundadamente a pretensão de possuir, com exclusividade, a verdade absoluta."

Tenha certeza, leitor amigo, de que, após as portas da Universidade Maria de Nazaré terem-se aberto para nós, jamais retrogradaríamos, escrevendo livros de "contos mediúnicos", com historietas superficiais, repletas de clichês, nas quais os personagens das nossas outras obras são citados apenas para tentar dar autenticidade à fraude, sem o menor critério, não sabendo o quanto eles são respeitados na espiritualidade. Não, esses tais livros de "contos mediúnicos" nunca foram escritos por nós, assim como também jamais usaríamos em texto de nossa autoria a palavra "nosocômio" para designar hospital, e outras tantas.

Quando indagados por que não escrevemos mais com Irene, dizem que ela está decrépita ou com doença incurável. Que Espiritismo é esse? perguntamos. Será que Allan Kardec previu o que fariam com o Consolador prometido por Jesus; que, infelizmente, *O Livro dos Médiuns* seria muito pouco estudado nas Casas Espíritas? Achamos que não, porque o que hoje sofrem os Espíritos nas mãos de médiuns sem preparo doutrinário é muito prejudicial à Doutrina Espírita. E ainda existem aqueles que julgam que a bela Casa de Maria foi construída somente com a renda dos nossos livros!... Precisam conhecer o trabalho das pessoas idosas e das crianças, adolescentes e jovens varando as noites para realizar o Bazar Rayto de Sol, a luta de uma família que de tudo abdicou para levantar no Planalto Central um instituto de cultura espírita, porque é uma Casa onde se estuda o Espiritismo e onde mais se faz caridade, não com o dinheiro do público, pois nem mensalidade ali é cobrada. Entretanto, essas senhoras, senhores, jovens e crianças vão até os pobres, conhecer as necessidades dos carentes.

Sentimos vergonha quando somos apresentado como construtor da grande obra de Francisca Theresa, é um grande equívoco de quem assim pensa. Por que, então, em outra época, ninguém queria editar os nossos livros? Muito fácil: porque teriam de tirar dinheiro do próprio bolso, pois livro não enriquece ninguém, principalmente livro espírita.

Imploro a você, leitor, que faça o DNA da nossa obra, escrita junto a uma equipe de trabalhadores sérios. Se não fossem sérios, a editora colocaria na praça dois ou três livros por ano. Não o faz porque o controle dos Espíritos da Casa de Maria é implacável. Temos vários livros já psicografados e guardados e este *Eu Te busco* quase não chega até suas mãos, pois às vezes temos vontade de sumir, de ter morrido realmente, porque o que estão fazendo com o nosso nome é crueldade demais, ainda mais quando essa crueldade atinge a quem muito devemos e respeitamos.

Analise, leitor, o que chega às suas mãos. Faça a sua análise. Será que Emmanuel, André Luiz, enfim, toda a equipe que trabalha com o Chico[1] não tem serviço demais junto ao amado médium, precisando sair por aí, atrás de outros, apenas para vender livros? Claro que não. Onde estão os médiuns que diziam receber Emmanuel, André Luiz e outros memoráveis nomes? Será que Joanna de Angelis não tem uma enorme tarefa junto ao Divaldo? Por que ela sairia pelo Brasil afora em busca de novos médiuns? Se isto está acontecendo é por falta de estudo da Doutrina Espírita e não adianta matar a Irene, denegrir a sua imagem, porque quem assim procede não tem Jesus no coração e a Doutrina Espírita é apenas um divertimento em sua vida, e não um ideal pelo qual se luta sem desejar derrubar nem ferir alguém.

Nada desejamos, leitor amado, somos contra a idolatria porque estudamos a Bíblia e somos eternos estudiosos da Doutrina Espírita. Queremos ter amigos e levar até o fim a nossa tarefa. Quem não pode nos ajudar, por favor, não nos atrapalhe, pois vários médiuns estão dizendo nos receber e aqui afirmamos que temos uma obra com a Irene e com vários Espíritos. Nós não pedimos para realizá-la, ela nos foi concedida por Deus e em nome Dele rogamos que ore por nós, mas não se esqueça de orar pela Doutrina Espírita, que hoje atravessa momentos difíceis. Todos desejam se tornar médiuns conhecidos ou construir uma Casa Espírita, porém, sem estudar esta Doutrina que veio para mudar o homem, para torná-lo verdadeiramente humilde e praticante da caridade, esta Doutrina que tem poucos seguidores, porque cobra de cada um renúncia, renúncia e trabalho em prol do próximo.

---

[1] Nota do Editor — Quando este livro foi psicografado ainda não havia ocorrido o desencarne do médium Francisco Cândido Xavier.

Você, leitor, deve estar indagando: "por que, Luiz Sérgio, seus livros demoram tanto a ser editados?" Isso ocorre porque nossos livros não são coisas que se vendem em super-mercado nem revistas semanais, são frutos da grande árvore da Doutrina, que têm o tempo certo de ser colhidos. Não pensamos nos lucros, porque quem pensa que livro dá dinheiro não devia nem pensar em editar livros espíritas. A única coisa que esperamos dos nossos livros é que eles sejam o copo de água que você, leitor amigo, está necessitando para regar sua alma, às vezes deprimida, sofrendo com alguma dependência, e torná-la um jardim de sonhos e esperanças.

Hoje retornamos, tentando trazer ao plano físico notícias do mundo em que vivemos e neste momento recordamos Humberto de Campos, naquele dia 23 de agosto de 1944, com a sentença do Juiz João Frederico Mourão Russel, juiz de Direito em exercício na 8ª Vara Cível do antigo Distrito Federal: "Os direitos da pessoa acabam após a morte", dando ao Chico Xavier o direito sobre os livros psicografados.

Humberto parou somente um ano, depois voltou, mas seu novo livro trazia o pseudônimo "Irmão X". Este pseudônimo, porém, fez tanto mal a ele que resolveu parar. Os encarnados haviam atrapalhado a tarefa do nosso querido Humberto de Campos, chamado carinhosamente pela médium de Kaká. Nós pensamos o mesmo, tantos aborrecimentos nossos livros têm trazido à médium e ao grupo Recanto, mas quando pensamos em colocar pseudônimo, os amigos maiores, nossos instrutores, nos advertiram de que estaríamos fugindo da responsabilidade assumida com o Alto: a de escrever de maneira simples para todos os nossos irmãos, não importando o credo que professam.

Gostaria de dizer aos médiuns iniciantes que cada Espírito, ao receber uma tarefa, é apresentado ao médium que irá ajudá-lo, formando com ele uma equipe de trabalho. O Espírito não tem tempo de ficar escrevendo aqui e ali. Os encarnados precisam compreender que os Espíritos também têm de obedecer a uma disciplina rígida e a obediência é a máquina que vai abrindo o caminho da evolução. Muitas vezes, com a vontade de colocar o nome de um Espírito conhecido nas mensagens que julgam dele receber, os médiuns estão indo contra os planos de Deus.

Atravessamos ainda uma turbulência, mas recordamos o Cristo acalmando as ondas do mar e, Nele crendo, acreditamos que o Mestre nos fortalecerá para vencermos mais essa tempestade, para isso contamos com as suas preces, leitor amigo. Quando alguém lhe disser que o Luiz Sérgio está aí, cuidado, muito cuidado, a Doutrina Espírita não é dos encarnados, sim dos Espíritos, por isso eles precisam ser respeitados.

Quando iniciamos o trabalho sobre drogas, muitos se chocaram: como pode um Espírito usar gíria e falar sobre sexo e drogas? Muitos jovens gostaram, porque finalmente um Espírito falava a sua linguagem e hoje nosso coração transborda de felicidade, pois sabemos que nossos humildes livros, sem palavreado difícil, vêm tirando vários jovens do vício. Eles estão aí, passando de mão em mão. Tenha a certeza de que qualquer um dos livros que escrevi com Alayde, Lúcia ou Irene que chegar à sua mão estará repleto de amor e sonhos de um Espírito que busca Deus desesperadamente.

As águas do rio passam, mesmo o homem não as respeitando. Assim seremos nós. Iremos caminhando na longa estrada da evolução, na certeza de que o seu ombro, leitor amigo, sempre estará amparando este Espírito que só deseja a felicidade e o sorriso de cada encarnado.

Este livro pode parecer igual aos outros. O Espírito não muda de um dia para outro e nós sempre seremos o Luiz Sérgio, sem palavras complicadas, pois amamos as coisas simples. Espero que você goste desta viagem que iniciamos no livro *O Mundo que eu Encontrei*. Queira Deus cheguemos ao ponto proposto pela Espiritualidade Maior e que as trevas não encontrem em nenhum encarnado força para dificultar a nossa caminhada.

Obrigado, leitor, pelas cartas, pelas preces, pelo respeito a este eterno camarada, amigo de todos os irmãos em Cristo. Eu Te busco, Deus, na minha caminhada, como Espírito espírita.

Por fim, leitor, gostaríamos que meditasse na seguinte passagem de *O Livro dos Médiuns*, Capítulo XXXI, item XXV:

Com que fim, as mais das vezes, pedis comunicações aos Espíritos? Para terdes belos trechos de prosa, que mostrareis às pessoas das vossas relações como amostras do nosso talento? Preciosamente as conservais nas vossas pastas, porém, nos vossos corações não há lugar para elas. Julgais porventura que muito nos lisonjeia o comparecermos às vossas assembléias, como a um concurso, para fazermos torneios de eloqüência, a fim de que possais dizer que a sessão foi muito interessante? Que vos resta, depois de haverdes achado admirável uma comunicação? Supondes que vimos em busca dos vossos aplausos? Desenganai-vos. Não nos agrada divertir-vos mais de um modo que doutro. Ainda aí o que há, em vós, é curiosidade, que debalde procurais dissimular.

O nosso objetivo é tornar-vos melhores. Ora, quando verificamos que as nossas palavras nenhum fruto produzem, que, da vossa parte, tudo se resume numa estéril aprovação, vamos em busca de almas mais dóceis. Cedemos então o lugar aos Espíritos que só fazem questão de falar e esses não faltam. Causa-vos espanto que deixemos tomem eles os nossos nomes. Que vos importa, uma vez que, para vós, não há nisso nem mais, nem menos? Ficai, porém, sabendo que não o permitimos em se tratando daqueles por quem realmente nos interessamos, isto é, daqueles com quem o nosso tempo não é perdido. Esses são os que preferimos e cuidadosamente os preservamos da mentira. Se, portanto, sois tão freqüentemente enganados, queixai-vos tão-só de vós mesmos. Para nós, o homem sério não é aquele que se abstém de rir, mas aquele cujo coração as nossas palavras tocam, que as medita e tira delas proveito. (Massillon).

Um abraço do

Luiz Sérgio

Capítulo 1

OS PRIMEIROS PASSOS

Salmo 91:

1 *Ao que está sob a proteção do Altíssimo e se mantém à*
sombra do Poderoso,
2 *transmito a mensagem do Senhor, meu refúgio e fortaleza,*
meu Deus, em quem confio:
3 *Ele te livrará da rede do caçador e da epidemia funesta.*
4 *Ele te cobrirá com suas plumas, e debaixo de suas asas te*
abrigarás; sua fidelidade é escudo e couraça.
5 *Não temerás o pavor da noite nem a flecha que voa de dia,*
6 *nem a epidemia que ronda no escuro nem a peste que de-*
vasta ao meio-dia.
7 *Se tombarem mil a teu lado e dez mil à tua direita, tu não*
serás atingido.
8 *Basta abrires os olhos, e verás o castigo dos ímpios.*
9 *Porque, dizendo: "Tu, Senhor, és meu refúgio", fizeste do*
Altíssimo teu asilo.
10 *Não te atingirá mal algum nem o flagelo chegará à tua*
tenda,
11 *pois ele ordenará aos seus anjos que te guardem em todos*
os teus caminhos.
12 *Eles te levarão nas mãos, para que teu pé não tropece na*
pedra.
13 *Caminharás sobre o leão e a víbora, pisotearás feras e*
dragões.
14 *"Já que ele se afeiçoou a mim, eu o livrarei; protegê-lo-ei,*

porque conhece meu nome.
15 *Se me invocar, responderei; estarei com ele no perigo,*
libertá-lo-ei e o glorificarei.
16 *Hei de saciá-lo com longos dias e manifestar-lhe minha*
salvação".

O sol ameno dava condição de sentir a brisa beijar nosso rosto c com que alegria buscamos as nuvens, que formavam a cada segundo uma imagem, como se quisessem nos dizer que nos faziam companhia! Cumprimentamo-las com os olhos rasos de lágrimas e oramos em silêncio.

Um pássaro pousou em nosso ombro. Resolvemos chamá-lo de "pingo de luz" e ele, saltitante, cantava alegremente, dando graças a Deus por tê-lo criado. Nesse instante, junto à Natureza, sentimo-nos muito importante, ao recordar que já passamos pelas mãos de Deus e de lá saímos, simples e ignorantes, e que santa ignorância, essa, quando não tínhamos bagagem pesada, como temos hoje, para carregar: as nossas imperfeições.

Muitos, ao consultar a página referente a esse assunto em *O Livro dos Espíritos*, pensam: coitados de nós, como éramos ignorantes. Não, irmãos, não devemos pensar assim. Éramos ignorantes como hoje olhamos as crianças, almas também ignorantes, por serem inocentes. A soberba não permite que compreendamos essa ignorância de que o livro nos fala. Bendita Doutrina Espírita, que apresenta Deus a quem a busca como Ele é, bom e justo.

Quando adentramos uma Casa Espírita bem administrada pela Espiritualidade superior somos apresentados a Deus, no momento em que, ao desfolhar *O Livro dos Espíritos*, deparamos com seu Capítulo I — *De Deus*:

1. *Que é Deus?*
"Deus é a inteligência suprema, causa primária de todas as coisas."

Aqui ficamos diante do Criador do Universo, o Pai Todo-poderoso, cuja glória e poder é o amor infinito por Suas obras.

Causa primária de todas as coisas: Ele é o Criador, o Ser mais inteligente do Universo e é Dele que provém a vida, cujo poder é infinito, nem por isso precisa perdoar, porque jamais Se sente ofendido. Deus não condena ninguém, porque conhece o Espírito de cada um de Seus filhos. Ele só espera que Sua complicada família um dia se una pelo amor, através de Suas leis.

E *O Livro dos Espíritos* continua:

2. *Que se deve entender por infinito?*
"O que não tem começo nem fim: o desconhecido; tudo que é desconhecido é infinito."

A terceira questão ainda fala do infinito, quando indaga:

3. *Poder-se-ia dizer que Deus é o infinito?*
"Definição incompleta. Pobreza da linguagem humana, insuficiente para definir o que está acima da linguagem dos homens."

Pobreza da linguagem humana: o homem está longe ainda de compreender o infinito, quão imensa é a amplidão do poder divino. A perfeição de Deus é que é infinita, porque Sua bondade se irradia por todo o Universo.

O pássaro ali estava, saltitante, ora à nossa frente, ora em nossos ombros, e pensamos: *até ele um dia terá a felicidade de compreender a Deus, descobrir a Sua bondade.*

Caminhávamos pelos belos campos de nossa Colônia, a tudo observando, e fomos pulando como criança faz quando se encontra feliz. Nisso, vimos alguém sentado à beira de um dos inúmeros riachos daquele belo jardim. Estava com os pés na água. Não acreditamos no que estávamos vendo e corremos para o seu lado. Ele meditava. Fomos chegando devagarinho:

— Como vai, Ocaj?

— Que Deus nos abençoe sempre — falou, convidando-nos a sentar.

Continuou calado e nós, como somos impaciente, uma das nossas inúmeras imperfeições, estávamos louco para conversar com ele.

— Irmão, cerre os olhos e busque adormecer sua mente. Seus pensamentos estão correndo rapidamente, causando transtorno ao seu Espírito. A mente não pode desequilibrar o Espírito, ela precisa ser por ele descoberta e a meditação nos oferece condição para que isso venha a acontecer. O irmão anda preocupado. Fuja das tristezas, da auto-justificativa para as próprias falhas, das culpas. Busque Deus e notará que a preocupação é algo mecânico. Ao encontrá-Lo, você se sentirá liberto de todas as preocupações. Enquanto sua mente o controla, você perde metade de sua vida em questionamentos, como dúvidas, hesitações e medos. Não deixe seu Espírito prisioneiro em um mundo de armadilhas do viver pela metade. Sabemos que o irmão tem consciência de que algo dentro de si mesmo está sufocado, querendo sair e se expressar. Liberte-se, Luiz Sérgio, encontre a saída e faça uma ação generosa, um sorriso mais largo, o desejo de ajudar alguém sem esperar nenhum reconhecimento, sem sentir medo do futuro, porque o futuro é o nosso encontro com Deus.

— Obrigado, amigo. O irmão representa para nós a brisa da paz.

— Um dia, Luiz Sérgio, o sol perguntou ao orvalho: o que o faz feliz? E o orvalho respondeu: é o calor da vida nas obras de Deus. Um dia o cavalo estava saboreando o capim e alguém perguntou ao capim que sobrara: estás com medo de ser saboreado pelo cavalo? O capim respondeu: Não, ficaria triste se fosse um alimento amargo para o cavalo e talvez até o matasse. Assim procedem os filhos de Deus em tarefa. Pense na falante e feroz onça e na preguiça. A onça falava, falava. A preguiça apenas espreguiçava. A onça, zangada, quis comer a preguiça, mas ela era uma onça, porém, por que o homem não respeita os limites do seu próximo? A chuva cai, beijando os pomares, os rios, os jardins e também os charcos, nem por isso ela reclama a Deus. A gazela convidou a tartaruga para passear e logo se arrependeu, pois os passos da tartaruga eram muito lentos e a gazela começou a correr e a correr. Assim age o homem imperfeito. Ele não sabe aceitar as pessoas como elas são. Já imaginou, menino Luiz Sérgio, se Deus desistisse dos filhos que andam mais lentamente, igual às tartarugas? Um dia, Luiz, alguém nos perguntou: irmão, sua família aceitou os seus sonhos? E nós respondemos: nossa família é a nossa família; nossos sonhos, porém, são algo muito nosso, que temos de transformar em ideal. Quando lutamos pelo nosso ideal, por ele damos até a vida no corpo físico. Não sabemos, contudo, se a nossa família concretizou seus sonhos em ideal e por eles lutou. Como vê, Luiz, cada ser tem de lutar para ser digno da confiança que Deus nele depositou. Não podemos desistir dos sonhos e das lutas.

Estávamos calado, apenas ouvindo. Ocaj, carinhosamente chamado de Jacó, falou como se estivesse meditando, de olhos fechados:

— A árvore frondosa orgulhosamente ostentava os frutos suculentos e o viajante os saboreava. Alguns, já saciados, mal os mordiam e os jogavam fora, mas a árvore em nenhum momento parou de dar frutos, aborrecida com o homem indiferente que não lhe agradecia nem lhe dava valor. O homem, quando chuta uma pedra, diz: ai, meu Deus! Quando cai algo de sua mão, repete: ai, meu Deus! Quando o cerco está apertado, também exclama: ai, meu Deus! E o Pai não deixa de correr para atender a nenhum desses chamados. Deus é infalível, porém, quando O amamos e respeitamos, conhecemos o Seu trabalho e não O chamamos em vão. O homem, Luiz, precisa aprender a ter respeito por Deus. Ele não está sentado em um trono esperando a hora para julgar os filhos retardatários. Não, Deus trabalha a cada segundo. Movimenta-Se dali para acolá e é presença constante ao lado de Suas obras. Podemos ficar órfãos de tudo, menos de Deus. Ele nos criou e quer ver todos no paraíso, desfrutando de uma vida plena, sem dores, sem morte. Este lugar é lindo, Sérgio, os riachos, as cascatas, os pássaros, a hera verdejante, tudo é muito belo e tudo tem vida, mas de onde provém esta vida? Hoje, sabemos que provém Dele, o nosso Universo de Amor: Deus. Um dia conversavam três religiosos e, claro, não se entendiam, porque cada um era o dono da verdade. Chegou um não-religioso e, vendo-os discutir, falou: *por isso a Humanidade está tão infeliz. Enquanto vocês discutem quem é o dono de Deus, muitos não têm oportunidade de conhecer Suas leis, Seus estatutos*. É verdade, a verdadeira religião é a do amor, que cobre a multidão dos pecados. Ninguém é dono das obras de Deus, mas todos nós nascemos Dele e temos de nos respeitar uns aos outros, sem diferenças sociais, raciais ou religiosas. Quando o homem é apresentado a Deus e O reconhece como o dono do Universo, torna-se humilde, pois sabe que é um pontinho de luz entre uma imensidade de constelações de estrelas. As formiguinhas corriam, levando o alimento para o formigueiro. Alguém as observava. Era o tamanduá, louco para devorá-las. Nisso, ele sentiu a presença do homem e esqueceu o formigueiro. Deu força às pernas e se foi, fazendo-nos lembrar que sempre existe alguém mais forte do que nós, por isso não devemos abusar das nossas diminutas forças querendo oprimir os mais fracos. Os fortes não são aqueles que oprimem, sim os mansos e pacíficos. Os humildes escrevem seus nomes no livro da Humanidade.

— Irmão Jacó, a cada dia o encarnado está ficando mais ganancioso, violento, enfim, desconhecendo Deus, e muitos acham que a fé é bobagem.

— Luiz, a mídia leva até os lares as tragédias, muitas delas causadas pelo homem, o que faz muitas criaturas acharem que o mal está vencendo o bem, mas não é bem isso o que ocorre. Enquanto o homem mau destrói e mata, Deus, que é amor, faz brilhar o sol e nascer a cada segundo um raio de esperança em todo o Planeta. Ele, Deus, não abandona Suas obras, e quem é o homem imperfeito capaz de destruí-las?

— Irmão, ficamos desesperados diante da gravidez precoce. Hoje, garotas de nove anos estão engravidando e cada vez mais a criança inicia na dependência do tóxico. Os traficantes se fortalecem e interditam túneis, viadutos, ruas, dominam escolas, fecham universidades, delegacias, hospitais. O que nos espera no amanhã, se diante de nós os jovens estão tatuados, fantasiados, mal educados, sem limites, sem respeito aos pais? E o Planeta, vai ou não tornar-se melhor?

— Luiz, as jovens que cedo iniciam na problemática do sexo, as que se despem, ostentando um belo corpo, corpo este exibido como se fosse um troféu, enfim, todos esses males que o entristecem, como a muitos também, nada são diante de uma multidão de pessoas normais, nobres e respeitadoras de Deus. Se temos dez jovens bem comportadas, normais, nem as percebemos, mas basta chegar uma semi-nua para chamar a atenção de todos. Em um bando de ovelhas nós nos preocupamos com as doentes, que felizmente são em menor número. Quanto aos traficantes, eles parecem ter o poder nas mãos, matam, oprimem, prendem, enfim, são notícia. Mas se o irmão buscar, desde a madrugada, o transporte conduzindo o operário humilde, a mulher que sustenta a família, verá que esses não são notícia, mas eles é que escrevem a História da Humanidade: os trabalhadores humildes, que mal ganham para comer, mas mesmo assim são honestos, nobres e dignos, e graças a eles o Planeta está evoluindo. Se meia dúzia de fanáticos crucificaram Jesus e gritaram Barrabás, uma multidão chorou em silêncio e reverenciou o Mestre.

— Irmão Jacó, você acredita nas criaturas, na sua transformação?

— Não somos nós que acreditamos, sim, Ele, Deus. Por amá-Lo tanto e conhecer Suas leis, sabemos que ninguém será mau eternamente; que os que hoje causam danos à Humanidade um dia serão bons filhos de Deus.

— Quando começamos, sentíamo-nos muito esperançoso, mas quando convivemos com os encarnados ficamos em desespero: ali, caída no chão, a criança drogada; mais ali, a menina se prostituindo, a mulher esquecida do lar, largando os filhos e estes cada vez mais sofredores e abandonados.

— Luiz, você tem razão, também ficamos tristes, mas quando isso acontece buscamos aquietar as nossas preocupações e nos entregamos aos nossos sonhos, e junto a eles divisamos um mundo sem violência.

— Irmão, qual a sua opinião sobre esse conflito entre judeus e palestinos?

— Desde os primórdios da Humanidade eles não se entendem. A busca da terra prometida vai levá-los a perdê-la, pois o Cristo disse: os mansos herdarão a Terra.

— O que o irmão acha da opressão dos países ricos sobre os países pobres?

— Isso acontece porque falta uma grande alma nos países pobres para defendê-los com a arma do amor. Se cada país pobre tivesse um líder com idéias pacifistas e progressistas, em pouco tempo não existiria miséria em tantos países, como vemos hoje.

— Será que um líder religioso tem capacidade para tanto?

— Não digo religioso, digo idealista. O idealista, Luiz, não pratica injustiça, ele abomina a guerra e as lutas. Uma grande alma vê no seu semelhante a imagem de Deus e o respeita. O religioso deseja ser o dono de Deus e pega em armas para defendê-Lo. O Planeta regenerado será composto de grandes idealistas, que sonham com a própria perfeição.

— O irmão é contra as guerras?

— Não somos contra nada. Quem somos nós para criticar este ou aquele, esta ou aquela forma de governo? O que sabemos é que somente a não-violência é que faz a bandeira da paz tremular em cada coração, a bandeira da união dos povos, dos filhos de Deus.

— A Doutrina Espírita tem tudo para esclarecer a Humanidade. Por que ela é ainda tão mal compreendida, até entre alguns ditos espíritas?

— Porque ela prega a verdade e poucos desejam encará-la. É mais fácil um homem fraco iludir a si próprio. Por que ele vai buscar a verdade divina, a Doutrina Espírita, se ela faz que ele mergulhe na podridão dos seus erros, mostrando-lhe a necessidade de tornar-se bom? A Doutrina Espírita bem estudada e *vivida* não é apenas um passeio ao templo, é o templo de Deus dentro do coração do homem, tornando-o melhor. Quem hoje, possuindo tanto ouro ou poder, deseja tornar-se melhor, doar tudo que é seu ao pobre, tornar-se humilde, ocupar os últimos lugares, dar com a direita sem que a esquerda o perceba, dar sem receber e ainda saber muito mais: que no amanhã poderá voltar à terra como um mendigo? Quem está em situação privilegiada corre do Espiritismo verdadeiro, aquele que esclarece, alerta e afaga. É mais fácil pensar que devemos usufruir tudo o que a Terra nos dá sem ter compromisso com ninguém, nem conosco mesmos. Quem estuda a Doutrina e procura tornar-se uma grande alma bem conhece as suas responsabilidades para com a vida e vive procurando tornar-se melhor. Poucos, porém, vivendo em abundância, desejam pensar nos miseráveis que caminham ao seu lado.

— Irmão, que deve fazer o governante de um país?

— Governar o seu país e não se tornar "presidente"; não pensar em si mesmo e sim lutar para o progresso do seu povo, levando-lhe a esperança a cada amanhecer; conviver junto ao povo e não se isolar em palácios e fazer o que fez o Governador da Terra: Jesus. Um governo no qual o homem tem medo do amanhã, porque a cada dia há um sobressalto, é um governo sem planejamento e sem perspectiva.

— O irmão sofreu quando encarnado com as injustiças sociais?

— O encarnado que não sofre com elas não é um filho de Deus consciente das suas responsabilidades com o progresso da Terra. Cada um de nós tem como aliviar as injustiças. Somos filhos de Deus e devemos lutar uns pelos outros.

— Irmão Jacó, você é um sonhador.

— A cada dia o povo está mais oprimido. Em toda parte do Planeta as lágrimas e as dores chegam aos corações humanos. O que mais se vê são as injustiças, o poder dominando os países pobres e a miséria fazendo vítimas. O dono do Universo e de todos nós, Seus filhos, é Deus. Somos um deles, portanto, se somos herdeiros de Deus, temos de lutar pela paz, começando pela nossa paz interior, porque se não nos tornarmos bons, continuaremos plantando ódio pelo caminho, ficando cada vez mais longe Dele.

— Irmão Jacó, o querido amigo conhece nossas preocupações. Estamos pensando em não mais psicografar e nos aprofundar nos estudos da Universidade Maria de Nazaré. Que acha de tudo isso?

— Luiz Sérgio, Jesus foi traído por um discípulo, abandonado por outros, maltratado e crucificado e até hoje diz: *amai-vos uns aos outros, como eu vos amo*. Ele não pediu a Deus para passar Seu cargo de Governador do planeta Terra para outro Espírito. Não, Ele prometeu ficar ao nosso lado até o final dos tempos. Muitos, Luiz, nunca abriram o Evangelho, pois acham que é coisa de fanático. Outros apossaram-se do Evangelho e se julgam os donos do Cristo, porque decoram cada versículo das escrituras. Outros acreditam que Ele é Deus e o Espírito Santo, e ai daquele que disser que não; é excomungado e, se brincar, queimado na fogueira do ódio. O Cristo vê Sua igreja dividida, com tantos ditos seguidores de Sua doutrina pregando a separação e a guerra, pois acham que a única igreja verdadeira é a que freqüentam. Se, presenciando tudo isso, o Cristo apenas ora, esperando a transformação de cada um, por que o irmão, um Espírito pecador, deseja parar, somente porque algumas pedras estão tentando lhe barrar os passos? A fé transporta montanhas, por que o irmão não a busca?

— Irmão, não é uma pedra, é uma pedreira.

— Melhor ainda. Faça nascer uma flor nessa pedreira ou dela jorrar uma fonte de amor. Porém, correr e deixar a obra inacabada é não ter fé em si mesmo.

— O irmão tem razão. Nossos livros já ajudaram muitas jovens que iam abortar, outros largaram as drogas, enfim, achamos que nossas obras já prestaram algum auxílio.

— Tem razão. Uma só semente que germine já é uma vitória. Não é o tamanho do jardim que o torna belo, sim a qualidade e a fragrância de suas flores.

Nisso, Jacó preparou-se para se levantar e nós buscamos os seus ombros para chorar de alegria. Ele, carinhosamente, alisou nossos cabelos, dizendo:

— Um dia a abelha buscou desesperadamente a laranjeira e esta estava impregnada de agrotóxico. A abelha, triste, foi reclamar do homem a Deus e Ele lhe disse: "não desanime, logo a chuva vai auxiliá-la." Não demorou e a chuva caiu durante muitos dias. A abelha, com carinho, buscou o mel e agradeceu a Deus. Ele, olhando-a firmemente, disse: "não se desespere quando as dificuldades se lhe apresentarem. Se a irmã tivesse mais fé, acharia alguma florinha na laranjeira, sem o terrível agrotóxico." Às vezes, desesperamo-nos antes de buscar a solução, e Deus deu ao homem a inteligência para saber discernir. Luiz, plante a semente da verdade que nenhum inseto terá força para destruí-la. Lembre-se do apóstolo Paulo. Quando parecia que ia sucumbir, ele olhava o céu e dizia: "se estás comigo, sou mais que a dor, sou mais que a lágrima, sou mais que as dificuldades, porque sou dotado do hálito de Deus, sou um homem munido de inteligência, que me faz poderoso. Portanto, nada me joga no chão, a não ser os meus defeitos, e estes estão ficando para trás, à medida que o meu caminho se torna difícil. Se as coisas fossem fáceis, eu não saberia dar valor às coisas de Deus, que cada um tem de conquistar pela violência contra as próprias imperfeições." Sim, Luiz, o homem que não luta contra si mesmo nunca será um vencedor. Não se preocupe com os que o atacam ou que estão usando seu nome em vão. Preocupe-se, sim, com as suas próprias imperfeições, uma delas a pior: o melindre. Ponha os pés na estrada e busque realizar o seu trabalho junto a todos aqueles que dele precisam.

Assim, Jacó despediu-se e se foi. Fitamo-lo até desaparecer na estrada e ali permanecemos, olhando a Natureza. Novamente um pássaro pousou em nosso ombro. Nós o acariciamos e quando o fizemos era como se estivéssemos abrigando cada leitor dos nossos livros, leitores fiéis, que analisam nossas obras e nos acompanham nesta longa e difícil caminhada.

Dali fomos saindo. Vários Espíritos passaram por nós, conversando e rindo. Aquele lugar era um oásis. Nisso, vimos o Departamento do Trabalho, local que já visitamos outras vezes. Aproximamo-nos, quando deparamos com a Marry:

— Luiz, estávamos preocupados, por que demoraste?

— Estávamos com Jacó e nunca deixaríamos passar tão sublime momento.

Ela sorriu e foi-nos conduzindo até o Departamento do Trabalho. Lá, fomos recebidos por Maria Joaquina, que calmamente nos orientou sobre nossa tarefa.

— Marry, você ficará junto a nós? perguntei.

— Não, irmão, outros trabalhos nos esperam. Hoje estamos aqui para recebê-lo. Maria Joaquina nos orientou sobre as nossas novas ocupações.

— Irmã, pensamos até em parar de levar informações ao mundo físico. Gostaríamos de estudar mais e largar temporariamente o que até hoje vínhamos fazendo.

— Irmão Luiz Sérgio, pode nos acompanhar por favor? solicitou Maria Joaquina.

Saiu à nossa frente e logo adentrou uma pequena sala, como se ali fosse uma sala de cinema, com cadeiras confortáveis e telas imensas.

— Luiz, o mundo físico vive momentos dramáticos. O homem apegado à matéria está ficando cada vez mais longe de Deus e as maiores vítimas são os bebês, as crianças, os adolescentes e os jovens.

— Os bebês? perguntamos.

— Sim, até eles estão sendo violentados, estuprados e queimados vivos, e o seu trabalho informa a família e muito vem ajudando os jovens.

— Irmã, creio que nesses vinte e poucos anos de trabalho algo fizemos, mas nossos pedidos de socorro quase não foram ouvidos por algumas Casas Espíritas, que não quiseram aceitar nossos livros, porque falam de tóxicos, de sexo, do que acontece na era moderna.

— Sabemos disso, mas esses nossos irmãos preferem ficar distantes de uma realidade dura e cruel. Eles não conhecem o mundo atual, o drama de uma juventude sem Deus. As crianças, desde os seis anos, já estão sendo iniciadas no sexo, levadas pelas cenas que vêem nas novelas e nas revistas, que mostram homens e mulheres despidos, e essas tenras plantinhas julgam que tudo é normal. Os adultos não sabem que em um corpo diminuto se encontra uma alma velha e às vezes comprometida sexualmente. É com pesar que a espiritualidade vem presenciando a violência contra crianças, adolescentes e jovens. Trouxemos o irmão até aqui para lhe mostrar os frutos do seu trabalho.

Confessamos que nosso coração bateu mais forte, pois naquele momento foi projetada nas telas nossa tarefa junto aos jovens, o resultado da nossa luta em prol da felicidade da família. Alguns jovens, após lerem os livros, largaram a droga; outros, indiferentes, sem religião, buscaram o Espiritismo. Vários médiuns procuraram proceder dentro dos preceitos doutrinários. Muitas e muitas mães deixaram de abortar. Inúmeras delas, à nossa frente, estavam com o livro *Deixe-me Viver*[2]. Buscamos as mãos de Marry e vimos que ela chorava de emoção. Sim, os livros do Luiz Sérgio, de linguajar pobre, como dizem, repletos de gírias, muito já ajudaram os desesperados. Ninguém pode imaginar quantos largaram a droga ao ler alguns dos nossos livros. Quando pensamos que estava terminando a projeção, vimos uma criança de seus três anos, correndo em um jardim e a mãe chamando: "cuidado, Luiz Sérgio, não vá se machucar!" Maria Joaquina nos falou:

— Esse garoto ia ser assassinado, ou seja, abortado. Sua mãe só não o fez porque alguém a presenteou com seu livro *Deixe-me Viver*.

Aquela criança, chamada Luiz Sérgio, correu entre as flores e, ao colher uma delas para oferecer à sua mãe, não só ela a recebeu, pois emocionado divisei, na tela, várias flores formarem nossa obra, com a frase: *Luiz Sérgio e Irene, nós amamos vocês*.

Emocionados, ali ficamos, fazendo uma retrospectiva de toda nossa vida espiritual e vários nomes em forma de estrela foram saindo do nosso coração, repleto de amor e gratidão.

Marry convidou-nos a deixar a sala de projeção. Beijando a mão de Maria Joaquina, dissemos:

---

[2] N. E. — 14º volume da *Série Luiz Sérgio*.

— Obrigado, muito obrigado, jamais esqueceremos nossas obrigações.

Ali fomos informados do novo trabalho. Despedimo-nos e fomos saindo devagar. Nisso, aproximou-se de nós um irmão nosso conhecido, bastante semelhante ao Rayto:

— Quc Deus o abençoe, Luiz Sérgio, e a nós também, que estaremos ao seu lado para tirar os frutos da árvore da informação e levá-los até os encarnados, para que busquem os braços do Pai.

— Amigo, és o clone do Rayto?

Atal sorriu e seus dentes brilhantes eram estrelas a mostrar um belo sorriso. A pele morena e os cabelos lisos faziam lembrar o nosso grande amigo Enoque.

— Estamos aqui para ajudá-lo no que precisar.

Olhamos ao seu lado e vimos outros dois irmãos: uma bela morena e um rapaz, que nos foram apresentados por Atal:

— Este é Nady e esta é Indará. Assim como nós, são Lanceiros de Maria.

— Que bom não estarmos sozinhos. Estamos felizes em tê-los junto a nós.

E assim fomos caminhando por aqueles belos jardins, sim, jardins, pois nossa estrada é toda atapetada de gramas. As flores, perfumadas e belas, davam a cada um de nós as boas-vindas. Com carinho, guardamos uma entre as mãos e sentimos que dela chegava até o nosso Espírito uma chuva fluídica e pensamos: "será que as flores do mundo físico também possuem essa carga magnética?"

No mesmo instante Atal nos respondeu:

— Sim, porém o homem encarnado não tem a sensibilidade de perceber o carinho das flores.

— Irmão, estas flores podem ser colhidas?

— Algumas, sim, outras, não.

— Não entendemos por que algumas podem e outras, não.

— Nos reinos da Natureza existem os Espíritos em formação. Uns já estão na hora de serem colhidos pelo grande Pai; outros ainda estão precisando ficar no reino vegetal por mais tempo.

— Então, como podemos saber que planta pode ser colhida?

— Em cada colônia existem os jardineiros de Deus. Eles é que colhem as flores que adornam as casas.

— Gostaria, Atal, de conhecer um desses lugares.

— Não sabíamos que gostava de flores.

— Adoramos, principalmente orquídeas.

Eles permaneceram calados, mas mudaram de itinerário, como se estivessem voltando.

Logo avistamos um belo mercado, o *Mercado das Flores*. Todas, porém, ainda plantadas, não haviam sido colhidas. Algumas mulheres ali estavam, buscando flores para embelezar seus lares. Atal apresentou-se ao jardineiro. Sorrindo, ele fez reverência a todos nós. Aproveitei para perguntar:

— Irmão, cumprimento-o com todo nosso respeito por sua bela missão: cuidar das flores de Deus, mas gostaria de lhe perguntar: essas flores são colhidas, tiradas dos vasos?

— Não, quem deseja enfeitar suas casas leva as flores plantadas, porém, elas têm um tempo para permanecer vivas, pois logo terão de *desintegrar-se*.

— Mesmo assim, há pessoas que as levam para casa?

— Sim, aquelas que gostam de tê-las em seus lares. O que não podem é colhê-las nas praças, nos bosques.

— O que acontece se alguém o fizer?

— Certamente se sentirá envergonhado, ao saber que cometeu

uma grande falta, pois as flores estão junto ao homem no grande caminho da evolução.

— E as do plano físico?

— Não podemos responder, pois não sabemos nada sobre elas. Acreditamos que, como os encarnados alimentam-se dos cadáveres dos animais pelo estágio de suas almas, com as flores aconteça o mesmo. Existe uma proteção divina para os reinos do plano físico, mas não estamos capacitados para explicá-la ao irmão.

Olhando aquele Espírito, agradecemos a Deus todos os amigos que cruzaram o nosso caminho e ficamos recordando cada um deles. Divisando aquelas flores lindíssimas, oferecemos um buquê para cada irmão que muito nos ajuda em nosso estudo, dizendo: *nós amamos você*.

Ali ficamos um bom tempo, conversando com aqueles que velavam pelas flores. Ao serem tocadas, elas exalavam os mais divinos perfumes e pensamos: quem não acredita em Deus basta buscar um jardim e perguntar: *quem é capaz de criar tão belas obras*? Sim, só Deus é capaz de dar ao homem um jardim de flores, por isso nós O estamos buscando a cada momento e não vemos a hora de ficar ao Seu lado eternamente.

Despedimo-nos do jardineiro, agradecendo por toda a informação nos dada, e dali saímos pela estrada novamente. Atal cantava uma bela canção:

Somos os Lanceiros de Maria
Nas mãos levamos o cajado
Repleto de luz, paz e alegria
Reverenciando a Deus e ao irmão Jesus amado.
Correndo nas planícies,
Subindo no monte,
Louvando o sol e a lua
Divisando os horizontes.
Somos os Lanceiros de Maria
Sempre ao lado dos irmãos
Envolvendo-os com nosso manto de alegria

Segurando cada um em nossas mãos.
Logo ali um trovão nos assusta
O uivo das feras nos detém
Nada, nada nos custa
Sempre, sempre fazer o bem.
As flores se abrem num abraço
Quando o homem tem no Espírito a paz
Nada deve deter nossos passos
Quando amamos Deus por demais.
Assim viajam os Lanceiros
Sempre ao lado de Maria
Somos Seus fiéis escudeiros
Fazemos parte da Sua grande família.
Nossos laços iluminados
Escrevem Seu nome no céu
Sempre seremos resguardados
Não andamos de léu em léu.
Obrigado, Mãe amada,
Flor dos nossos corações
Sempre sereis louvada
Pelas Vossas boas ações.

Os dois cantavam com Atal e logo também o fizemos, o que tornou nosso caminho mais rápido.

Capítulo 2

A CIDADE DAS CRIANÇAS

— Não trabalha mais no Recanto? perguntamos a Atal.

— Trabalhamos, sim, fazemos parte das caravanas de socorro.

Queríamos perguntar por que ele agora estava junto a nós. Não o fizemos, porém, ao fitá-lo, notamos que lia nossos pensamentos e perguntamos:

— Vocês, os Lanceiros, lêem pensamentos?

— Não. Respeitamos o nosso próximo e não violamos os seus pensamentos. Porém, percebemos no olhar, nos gestos, o que está pensando quem está ao nosso lado.

— Poderia nos ensinar a também fazer isso?

— Irmão Luiz Sérgio, só através da meditação, da entrega a Deus podemos descobrir o que está pensando nosso próximo, porque, se assim não fosse, isso se tornaria perigoso. Uma alma sem amor é capaz de praticar injustiça e quando aprendemos a respeitar o nosso próximo, as suas preocupações são as nossas, como também as suas vitórias.

— Atal, o que a gente precisa mesmo é adquirir sensibilidade, não é? E quando olhar quem está ao nosso lado, buscar em sua fisionomia o que está precisando.

— Muito bem, e não o fazer por curiosidade, mas desejando ajudar — falou Indará.

— Você também entende disso?

— Preconceituoso, Luiz... Não acredita só porque sou mulher?

— Não, longe de mim pensar tal coisa. Amo as mulheres e por elas tiro o meu coração do peito e o coloco aos seus pés.

Todos riram, quando ouvimos uma voz melodiosa, cantando. Só então notamos que havíamos chegado. Atal nos disse:

— Iremos apresentar-nos, mas se o irmão quiser encontrar a dona da bela voz, pode fazê-lo.

— Nós desejamos.

Eles dali saíram e confesso que não entendíamos por que ali ficamos, mas logo partimos em busca da dona daquela voz. Que emoção!

Sentada à beira do riacho, ela estava com seu camisolão azul, cabelos cor-de-mel e uma tiara de flores cor-de-rosa, linda, linda e linda, tendo no peito uma cruz de madeira. Cantou *Senhor, Senhor*, música de sua autoria, e depois esta canção:

Jesus, onde estás?
Responde-me, Senhor,
O mundo precisa de paz.
Na Terra há abandono e dor
Onde estás, Senhor,
Onde estás, Senhor,
Que não me escutas mais?
Onde estás, Senhor,
Que não me escutas mais?
Vem, precisamos de Teu coração
Imaculado de paz e amor
Precisamos de Tua mão
Para aliviar toda a dor.
Vem, mestre amado Jesus,
Vem, Mestre amado Jesus,
Lá fora o vento derruba
A flor da roseira
É o mal que avança

Como se descendo a ladeira.
Vem, Mestre amado,
Vem nos ajudar
Levanta o encarnado
Que não quer se salvar.
Mestre amado Jesus
Mestre amado Jesus
Até quando carregarás nossa cruz?
Não, não, isso não, Senhor,
Queremos muito mais
A Tua mão, o Teu amor,
Para levar ao homem
A Tua paz.
Precisamos de Ti, Senhor,
Precisamos de Ti, Senhor.

Quando calou-se, estendeu suas belas mãos, dizendo-nos:

— Aproxime-se, Luiz Sérgio, que saudade!

De cabeça baixa, somente murmuramos:

— Não acreditamos que estamos ao seu lado, irmã Rosália, pois ultimamente a irmã quase não tem aparecido. Desculpe-me perguntar, mas por onde a irmã tem andado?

— Orando pelo nosso Planeta. De seis em seis meses há um encontro de alguns Espíritos para rogar pela regeneração do ser encarnado. Como é preocupante o atual comportamento da Humanidade, estamos nos reunindo para orar. Pedimos ao Senhor que as grandes potências não levem a dor cruel das guerras entre os homens.

— Seis meses só orando?

— Infelizmente, a Terra corre o grande perigo do poderio bélico. Sim, Luiz, oramos e vamos até os lugares de maior sofrimento, ou os mais materialistas, para evitar as terríveis guerras.

— Irmã, explique. A irmã não está se reunindo com outros Espíritos para orar?

— Sim.

— Pode dizer-nos onde fica esse lugar de oração?

— Infelizmente, não o podemos, apenas dizemos que é um lugar lindo, o altar de Deus, no qual depositamos nossas súplicas pela Humanidade, principalmente os mais distantes de Deus.

— E nesse lugar, irmã Rosália, os Espíritos só oram durante seis meses?

— Não somente seis meses. Seis meses nós passamos lá, orando. Outro grupo de Espíritos permanece no local por igual período.

— E só fazem isso?

— Não, Luiz. Várias decisões são ali tomadas para salvação de maior número de criaturas. Muitas tragédias foram amenizadas desde que foi criado este grupo de oração.

— Irmã, perdoe-nos, mas esses grupos não têm caravanas de socorro que partem para o mundo físico, quando os Espíritos que estão orando sabem que vai ocorrer uma tragédia?

— Sim, Luiz, há dois anos foram criados esses grupos de oração e se não fossem suas preces, as tragédias que vêm ocorrendo poderiam ser piores. No ano passado, também ficamos seis meses orando pelos encarnados. Não pudemos evitar o mal porque os encarnados não nos ajudaram, cooperando para que houvesse a tragédia. Porém, nossas preces amenizam a dor e o sofrimento e algo que poderia ter atingido um maior número de vítimas foi amenizado por Jesus, o Governador do Planeta.

— Irmã, não vemos solução. Há anos escrevemos o livro *Hortênsias Lilases* e a espiritualidade não permitiu que fosse editado. Isso há dez anos atrás, porque falávamos da organização das drogas em um Estado brasileiro. Descrevíamos as armas e chegamos a desenhar um mapa dessas organizações. Falávamos que o tráfico iria dominar toda uma cidade. A espiritualidade quis resguardar a médium e o livro foi engavetado. Nesse livro, já mencionávamos o assalto nos túneis e a fragilidade da polícia diante do poderio bélico das organizações. Nesse caso, o que está fazendo a espiritualidade pelo Brasil? Se nosso país foi escolhido para ser o celeiro do mundo, por que está tão maltratado? A cada dia deparamos com a pedofilia entre pessoas respeitadas, que os pais nem imaginam sejam capazes de fazer tamanha crueldade com suas crianças.

— Luiz, quanto ao seu livro *Hortênsias Lilases*, ele foi engavetado para resguardar os seus familiares e os da médium, porque o seu grito soaria isolado, diante de uma multidão indiferente. O meio espírita ainda não acredita no terror das drogas e alguns espíritas até julgam que é caso para policiais resolverem e que são fantasiosas as informações de suas obras. Se todas as Casas Espíritas iniciassem uma campanha contra as drogas, assim como outros credos, muito ajudariam os Espíritos, mas infelizmente ainda encontramos espíritas revoltados, quando lêem os seus livros, por tratarem de um assunto tão polêmico, mas nada como o tempo. Os meios de comunicação também logo escutarão a súplica da espiritualidade e começarão a fazer campanha contra as drogas.

— Irmã Rosália, qual vem sendo a faixa etária dos dependentes?

— Temos em alguns países crianças de até seis anos consumindo drogas.

— E a gravidez precoce?

— Luiz Sérgio, é assustadora a falta de informação dos jovens e eles, diante de uma liberdade excessiva, iniciaram uma corrida de olhos fechados na problemática do sexo. Sem nenhum pudor, o sexo virou um campeonato que tem de ter atletas, e estes usam de qualquer recurso para satisfazer seus instintos animalescos. Nisso tudo presenciamos a família de braços cruzados, sem saber como agir, se prendem ou se soltam seus filhos. E as crianças de pais vigilantes, crianças boas, nobres, não sabem o que fazer. Falta-lhes lugar para ir, pois em todas as festinhas correm a bebida e a droga. Se ficam em casa, ociosas, sentem-se infelizes e buscam a televisão ou a cama para dormir. Quando chegam ao colégio, os filhos da noite contam as suas farras e a criança bem criada indaga: está certo ficar em casa, sem aproveitar a vida? E aí iniciam-se os conflitos.

— Irmã, como agir? Que devem fazer essas famílias com seus adolescentes normais, limpos?

— Luiz, o sonho de toda a espiritualidade é que os núcleos religiosos criem recreações para os seus seguidores e que essa juventude sadia tenha amigos da igreja, das Casas Espíritas, dos cultos evangélicos, só assim ela ver-se-á livre da tentação.

— Irmã, um filho bem orientado não pode conviver com os "barras-pesadas" e permanecer limpo?

— Não acreditamos. Se conversamos com Deus e O respeitamos não buscamos más companhias, porém, se tivermos ao nosso lado pessoas de mau comportamento, com esse convívio acharemos normal o que elas fazem de errado.

— "Adrenalina", como dizem os jovens. Irmã Rosália, benditos os Espíritos que estão orando pela Humanidade. Como nosso Planeta está precisando!

— Tem razão, Luiz Sérgio. Os habitantes do Planeta estão mais doentes do que havíamos imaginado. Em cada segundo temos uma criança sendo maltratada, estuprada, espancada, violentada. A cada segundo presenciamos um homicídio, um furto, uma tortura. Se os Espíritos não orarem a Deus, pedindo que fortaleça Jesus em suas preces, o mundo sofrerá muito mais.

Nisso, Atal chegou, chamando-nos. Antes, reverenciou irmã Rosália, jogando seu laço no ar, escrevendo a frase: *nós amamos você, irmã Rosália*. Sorrindo, ela disse a todos:

— Jesus e Maria velam por todos nós, os filhos de Deus que lutam para que Suas leis sejam respeitadas.

— Acompanha-nos, irmã? perguntamos.

— Não, Luiz, estamos esperando um grupo de crianças para brincar nos bosques.

Ficamos intrigado, mas dela nos despedimos. Nisso, ouvimos uma algazarra de crianças cantando a música da irmã Rosália: *Crianças de um Mundo Feliz*. Ao olhar para trás, vimos a querida irmã correndo e cantando junto às crianças.

Continuando nosso caminho, adentramos uma cidade e não acreditamos no que vimos: um lugar lindíssimo. Parecia uma cidade do interior, com seus bangalôs floridos. A tudo examinávamos, até chegarmos a um edifício-escola, onde fomos recebidos por Paul, que nos falou:

— Luiz, que Maria te proteja sempre. Atal já nos informou que o irmão trabalha com crianças, adolescentes e jovens e esta cidade se chama *Cidade das Crianças*, o Jardim de Jesus e Maria. Ultimamente, estamos tratando de vários assuntos, mas os jovens são a nossa maior preocupação.

Nisso, Paul chamou Elvira e a encarregou de nos guiar pela cidade. Despedimo-nos e logo estávamos em um dos edifícios daquele local, que mais parecia um parque, de tão belo. Elvira nos levou a um berçário, onde crianças recém-nascidas, bebês, ali se encontravam.

— Irmã, este lugar possui maternidade?

— Sim, realizamos alguns partos. Muitas dessas crianças nasceram aqui, porque as mães desencarnaram grávidas, mas outras desencarnaram no plano físico e para cá foram trazidas, para crescer de acordo com as leis da Natureza. Essas crianças receberão tratamento até chegar a hora de trabalhar ou de voltar ao plano físico.

— Aqui existem abortados?

— Não, só temos crianças e adolescentes que se encontram em crescimento.

— Crescimento?...

— Sim, elas estão amadurecendo aqui. Desde bebê a criança é resguardada por enfermeiros e pedagogos que as ajudam a envelhecer, isto é, a crescer. Porém, eles têm de ajudar, e para isso são treinados. Já imaginou um Espírito que, ao sofrer as dores do parto da mãe, logo se vê desencarnado? Ele é resguardado e trazido para cá.

— E por que ele desencarnou?

— Porque precisava ou porque houve algo na saúde da mãe. Hoje, estão muito comuns essas mortes prematuras, pois as mães, preocupadas com seu corpo, o sobrecarregam com excesso de ginástica e medicamentos.

Enquanto visitávamos o berçário, ao lado era projetado um filme. Pedimos para assisti-lo. Ali, vimos o início da vida encarnada. Dois elementos microscópicos, uma célula, elemento masculino, e outra célula, de forma globulosa, elemento feminino, encontram-se: dois pontos matemáticos e o homem é procriado. A célula globulosa transforma-se imediatamente. Ela é enxertada e segmenta-se em multidão de outras células, que virão a ser os órgãos do corpo físico. Este encontro de duas células, proveniente de dois seres diferentes, forma um terceiro ser e isso só pode ser uma obra divina, um momento sublime. Deus está presente, pois para animar a matéria chega o Espírito criado por Ele, Espírito este que já viveu outras vidas. Portanto, o encontro com a matéria não lhe é desconhecido e ele ajudará os médicos e técnicos na hora em que terá de soprar sobre a matéria, até o momento em que a matéria acumular os elementos necessários para essa parceria.

Ali foi-nos mostrado que o Espírito, antes do nascimento, ou melhor, da concepção, já conhecia o seu corpo e todo o planejamento da sua reencarnação e tomava conhecimento do tempo que ficaria no seio materno até aparecer a luz do dia, o momento da sua volta ao mundo dos encarnados.

Alguns jovens assistiam a esse filme. Tivemos de sair, pois o grupo nos esperava. Olhamos aqueles bebês lindos, lindos, sendo tratados por médicos e enfermeiros e ficamos impressionados, pois todos daquele lugar tinham a aparência bem jovem.

— Ninguém aqui envelhece? perguntamos a Elvira.

Ela, sorrindo, respondeu:

— Não, pois quem deseja ficar jovem o consegue. A juventude está no Espírito.

Olhei Atal, ele havia rejuvenescido. Brinquei:

— Se você já era lindo, imagine agora, está um galã!

Ele riu gostosamente, dizendo:

— Obrigado, Luiz, você também melhorou bastante.

— Não entendemos...

Ele sorriu e respondeu:

— Desculpe-me.

— Pode informar-me, Atal, por que todos parecem mais jovens?

— Porque, sendo uma cidade de crianças, adolescentes e jovens, tudo é alegria e esperança. Podemos chamar esta cidade de alegria, pois tudo aqui brilha de esperança.

— Atal, todas as crianças, quando desencarnam, vêm para cá?

— Nem todas, algumas são levadas para os hospitais. Esta cidade, que podemos chamar de cidade-criança, foi fundada para abrigar os prematuramente desencarnados.

— Quer dizer que quando o bebê desencarna ele é trazido para cá?

— Sim, se teve um desencarne programado, isto é, se desencarnou na época certa, se não foi assassinado, ou seja, abortado.

— Irmã Elvira, responda-me, por favor: um adolescente de seus treze anos desencarna por doença ou acidente. Como se dá a sua vinda para esta cidade?

— Nem todos são trazidos para cá, mas se ele for conduzido a esta cidade, aqui será recebido por uma família. Olhe para estes belos chalés ou bangalôs floridos. Eles são lares, onde casais cuidam das crianças a eles confiadas. Repare como são lindos.

Nisso, deparamos com crianças, jovens e adolescentes brincando no jardim, como fazem as crianças no plano físico.

— Elvira, como gostaríamos de visitar uma dessas casas!

— Luiz Sérgio, se o irmão recebeu permissão para chegar até aqui, acreditamos que também obterá permissão para visitar os lares.

Nisso, Atal nos interrompeu:

— Irmã Elvira, gostaria que nos levasse a alguns dos colégios desta cidade. Deixemos a visita às casas-lares para mais tarde.

— Como não, bom amigo? Estamos às suas ordens.

Dizendo isso, dirigiu-se a um belo prédio e logo lá estávamos falando, ou melhor, pedindo permissão para adentrá-lo e quando o fizemos paramos estupefatos: era um lugar lindíssimo. As salas de aula eram salões com tudo que um aluno pode desejar. Tentaremos desenhar este belo lugar:

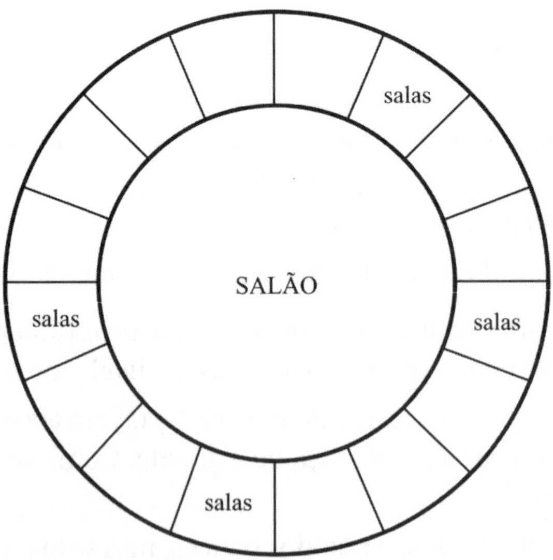

Vamos explicar melhor: no centro há o imenso salão onde os professores ministram as aulas. Circulando o salão, vemos as equipadas salas de estudo. Sim, de estudo. Primeiro, os alunos recebem a aula dos professores, para logo depois buscarem as salas equipadas com os mais modernos aparelhos, aparelhos estes que oferecem aos alunos as matérias que desejam estudar. Não podemos dizer que eram computadores, pois eram máquinas muito mais eficientes do que aquelas que o encarnado hoje conhece.

Nas salas, pequenas turmas estudavam sobre psicologia fenomenal, essa ciência espiritual que hoje ensina ao homem sua verdadeira natureza, ao mesmo tempo em que o aproximará, quanto possível, à sua inteligência, ao conhecimento íntimo das coisas.

Aquela turma de adolescentes analisava os fenômenos objetivos da psicologia externa.

— Por que eles estão estudando esta matéria?

— Estes adolescentes são dotados de uma faculdade especial. Eles são médiuns. Estudam hoje, para amanhã trabalhar no mundo físico, auxiliando os Espíritos.

Ali ficamos, vendo aqueles adolescentes estudarem as reações do cérebro de um médium.

— Por que eles estão estudando a mediunidade? perguntamos.

— Não, eles não estudam a mediunidade, sim a psicologia fenomenal, isto é, a mente daqueles que, quando encarnados, terão de sair da matéria densa e flutuar, como Espíritos que são.

— Entretanto, todos nós não somos médiuns?

— Todos os seres humanos possuem fluidos magnéticos e sensibilidade, mas está no Espírito o seu dom, seja mediúnico ou não. Aqui, esses meninos estão aprendendo a aprimorar a sua mediunidade, porque, quando o médium não está preparado, ele é dirigido apenas por influenciações, más ou indiferentes, e se deixa ser dominado, guiado, arrastado pelas más paixões. As exigências de seu corpo físico, mal contidas pela vontade, habituam-se a abdicar em proveito de uma passividade necessária à produção dos fenômenos, que dificilmente podem ser refreados. Esgotados, dominados, cansados, se iniciam as tropeços.

— Quer dizer que os bons médiuns aprendem aqui?

— Não só aqui. Estamos diante de uma escola de crianças. Esses alunos estão aprendendo o bê-á-bá dos fenômenos, porém, à medida que vão crescendo, encontram nas universidades os cursos complementares.

Olhamos aqueles adolescentes manuseando os aparelhos mais modernos, que tão bem os elucidavam. Dali, fomos para uma nova sala de aula, onde os jovens aprendiam idiomas. E assim fomos caminhando, de sala em sala, mas uma nos impressionou por demais: a sala dos computadores. Os encarnados ficariam assombrados com a tecnologia do mundo espiritual. Ali a turma era maior. Daqui a uns dias, nem será mais preciso professor, pois as máquinas substituirão a todos.

Ali ficamos, impressionados com aqueles aparelhos, verdadeiras enciclopédias de informações. Os jovens não percebiam nossa presença e assim fomos visitando aquelas salas. Em uma delas paramos, admirados. Ali se tratava da economia mundial, principalmente a do Brasil. Aqueles jovens estudavam o câmbio flutuante, a solidez sistêmica do setor bancário, enfim, analisavam a economia não só do Planeta, mas particularmente a do Brasil, e ficamos até confiantes. A produção do Brasil não pode ser comparada à de outros que nada produzem. Aqueles meninos estudavam e discutiam a economia mundial e chegaram à conclusão de que o Brasil tem tudo para tornar-se uma grande potência.

Olhávamos aquelas crianças e não pudemos evitar a pergunta:

— Desculpe, Elvira, mas não entendemos ainda por que essas crianças estão estudando todos esses assuntos.

— Luiz, essas crianças não "morreram", elas desencarnaram. Aqui, continuam o estudo do ponto em que pararam, quando vieram para o mundo espiritual. Se ficassem ociosas, estariam perdendo tempo, mas não. Logo que saem do hospital, voltam a freqüentar as escolas. E os encarnados ainda julgam que seus filhos estão sofrendo, como almas penadas...

— Irmã, aqui também existem os jardins-de-infância?

— Sim, as pré-escolas, os jardins, enfim, a criança tem um acompanhamento.

— Não seria mais fácil a criança tornar-se adulta logo que desencarna?

Ela nos olhou sem compreender a pergunta. Depois de um profundo silêncio, respondeu:

— As leis de Deus são imutáveis, a vida é um rio de águas plácidas, nada pode desviar seu fluxo, portanto, com o desencarne não cessa a vida, a criança tem de continuar a crescer, caso contrário Deus não seria justo. E depois, o mundo espiritual não é um mundo mágico, em que se aperta um botão e a criança cresce, o jovem torna-se adulto e o adulto, ancião. Aqui todos têm seu tempo e hoje estamos na Cidade das Crianças.

— Irmã, quando escrevemos o livro *Deixe-me Viver* fomos até o vale dos abortados. Muitos deles tinham os corpos de criança e de adulto.

— Mas elas são doentes, estão hospitalizadas. Estas crianças, não. Elas estão aqui aprendendo até o momento de retornar ao corpo físico, como todos nós, Espíritos errantes.

— Gostaria de visitar uma creche.

— Como não! Vamos até lá.

O lugar me pareceu o paraíso. Gostaria de pintá-lo, com seus jardins lindíssimos e os mais modernos brinquedos. Em nenhum parque do mundo existe ainda o que há aqui de mais moderno em se tratando de brinquedos. Estávamos deslumbrado.

— Irmã, isso é uma creche?

— Não, Luiz. Antes, quisemos trazê-lo até aqui, a este belo parque, onde todos os habitantes da cidade se divertem.

— Meu Deus, é demais! exclamamos.

O trem-bala japonês, perto de um que passou por nós, repleto de crianças, adolescentes e jovens, é uma tartaruga. As rodas-gigantes pareciam um arco-íris, uma de cada cor. Impressionante! O local era um parque de montanhas-russas de todos os tamanhos. Ali, rodas-gigantes de diversas cores e tamanhos; mais ali, os automóveis que ainda serão fabricados no mundo, lindos, lindos. Perguntamos se poderíamos dar uma voltinha neles. Elvira falou:

— Fique à vontade.

E logo lá estávamos, brincando nos belos carros de corrida. Pensávamos que não gostássemos mais de corrida de automóvel, mas ali, diante daquele mundo de carros, nossos olhos se deslumbraram e assim fomos visitando aquele belo parque de diversões.

Atal, que junto a Nady, Elvira e Indará, tinha ido para o Bosque das Águas, nos esperava. Logo lá chegamos, correndo.

— Gente, queremos morar aqui, isto é o paraíso!

Todos riram e ali estávamos, junto ao Bosque das Águas, cujas cascatinhas eram musicais. Cada uma, podemos dizer, era um instrumento. Juntas, tocavam as mais belas melodias. Havia muitos jovens, adolescentes e crianças meditando. Olhamos os nossos amigos. Eles pareciam dormir, extáticos. Nós de nada nos recordamos. Cerramos os olhos e deixamos as lágrimas molharem o nosso rosto. Era o nosso agradecimento a Deus por ter chegado até aqui. Nunca pensamos que existisse um lugar como esse. Em nossos primeiros livros não víamos crianças nos lugares por nós visitados, depois fomos encontrando algumas delas. Depois escrevemos o livro *Deixe-me Viver*, com a dor e o sofrimento dos abortados, seus gritos de socorro, e oramos por todos os que praticam o aborto, mas agora ali estávamos, em uma cidade de crianças, adolescentes e jovens. Indará enlaçou nossos ombros e falou:

— Luiz, vamos até onde os jovens trabalham. O irmão vem tratando desses assuntos em seus livros, convidando as Casas Espíritas a dar às crianças responsabilidades com a Casa. Quando somos responsáveis com a nossa casa não a destruímos, portanto, todos os Centros Espíritas deveriam educar seus freqüentadores, ensinando-os a não destruí-los. Ensinar uma criança, um adolescente ou um jovem a não jogar papel no chão é ensiná-los a buscar o equilíbrio interior. Os pais que não educam seus filhos a se portar em sociedade não os farão respeitar a propriedade alheia, porém, se oferecermos às crianças a água para regar as plantas, elas irão amá-las, pois se sentirão responsáveis por elas. O mal de alguns pais é não acreditar no potencial de seus filhos, por isso os abandonam à própria vida, e a vida física, por ser mais palpável, oferece-lhes mais facilidade. Luiz, o mundo espiritual protege as crianças, mas o homem adulto as ignora, esquecendo que já foram crianças e ainda terão de voltar novamente a ocupar um corpo diminuto.

— A irmã conhece bem esta cidade?

— Sim, trabalhamos aqui e nossa maior preocupação são as crianças.

— Por isso a irmã tem a fisionomia tão jovem.

— Não, não é esse o motivo. Parecemos muito jovem porque buscamos, através da prece, a eterna criança de Deus: Jesus. Quem está com Ele não envelhece.

— Irmã, então por isso também nós parecemos tão jovem?

Ela riu gostosamente:

— Talvez...

Atal disse:

— Sim, tio, é por isso que o senhor está conservado...

— Não sabia que era chegado a brincadeiras, Atal.

Dali fomos saindo, conversando sobre crianças, adolescentes e jovens, as maiores vítimas hoje da violência, até chegarmos a uma bela escola. Atal cumprimentou Ozíris, que nos encaminhou até Sulamita.

— Boa-tarde, irmãos. Sejam bem-vindos, Atal e companheiros.

— Estamos aqui para que o Luiz Sérgio leve até o plano físico o alerta do mundo espiritual.

— Estamos cientes, e queira Deus o irmão faça algo pelos adolescentes.

— Irmã, qual é a principal preocupação do plano superior com a família?

— Luiz Sérgio, a maior preocupação do plano superior com a família é o fato de ela não vir cumprindo com seu dever. A criança, desde pequena, já é criada sem limites e sem respeito para com os adultos. Os pais iniciam a educação da criança incentivando-a ao consumismo. Mesmo não sendo rica, a criança é criada como milionária e, inchada de orgulho e prepotência, não conhece a realidade da vida moderna, a carência de muitas outras famílias.

— Irmã, como mudar tudo isso?

— Os meios de comunicação deveriam entrar em uma campanha pela volta dos valores morais. Hoje a criança não tem um lar, ela não conta com as presenças paterna e materna e a ausência do pai e da mãe está lhe fazendo falta. A maioria das crianças está crescendo sozinha. Esta solidão está trazendo ao seu coração tristezas e neuroses. Dificilmente encontramos um lar onde desde o café-da-manhã a família esteja reunida, portanto, está faltando lar para as crianças, os adolescentes e os jovens. Eles estão órfãos de pais vivos.

Olhando Indará, percebemos que tudo ali lhe era familiar. Ela logo foi encarregada de nos mostrar a escola. Despedimo-nos da nossa irmã Sulamita e fomos adentrando aquele belo instituto de linhas arquitetônicas muito bonitas. Nady, o nosso companheiro, nos levou até a Ala 9, descortinando-se à nossa frente um imenso salão, onde muitas crianças lá estavam, umas esculpindo, outras bordando, outras pintando, enfim, todas ali faziam serviços manuais.

— Por que elas estão trabalhando? perguntamos.

— Não, respondeu Nady, elas não estão trabalhando, estão aprendendo ofícios. Todos devem aprender a fazer algo útil. Aqui, elas estão reaprendendo a usar os seus dons.

— Pena que quando encarnam esquecem tudo.

— Não, Luiz, ninguém esquece o que aprende, porém, infelizmente, algumas famílias acham que criança não tem habilidade para a arte e privam muitas vezes os seus filhos de aprender algum labor. Outras já acham que é demérito.

Chegamos perto de um grupo de meninas de seus oito anos e todas elas faziam crochê, tricô e rendas, e o faziam com muita satisfação.

— Oi! cumprimentamo-las.

— Boa-tarde, senhor.

— Que belo trabalho vocês estão realizando!

— Obrigada — disse uma delas.

— Vocês gostam do que fazem ou gostariam de estar nos campos, correndo e cantando?

Maiara respondeu:

— Nós adoramos nossa escola. Aqui temos de tudo, logo iremos para a recreação, portanto, nada nos falta.

— A irmã há muito está desencarnada?

Sentimos uma dor no seu olhar.

— Não, tenho só dois anos aqui. Desencarnei com meningite, mas graças a este instituto a saudade fica menor.

— Maiara, vocês moram aqui no instituto?

— Não, vivemos em nossas casas com nossos pais.

— Pais? Eles também desencarnaram?

— Não, nossos pais espirituais.

— O que você faz de bonito?

— Agora estou fazendo tricô. Sou muito vaidosa e adoro roupas.

Mostrou-nos belos casacos de tricô e completou:

— Mas faço também bordados.

— Obrigado pela entrevista e muito sucesso para você.

E assim fomos caminhando naquele belo e grande salão, o qual, por ser composto de jovens, nos parecia um jardim perfumado. Nisso, tocou o sino e os professores, junto aos alunos, foram para outro lugar, ali mesmo no instituto.

Pareceu-nos que Deus havia aberto a porta do paraíso, um bosque repleto de belas árvores, jardins e cascatas lindíssimas. As crianças corriam felizes junto aos animais. Em um anfiteatro eram encenadas peças teatrais. Logo ali, em um campo verdejante, havia um grande circo, onde as meninas e os meninos se apresentavam.

— Isso acontece todos os dias? Perguntei a Indará.

— Sim, faz parte do aprendizado das crianças.

— Que criança vai desejar reencarnar, com a vida que tem aqui?

— Luiz, reencarnar não é uma opção, é uma necessidade. É como ir ao médico, ninguém gosta, mas é necessário.

Nisso, passou por nós um garotinho com seus seis anos, carregando uma pilha de papéis, gritando:

— O Parque 3 espera por você, não perca o espetáculo de hoje: *O reencontro com a consciência.*

Olhamos para Atal e ele pareceu nem perceber nosso pedido, pois continuou o seu caminho. Estávamos louco para perguntar se não assistiríamos ao espetáculo *O reencontro com a consciência*.

Ele permaneceu calado, observando a vida daquelas crianças. Nisso, não agüentamos e perguntamos:

— Não vamos até o Parque 3?

— Sim, Luiz, vamos até lá.

Ficamos um pouco envergonhado pois, como sempre, nossa ansiedade estava à nossa frente.

Criança é criança em qualquer lugar. Ali também, vez por outra se estranhavam, uma empurrando a outra, mas logo eram contidas pelos irmãos ali presentes.

Nisso, paramos para ouvir Camile, que cantava como se fosse um anjo. Nos seus dez anos, a sua voz nos pareceu muito com a de irmã Rosália. Quando olhamos aquele belo gramado, quem estava ao piano? A nossa irmã Rosália. Camile cantava uma canção de amor e carinho:

Jesus, coração de Deus
Tirai de nós o véu que embaraça nossa vista
Purificai-a, a fim de que Vos veja claramente
Limpai as trevas do coração.
Nosso Espírito alegre exulta de paz
Para que andemos depressa
E que doce júbilo
Ele Vos louva e exalta.
Quem poderá acompanhar-nos
Até onde Vós ides, Senhor?
Quem poderá acompanhar Vossa sabedoria
Que vai de um extremo a outro?
Como dispondes de todas as coisas com doçura
Aqui estamos em Vossa presença
Com nossos olhos e coração em lágrimas,

Rogando-Vos que nos seja concedida esta graça
Mas bem sei que pouco posso seguir-Vos
Pois ligada e acorrentada a mim mesma me encontro
Mas Vós tudo podeis.
Suplico-Vos: tirai-me da cadeia do egoísmo
Derrubai os obstáculos que mc retêm e me prendem
Só Vós me faríeis voltar à posição de honra:
Estar perto eternamente de Vós,
Liberta de mim mesma.
Eu Vos pertenço, eternamente,
Jesus, coração de Deus,
Mestre imaculado
Irmão, eu Vos pertenço.

Nem vamos narrar que as lágrimas eram tantas que quase se transformaram em um mar de emoção. Ainda foram apresentadas muitas e muitas músicas, cada uma mais bonita que a outra. Irmã Rosália é o Rouxinol de Deus. Logo ela se apresentou, cantando junto às crianças a música *Crianças de um Mundo Feliz*, de sua autoria. Com uma rosa na mão, ela cantava e dançava, linda, linda e linda. A platéia delirava, diante daquele anjo de ternura. Depois, uma luz azul banhou todo o ambiente e pétalas de rosas caíram sobre a platéia. Irmã Rosália, no centro do palco, cantava:

Maria, Mãe da Humanidade,
Coroada rainha da Terra
Vosso poder, Vossa bondade,
Vossa misericórdia faz que os cegos vejam
Os surdos ouçam, os paralíticos andem.
Rogai por nós, Maria,
Que os mudos falem,
Que os maus se transformem em bons,
Os errados se convertam,
Os orgulhosos sejam abatidos,
Os malvados, transformados em bons,

Nesse momento, várias crianças surgiram no palco, cantando e dançando:

Eu, pecador, arrependo-me sinceramente de meus erros
Peço-Vos auxílio para não mais pecar
Maria, Mãe dos homens,
Conservai-me fiel às leis de Deus
Tenho fé de que Vós não faltareis com Vosso auxílio
Mãe, Mãe amada, Senhora,
Do alto plano de luz
Enxergai grande extensão de terra
Lançai o Vosso olhar sobre esta humilde criatura
E favorecei-a com a Vossa bondade.
Maria, guiai-me no caminho da vida
Que tenho de percorrer
Até chegar às portas da eternidade.
Como fostes educada para ser o espelho da justiça e da sabedoria
Que serei eu, se não merecer ser amparada por Vós?
Sob a Vossa proteção
Me ensinais o caminho da virtude
E a estrada da perfeição
Preciso alcançar
A glória da vida eterna.

As crianças, de mãos dadas, rodearam irmã Rosália, e ela, de mãos para cima, cantou a Ave-Maria. Depois, rogou:

— Maria, Maria, orai por nós.

Em cada intervalo, uma cascata de luz banhava o anfiteatro. Teve início, então, uma peça teatral: *O reencontro com a consciência.* Surgiu um Espírito, cujos centros de força emitiam uma luminosidade impressionante, de pé, no meio do palco, parecendo um deus grego, enquanto a orquestra do teatro, cujos acordes eram de beleza indescritível, fazia o público ficar inerte. Do coronário do Espírito que se encontrava no palco eram projetadas as leis morais.

Eu sou o Senhor vosso Deus, que vos tirei do Egito, da casa de escravidão.

Ali divisávamos o primeiro mandamento. As crianças representavam o homem incrédulo, preso à idolatria, enquanto Deus enviava Sua mensagem. O homem oprimia o homem e Deus o orientava, guiando-o para a libertação, através do aperfeiçoamento do Espírito. Contemplávamos o alerta: *não terás outros deuses diante de mim*, quando apareceram o bezerro de ouro, as estelas[3], as estátuas, enfim, a idolatria, as seitas que louvam os ídolos. Esta cena foi impressionante: o homem sendo levado pelo fanatismo religioso a adorar ídolos, distanciando-se de Deus, ficando à mercê dos falsos profetas.

Não tomeis em vão o nome do Senhor vosso Deus.

Neste trecho, as crianças, os jovens e os adolescentes encenavam quase uma comédia, na qual o homem chamava Deus por tudo, até nas horas impróprias. A platéia dava gargalhadas. Os fanáticos também foram criticados; aqueles que, de segundo em segundo, falam o nome de Deus.

Lembrai-vos de santificar o dia de sábado.

Aqui foi representado o dia do descanso. No tempo de Moisés era o sábado, hoje é o domingo, dia que todos devem tirar para descansar e orar a Deus por ter vivido uma semana e pedindo pelo início da outra.

Honrai a vosso pai e vossa mãe, a fim de viverdes longo tempo na terra que o senhor vosso Deus vos dará.

Nesta passagem, Deus ensina ao homem o respeito aos pais. Quem não ama seus pais não tem condição de amar ninguém. Quem honra pai e mãe honra a sua existência, tornando-se útil à sociedade.

A apresentação também foi linda: os Espíritos que herdarão a Terra, os mansos e pacíficos, aqueles que não desequilibram o Planeta. Emocionou-nos a apresentação dos artistas neste mandamento. Que bom se a Terra já fosse assim.

Não matarás.

Aqui foi mostrado como é terrível a falta daqueles que tiram a oportunidade encarnatória de um Espírito e louvamos o Espiritismo, que

---

[3] Nota do Autor — *Estela*: coluna sagrada ou placa de pedra em que os povos antigos faziam inscrições.

nos apresenta Deus como é, bom e justo, que não mata, porque é o Criador de tudo. Só a Doutrina Espírita explica a morte. Deus, Ser perfeito, iria contra Suas próprias leis, se ensinasse o homem a não matar e depois tirasse a mãe de uma criança pequena, o marido de uma esposa apaixonada. Deus deu ao homem a vida eterna e a reencarnação é apenas um aprendizado para o Espírito, uma nova oportunidade de cumprir com o plano de Deus.

Não cometerás adultério.

Neste trecho foram fixadas várias situações, e não só o adultério, como pensam os homens, mas o adultério do político que engana o eleitor e o dos líderes religiosos que são só palavras e iludem os fiéis, bem como o adultério das grandes empresas, promovendo os alimentos com propagandas enganosas. Tudo isso foi ali representado.

Não furtarás.

No palco foram mostrados o operário humilde e as profissões sem as quais a sociedade não pode sobreviver, desde as mais simples até as dos grande cientistas, todos operários de Deus, honestos e dignos, procurando não tirar nada de ninguém, pois para sobreviver basta a sua própria consciência.

Não pudemos deixar de nos levantar e aplaudir, no que fomos seguidos por vários outros.

Não prestarás falso testemunho contra o vosso próximo.

Aqui, foram representados os caluniadores, os mentirosos, aqueles cujas palavras são ácidos que causam lágrimas. Diante de nós, o falso testemunho teve grande destaque, pois muitos são suas vítimas.

Não desejarás a mulher do próximo.

Diante daquelas crianças-atores, vimos o homem e a mulher que só desejam cobiçar a felicidade alheia e que em um relacionamento entram para destruir. Este mandamento foi mencionado porque no deserto, no tempo de Moisés, o homem achava não estar sujeito a leis, que podia entrar em qualquer lar e de lá tirar o que era do próximo, principalmente as mulheres. Pensei: "Hoje, nem os homens nem as mulheres precisam lutar tanto para cobiçar. Estão tão ostensivos os belos corpos, sejam de homens ou de mulheres, que a cobiça tornou-se quase natural." Poucos não desejam o homem ou a mulher do próximo. Muitas mulheres do próximo estão quase nuas, se oferecendo, muitas delas, aos homens, seja com roupas sumárias ou mesmo posando para revistas, completamente sem roupa. Também alguns homens estão fazendo o mesmo.

Não desejarás a casa do vosso próximo, nem seu servidor, nem sua serva, nem seu boi, nem seu asno, nenhuma de todas as coisas que lhe pertencem.

Aqui, tivemos uma aula espírita. Tudo o que os livros doutrinários ensinam aos espíritas ali foi encenado: o perigo para aquele que não pode ver alguém com um carro de luxo e tudo faz para comprar um igual; aquele que copia roupas, óculos, jóias, sapatos, enfim, que é um invejoso de tudo o que seu vizinho tem. Isso também foi encenado de maneira jocosa e todos riram muito.

Diante de nós, aquele Espírito, que ali se encontrava representando todos os homens que têm na consciência as leis morais, parou a sua apresentação. Devemos estar lembrados de que era de sua consciência que partiam as leis morais, resumidas nos dez mandamentos, que são tudo o que Jesus falou no sermão do monte, o código do bem viver do homem que deseja chegar logo aos braços de Deus.

O espetáculo foi magnífico. Daquela cabeça partiam, em letras luminosas, as leis de Deus, e o homem foi ficando cada vez mais etéreo. Ninguém mais o estava vendo, ele era um facho de luz, mas em sua consciência resplandeciam as leis de Deus — estrelas divinas incrustadas no Espírito do homem até a eternidade.

A figura de Moisés apareceu no palco, junto aos três chamados de Deus. Ouvíamos o som da trombeta, divisávamos a montanha fumegante e, diante dela, um povo faminto, esfarrapado, simbolizando o povo hoje encarnado, ainda diante de uma montanha fumegante de ódio, de violência e de falta de amor, e o povo tremendo, apavorado. Moisés ali estava, diante de um povo sedento de amor, e logo apareceu o Cristo, não diante de uma montanha, mas numa elevação, recitando o sermão do monte, e o povo ainda faminto e sofrido. Ele explanava versículo por versículo as leis de Deus e por último apareceu junto à plêiade de Espíritos, o grande Exército de Deus, tendo o Mestre como comandante, e os Espíritos porta-vozes do Pai aí se encontravam.

Nesta hora, brilhou no palco o prefácio de *O Evangelho Segundo o* Espiritismo:

Os Espíritos do Senhor, que são as virtudes dos Céus, qual imenso exército que se movimenta ao receber as ordens do seu comando, espalham-se por toda a superfície da Terra e, semelhantes a estrelas cadentes, vêm iluminar os caminhos e abrir os olhos aos cegos.

Eu vos digo, em verdade, que são chegados os tempos em que todas as coisas hão de ser restabelecidas no seu verdadeiro sentido, para dissipar as trevas, confundir os orgulhosos e glorificar os justos.

As grandes vozes do Céu ressoam como sons de trombetas, e os cânticos dos anjos se lhes associam. Nós vos convidamos, a vós homens, para o divino concerto. Tomai da lira, fazei uníssonas vossas vozes, e que, num hino sagrado, elas se estendam e repercutam de um extremo a outro do Universo.

Homens, irmãos a quem amamos, aqui estamos junto de vós. Amai-vos, também, uns aos outros e dizei do fundo do coração, fazendo as vontades do Pai, que está no Céu: Senhor! Senhor!... e podereis entrar no reino dos Céus. (O Espírito de Verdade)

Aquelas crianças ali representavam o Cristo e Seus valentes colaboradores, que lutam para a renovação da Terra.

Todos adentraram o palco para receber os aplausos do público. Atal e os outros estavam de pé, em total respeito. Nós tínhamos o corpo trêmulo de emoção e com os olhos marejados de lágrimas oramos a Deus: "Senhor, eu Te busco, prometendo melhorar cada vez mais."

No palco, todos cantavam:

Jesus, bondade infinita, dissestes:
Deixai vir a mim os pequeninos.
Dignai-Vos dar a alegria de vermos curadas essas crianças
E que mereçam entrar no tranqüilo porto da paz
Vós, que agora, ao abrigo dos doentes,
Gozais de uma felicidade que não terá fim
Tomai parte em nossos trabalhos
E nas nossas lutas.
Vós, que tendes as veneradas frontes
Cingidas pela incorruptível coroa da glória,
Tende piedade das nossas imensas misérias.
Vós, que estais livres deste triste exílio,
Lembrai-Vos dos Espíritos sujeitos às tentações.
Vós, que estais firmes na justiça,
Interessai-Vos na nossa salvação.
Vós, que nada tendes a temer,
Pois Vosso Espírito
Está tranqüilamente em paz com Vossa consciência,
Não abandoneis aqueles que ainda
Jazem como Espíritos errantes.
Poderoso Exército do Senhor,
Falange divina, orai por todos nós,
Crianças que não desejamos permanecer embaraçadas.

No palco, os painéis projetavam o *Eclesiastes*, Cap. 16:

17 *Não digas: "Ocultar-me-ei do Senhor", e: "Lá de cima, quem se lembrará de mim? No meio da multidão ficarei desconhecido; que represento eu na imensa criação?"*

Logo depois, o *Eclesiástico*, Cap. 17:

12 *Firmou com eles uma aliança eterna e revelou-lhes seus julgamentos.*
13 *E seus olhos contemplaram a grandeza de sua glória, e seus ouvidos ouviram a glória de sua voz.*
14 *Ele disse-lhes: "Precavei-vos de toda injustiça"; e a cada um deu mandamentos em relação ao próximo.*

Atal convidou-nos a nos retirar. Fomos saindo ainda olhando o painel, cujos escritos pareciam chegar até nós.

Capítulo 3

A PREOCUPAÇÃO DA ESPIRITUALIDADE MAIOR

— Gostou da peça? perguntou-nos Atal, ao atingirmos uma praça.

— Irmão, nunca tinha visto coisa igual. Maravilhosa. Agora, perguntamos: por que aqui as crianças, os adolescentes e os jovens ouvem tanta coisa bonita e depois reencarnam e fazem tanta loucura?

— O caminho da evolução é longo e tortuoso, feliz aquele que coloca em seu coração as leis de Deus.

— Irmão, gostaria de saber mais sobre esta cidade.

— Estamos aqui, não estamos?

— Sim, mas nos encontramos surpresos, pois quando desencarnamos não víamos crianças nas colônias por onde passávamos. Essas crianças podem sair daqui e passear livremente no plano físico?

— Podem, mas não convém que isso ocorra, e acreditamos que elas nem o queiram fazer, pois quem deseja sair do paraíso para o inferno? Aqui, elas são respeitadas, amadas e elucidadas.

Atal e os outros dois companheiros foram caminhando, calados. Estávamos louco para fazer perguntas, mas os orientais são muito disciplinados. Olhando aqueles três amigos, sorrimos, ao pensar em alguns encarnados espíritas que só vêem os orientais de turbante na cabeça, vestidos de marajás. Ao nosso lado estavam três Espíritos vestidos simplesmente, mas grandes conhecedores da Doutrina Espírita. Nenhum deles, caso se manifeste em um Centro Espírita, irá contra os postulados da Doutrina. Atal conhece *O Livro dos Espíritos* como ninguém.

Nisso, que pensávamos, ele se virou para nós, dizendo:

— Como pode um Espírito não ser espírita? A Doutrina Espírita foi levada ao plano físico pelos Espíritos e os espíritas têm por obrigação não profaná-la. A Doutrina dá ao homem o conhecimento do Universo e apresenta Deus como Ele é: bondade infinita. Não deve existir no meio espírita o meio-espírita; sim, aquele que se diz espírita, mas age como um materialista, só desejando o contato com os Espíritos para tirar algum proveito. Não é essa a finalidade do Espiritismo, Luiz. Vamos até a Faculdade dos Jovens, conhecer um pouco de Doutrina.

— De Doutrina, Atal?

— Sim, o irmão não deseja estudá-la?

— É o que mais luto para fazer, porém, estamos na Cidade das Crianças.

— E criança não estuda a Doutrina Espírita?

Nada falamos, apenas o seguimos.

Demos entrada em um amplo auditório, onde um jovem, diante de uma platéia também jovem, estudava a Doutrina Espírita.

— Quem é ele? perguntamos, referindo-nos ao palestrante.

— Chama-se Oziel.

Oziel falava sobre o perigo de o Brasil perder a árvore do Espiritismo, de ser transplantada para outro país.

— Como isso pode acontecer? perguntou um garoto.

— Pelos abusos que vêm ocorrendo em alguns Centros Espíritas, abusos esses inconcebíveis, difíceis mesmo de acreditar que possam existir. A Doutrina Espírita foi entregue ao homem para ele conhecer a sua origem, saber como foi criado e o que precisa para se educar. Ela é uma luz que clareia o caminho daqueles que desejam a verdade.

— Irmão, a Doutrina Espírita é religião? perguntou uma jovem.

— Tomando por modelo algumas religiões existentes no Planeta, chegamos à conclusão de que a Doutrina Espírita não deve ser chamada de religião, porque ela não pode, de maneira alguma, separar, e o que temos conhecimento é que as religiões apoderaram-se do Cristo e brigam por Ele. Cada uma se considera dona da verdade e prega que só os que a professam irão se salvar, mesmo se tiverem no coração a luxúria, o egoísmo, o orgulho e o ódio. Na Doutrina é dito: *fora da caridade não há salvação*, querendo dizer a todos os filhos de Deus que sem amor ninguém pode evoluir; que, sem respeito a Deus e ao próximo, o homem vive perdido, sem rumo, mesmo pertencendo a este ou àquele credo. Religião não é salvação. Salvação é a transformação moral de cada filho de Deus. A luta dos Espíritos superiores é com o comportamento da Humanidade. Não importa a que grupo este ou aquele pertença. A preocupação é se o homem está ou não evoluindo e *por lei* todos temos de chegar a Deus. Somos filhos pródigos, que um dia saímos de junto do Pai, e se lutarmos pela própria reforma, logo estaremos junto a Ele. Deus é a meta de cada ser criado por Ele, que não fundou nenhuma religião. Porém, cada homem busca um núcleo de oração no qual se reúnem para reverenciar Deus.

Um jovem fez outra pergunta:

— Por que alguns espíritas brasileiros não estão respeitando a Doutrina Espírita?

— Porque a Doutrina é ainda mal compreendida. Ela não é uma fábrica de médiuns. Ela deve tornar-se uma universidade de ensinos espirituais. Hoje, é lamentável presenciar alguns médiuns doentes dando orientações em Centros Espíritas e levando o iniciante à loucura; loucura, sim, pois ao dizer a um iniciante que ele é possuidor de uma mediunidade gloriosa, ele viverá à espera dela.

— Como deve proceder o presidente de uma Casa Espírita?

— Ele precisa adotar urgentemente o estudo de *O Livro dos Espíritos*, de *O Livro dos Médiuns* e de *O Evangelho Segundo o Espiritismo*. Em *O Livro dos Médiuns* o iniciante tomará conhecimento do que é realmente a mediunidade, que ela não é um dom artístico para se dar espetáculo. A mediunidade é sacerdócio e o médium está a serviço do Cristo, precisando estar em paz com sua consciência. Portanto, o presidente tem de estar presente na Casa em que trabalha e ficar atento, para não ser pego de surpresa com fatos que podem ocorrer quando a Casa não estuda e está somente apegada aos fenômenos mediúnicos.

— Oziel, sabemos que as Casas onde muito se estuda vivem vazias, pois o público quer é fenômeno.

— Sabemos disso, mas quantidade não quer dizer qualidade. A Casa Espírita, voltamos a dizer, não é uma casa de espetáculos, sim um hospital de almas. A Doutrina é um grande mestre e quem a busca vai descobrindo pouco a pouco as verdades divinas. Quem procura a Doutrina para descobrir o mundo dos Espíritos encontra também seu verdadeiro mundo, sua alma. A Doutrina Espírita coloca o homem diante dele mesmo e, quando isso acontece, ele descobre o quanto precisa melhorar para chegar à perfeição. Essa é a tarefa da Doutrina: melhorar o homem, para que ele não desencarne mal e não venha a perturbar os encarnados. Porém, se todas as Casas Espíritas ficarem só atrás dos Espíritos, serão transformadas em caça-fantasmas e os doentes encarnados continuarão sem remédio, quando bem sabemos que a Doutrina é o remédio de Deus para todos os Espíritos que desejam se livrar da lepra da imperfeição.

— Oziel, existem médiuns que nunca estudaram *O Livro dos Espíritos*?

— Certos médiuns nem sabem o que vêm a ser *O Livro dos Espíritos* e *O Livro dos Médiuns*, mas a culpa é da Casa que freqüentam. É o que estamos falando: os espíritas brasileiros precisam se conscientizar de que está havendo uma separação nas fileiras espiritistas e que muitas Casas Espíritas, preocupadas pela fuga de alguns freqüentadores para outras religiões, estão também adotando práticas estranhas. Entretanto, o que se torna preciso? Vocês, que aqui se encontram, jovens de dezesseis, dezessete, dezoito anos, logo partirão para o mundo dos encarnados e cada um estará levando junto ao seu Espírito a responsabilidade do espírita em terras brasileiras. Está em suas mãos fazer alguma coisa em prol da pureza doutrinária. Gostaríamos que todos estudassem o Capítulo XXIX de *O Livro dos Médiuns*. Meditem no item 350:

"Se o Espiritismo, conforme foi anunciado, tem que determinar a transformação da Humanidade, claro é que esse efeito ele só poderá produzir melhorando as massas, o que se verificará gradualmente, pouco a pouco, em conseqüência do aperfeiçoamento dos indivíduos. Que importa crer na existência dos Espíritos, se essa crença não faz que aquele que a tem se torne melhor, mais benigno e indulgente para com os seus semelhantes, mais humilde e paciente na adversidade? De que serve ao avarento ser espírita, se continua avarento; ao orgulhoso, se se conserva cheio de si; ao invejoso, se permanece dominado pela inveja? Assim, poderiam todos os homens acreditar nas manifestações dos Espíritos e a Humanidade ficar estacionária. Tais, porém, não são os desígnios de Deus. Para o objetivo providencial, portanto, é que devem tender todas as Sociedades espíritas sérias, grupando todos os que se achem animados dos mesmos sentimentos. Então, haverá união entre elas, simpatia, fraternidade, em vez de vão e pueril antagonismo, nascido do amor-próprio, mais de palavras do que de fatos; então, elas serão fortes e poderosas, porque assentarão em inabalável alicerce: o bem para todos; então, serão respeitadas e imporão silêncio à zombaria tola, porque falarão em nome da moral evangélica, que todos respeitam.

Essa a estrada pela qual temos procurado com esforço fazer que o Espiritismo enverede. A bandeira que desfraldamos bem alto é a do *Espiritismo cristão e humanitário,* em torno da qual já temos a ventura de ver, em todas as partes do globo, congregados tantos homens, por compreenderem que aí é que está a âncora de salvação, a salvaguarda da ordem pública, o sinal de uma era nova para a Humanidade.

Convidamos, pois, todas as Sociedades espíritas a colaborar nessa grande obra. Que de um extremo ao outro do mundo elas se estendam fraternalmente as mãos e eis que terão colhido o mal em inextricáveis malhas."

— 'Nós, os jovens, temos por dever, ao reencarnar, fazer brilhar a chama reluzente da Doutrina Espírita, afago das mãos de Deus em Suas criaturas. Alguns aqui desencarnaram jovens, outros cresceram nesta cidade, atingiram a juventude neste local porque desencarnaram crianças, mas todos têm recebido esclarecimentos precisos para uma reformulação de vida. Sabemos que logo estaremos de novo no corpo físico, e queira Deus nada nos embarace a caminhada.

— Oziel, e se encarnarmos em lares de crentes?

— Estamos no final dos tempos e em todos os templos, dos seus telhados surgirão os raios de sol, que são os Espíritos. Não importa onde cai a semente, importa é que ela germine e para isso não faltará sol e água — a proteção divina.

— Oziel, com quantos anos você veio para cá? perguntou outro garoto.

— Aqui chegamos com três anos. Agora, temos de voltar para completar nossa tarefa.

— Você foi orador espírita?

— Na última encarnação, não, pois desencarnamos com três anos, mas em outras vidas acreditamos que sim, pois temos como tarefa passar para vocês nosso conhecimento. Acreditamos que o Cristo guia nossos passos e com Ele soltamos a voz. Graças a ela podemos narrar as belezas da Doutrina Espírita.

— Oziel, por que o Espiritismo no Brasil está dando preocupação ao Plano Superior?

— Porque ele está crescendo, mas os espíritas não estão sabendo dar ao público o conhecimento contido nas obras básicas. Muitas casas julgam que o valor está na quantidade de médiuns que a Casa tem e não é isso o que importa. O que se torna preciso é educar o homem.

— Nesse dias, Oziel, tivemos uma aula sobre educação. O instrutor falou sobre furar fila, seja de cinema, de banco, até de comida. É o tipo de falta que um espírita não pode cometer, pois estará desrespeitando o próximo. Jogar papel no chão ou qualquer outra coisa, enfim, o instrutor mostrou a todos nós o que não deve fazer um verdadeiro espírita. Muitos podem pensar: mas será esta a finalidade da Doutrina?

Oziel respondeu ao garoto:

— O Espiritismo é o educador do homem, principalmente daqueles que estão prisioneiros na carne.

— O espírita pode furtar o jornal do vizinho para ler? perguntou uma garota.

Todos riram e ela enrubesceu, justificando:

— Perdoe-me, mas meu pai é espírita e lê todos os jornais do vizinho.

— Veja, Tatiana, como seu pai age erradamente. A irmã guarda má lembrança dele. Todas as vezes que fazemos algo errado somos observados e causamos uma péssima impressão com os nossos maus hábitos.

— Tem razão, Oziel. Jamais esqueci papai pegando o jornal e as revistas do vizinho.

— Alguém tem algo a dizer?

Um garoto levantou a mão:

— Quando encarnado, tinha pavor quando meu pai, espírita, dizia que eu estava obsidiado e me levava ao Centro para tomar passe. Nunca fui a uma Casa Espírita por prazer, só obrigado, e lá os médiuns diziam horrores, que eu estava com uma falange de trevosos. Você acha isso certo?

— Se Jesus disse que não chamássemos ninguém de louco, quem somos nós para o fazer? Um grande erro de alguns espíritas é ficar dizendo que tudo é obsessão. Mesmo que alguém esteja mal acompanhado espiritualmente, o médium não tem esse direito. Ele deve encaminhá-lo para um grupo de passes e dizer sempre que precisa fortalecer-se espiritualmente, pois quem está com saúde não fica doente; só temos obsessores se abrimos nossa casa para que eles fiquem junto a nós. Uma pessoa doente, dominada por obsessores, precisa de respeito e discrição da Casa Espírita e muitas vezes o jovem rebelde não está obsidiado; ele está, sim, sendo mal educado, criado sem limites. Gostamos muito deste trecho do *Eclesiástico*, Cap. 22:

9 *Ensinar um insensato é como colar cacos; é acordar a quem dorme sono profundo.*

10 *Conversar com um insensato é conversar com quem cochila; no fim ele pergunta: "o que é?"*

— 'Um jovem insensato está precisando muitas vezes de amor, e não de passes. Aqui estaremos sempre, para tirar as dúvidas. Não somos professor, somos estudioso da Doutrina, e quando a estudamos adquirimos uma postura que nos faz reverenciar Deus e os que de nós se aproximam nos julgam professores. Mestre, só o Cristo o é. Todos somos irmãos tentando aprender na escola da vida.

Fizeram uma prece e foi encerrada a aula. Todos saíram educadamente e rimos dos encarnados quando saem de qualquer lugar, parecendo que sempre estão com pressa de chegar a casa. Educação é algo muito sério e só vamos nos tornar educados com a perfeição.

Assim pensávamos quando Atal nos perguntou:

— Luiz, gostou da aula dos meninos?

— Que aula, companheiro! Quantos espíritas precisavam estar aqui! Posso dizer que ultimamente temos visitado vários Centros Espíritas e neles acontecem coisas que muito depõem contra a pureza doutrinária.

— Luiz, muitos não gostam de aceitar as verdades. Acham mais fácil jogar pedra em telhados alheios e não procuram firmar as suas Casas na pedra angular do Cristo.

— E agora, aonde vamos?

Ele não me respondeu, e talvez esse seja o único defeito dos orientais: eles falam pouco. Mas fomos andando. Nisso, ele adentrou um lugar que parecia um grande circo, todo redondo. Fomos recebidos por Débora, que carinhosamente nos deu as boas-vindas e nos levou para dentro do edifício, que possuía o seguinte formato:

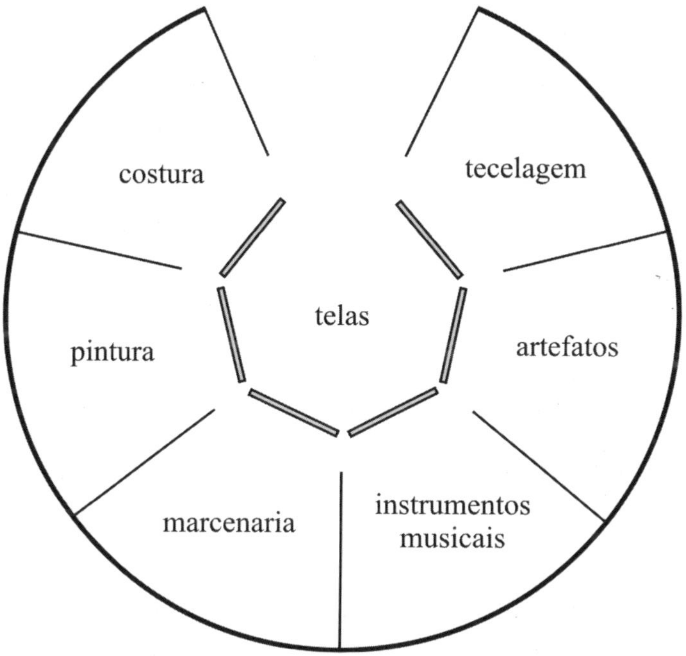

Cada oficina tinha à sua frente uma enorme tela, na qual os estudantes recebiam aulas quando não estavam trabalhando. Não esperávamos encontrar essas oficinas em uma cidade de jovens.

— Aqui, até os instrutores são jovens?

— Só uma vez por mês vem à colônia um Espírito com mais idade.

Ali havia muitas crianças, o que nos chamou a atenção:

— Por que eles aqui trabalham?

— Não, eles não trabalham, eles aprendem a trabalhar. Aqui eles despertam os dons que neles existem. Antes, porém, passam por um psicólogo que analisa os seus talentos.

— E quem não possui talento?

— Encontram-nos no seu subconsciente. Todos os homens nasceram para a arte, todos possuem dons artísticos, só precisam de incentivo ou oportunidade.

Aproximamo-nos de Carmelita, uma garota de seus seis anos:

— Oi — cumprimentamo-la.

— Boa-tarde, irmão. Como está? Espero que goste de nossa cidade.

— Já estou gostando. Vocês são uns felizardos por viver em um lugar tão lindo.

— Onde você mora, irmão?

— No plano espiritual e no plano físico. Trabalho nesses dois mundos tão meus.

— É mensageiro?

— Não, Carmelita, sou um carteiro do mundo espiritual.

Ela sorriu e me mostrou uma tela que pintava: uma menina se despedindo da mãe. Compreendi que aquela mulher era a mãe de Carmelita e a cena retratava a vinda da menina para o plano espiritual. Não tivemos coragem de perguntar nada. Ela pegou um pequeno quadro e no-lo presenteou, e qual não foi a nossa surpresa? Era nosso retrato!

— Como pode, já me conhecia?

— Sim. Quando estive doente minha mãe orava para você me curar e você não me curou. Depois, ela orou para você me receber e você foi me receber, lembra?

Só aí nós a reconhecemos e a apertamos nos braços. Ela logo se desvencilhou e foi-nos mostrando outras coisas. Despedimo-nos e ela foi para outro lugar, onde vários jovens encontravam-se sentados em posição de lótus. Naquele local, eles discutiam regras do método científico que exigia passagem gradativa dos fatos mais simples aos mais complexos. Ali se ensinava que o pensamento projeta formas e como devemos saber pensar:

— Os grandes artistas ficam muito tempo embevecidos, contemplando nos ares a cúpula giratória da obra que vão construir. A mesma coisa acontece aos grandes mestres da pintura. Aqui, a criança, o jovem e o adolescente aprendem a usar o pensamento, pois o homem não conhece ainda os limites em que a imaginação exerce influência sobre o corpo. A imaginação mata, a imaginação cura, a imaginação fortalece. Um dia saber-se-á que o pensamento pode realizar a recuperação orgânica do corpo, que a ação da força vital é idêntica à que realiza sugestões, que são a mesma força. A força vital realiza a cura, opera cicatrização de feridas. É ela que drena o organismo, que elimina escoriações, que faz a fagocitose, que preside a todas as defesas naturais do organismo. Antigamente, julgavam milagres os estigmas. Hoje sabemos que eles partem da grande força mental do homem, que o leva a apresentar no corpo os estigmas do Cristo. A alma ainda precisa ser estudada, ela não é somente o princípio pensante, porém muito mais que isso: é, ao mesmo tempo, força organizadora e força do pensamento. Organização e pensamento são dois aspectos do mesmo ser. Foi a alma que engendrou o corpo, seu veículo físico, portanto, a alma é que comanda a indumentária física. Ela exerce força e poder sobre o corpo carnal. Quando o corpo morre, o Espírito continua trazendo com ele as preocupações, os elementos do mundo físico: é a esposa que não esquece o marido e os filhos, ou os filhos que não esquecem os pais, os noivos, os namorados. Quando voltam para seus antigos lares, querem participar da vida que levavam antes, portanto, o homem tem de conhecer a si próprio para dar valor à sua vida, seja no plano físico ou no mundo espiritual. O homem é cérebro, nada atinge sua individualidade. O homem transcende à alma, pois é Espírito imortal. Portanto, devemos crer em Deus, respeitar Suas leis e fugir de qualquer fanatismo. Hoje as religiões estão duelando, matando em nome de Deus, mas mantêm Jesus Cristo ainda preso em uma cruz no calvário da ignorância. A fé religiosa que se deixa matar por seu credo não é fé, é loucura. Muçulmanos morrem por Maomé, como cristãos estão morrendo pelo Cristo. E os espíritas? Também não existem alguns que estão matando por Allan Kardec? O que o homem hoje necessita é se auto-conhecer, auto-educar-se; seja ele de que crença for, tem de buscar viver as leis de Deus. Todas as religiões tiveram, em todos os tempos, grande influência educativa, porém, pela sua parte dogmática, foram mais prejudiciais do que úteis ao gênero humano, porque os dogmas religiosos são grandes sementeiras de discórdias, de ódio, de desavenças inumeráveis. O único ponto de união é a idéia de imortalidade, e é exatamente a única eficaz, a que prestou incontestáveis serviços pedagógicos à Humanidade, favorecendo no homem o engrandecimento de seus mais elevados sentimentos, garantindo-lhe a recompensa ou o castigo. O Espiritismo veio para despertar a ciência e, quando ela se propuser a estudar e procurar a imortalidade da alma, a Terra encontrará as bases da moralidade; aí, sim, não haverá os falsos profetas que vivem caluniando e condenando o homem em nome da religião. Moral religiosa e moral científica, porém, falarão a mesma linguagem e lutarão pela conduta humana. Esse dia chegará e o homem não poderá, pois, esquecer as conseqüências de suas ações. Há de recolher o que semeou na proporção das semeaduras. As provas serão tão concretas que todos terão a certeza de que os mortos vivem e que não estão nos céus, no purgatório ou no inferno, segundo a concepção clássica de algumas religiões.

— 'A Doutrina Espírita é a luz que esclarece muitas partes obscuras do passado, desvendando muita treva dos livros sagrados. Hoje, ainda, alguns cientistas querem que os aparelhos revelem a existência dos Espíritos e de suas moradas, alguns até desejam localizar a residência dos eleitos nas alturas e a dos réprobos nos infernos. Por mais que perguntem onde está o além, ninguém responde. Sabem por quê? Porque ele está ao nosso lado, é só o buscarmos, entretanto, não é fácil desapegar-se o homem do quadro em que exerce sua vida material. Inserido na matéria densa, ele não tem olhos para ver o mundo espiritual. O homem tem de saber que não há necessidade de separá-lo do mundo físico, mundo que ele vê, apalpa, sente, cheira, ouve, para repô-lo no mundo espiritual, nas terras do além. O mundo espiritual está em toda parte, bem junto ao mundo físico. Ele coincide e coexiste com o aquém, com o mundo físico. Aliás, tudo o que chamamos mundo físico vem do invisível: som, luz, calor, eletricidade, magnetismo. Pensamento, vontade, consciência, de onde vêm, onde se geram, como se formam, como impressionam o homem? Os homens encarnados conhecem unicamente o resultado da síntese mental: é o *eu* que opera semelhante síntese. Vibrações do éter chamam-se som, quando captadas pelo ouvido; luz, quando impressionam os olhos, mas o som existe em a Natureza? A luz existe sem o órgão que a interpreta? Que é a consciência? Que é a vontade? O sistema nervoso é que os revela, porventura os engendra, e dizemos que sem massa encefálica não existe pensamento, não há consciência nem vontade. Portanto, o homem tem de se conscientizar de que é Espírito e que o Espírito se depura por evolução, inserindo-se em formas menos densas da matéria. Nessas condições, o cérebro físico é um simples veículo de expressão do Espírito, e não sua causa. É um instrumento, através do qual o espírito humano entretém relações com a matéria grosseira do mundo físico; um aparelho temporário, por meio do qual ele sente, vê, ouve, apalpa. Existem milhões de vibrações não captadas pelo cérebro humano: são as vibrações do mundo espiritual. Como vemos, o Além, tão discutido, tão atacado, não está tão longe como alguns julgam. Para descobri-lo, só depende de o homem descobrir o seu próprio organismo. Todo o organismo mantém relações com o meio a que foi destinado. A vida é uma adaptação, um ajustamento de relações contínuas e sucessivas entre o interior e o meio externo. O homem é um ser transcendente que habita desde já os dois mundos. Que faz a morte? Por que o homem, tendo o domínio sobre o corpo físico, não a vence? Porque quando chega o momento da separação, chamada morte, ela desata o homem de seu organismo físico, desliga-o do seu próprio corpo, que a alma tinha animado, vitalizado. Desprendida sua inserção material, ele, o Espírito, vai viver em outro meio. Ele tem um organismo adequado às vibrações desse novo ambiente, uma veste espiritual chamada perispírito, de natureza ódica. Esta veste ele vai reaprender a manejá-la conscientemente, por auto-determinação, com vontade pessoal, como inconscientemente já o fazia em sua vida física. Alguns se perdem em busca do nada, outros logo percebem a beleza do mundo espiritual. Desde os primórdios da civilização, esse corpo tem vários nomes: *ka*, dos egípcios, *sariza*, dos hindus, o *nephesch* dos cabalistas, o *evestrum* de Paracelso, o fluido vital dos ocultistas da Idade Média, o perispírito dos espíritas, portanto, amigos, guardem bem isto: quando vimos para cá, não ficamos longe dos nossos entes queridos. A linha de demarcação entre este mundo e o outro, dos encarnados, está simplesmente traçada por nossas sensações. O mundo espiritual e o mundo físico não estão próximos um do outro, nem longe, nem distante, nem perto; eles se embicam, interpenetram-se, coincidem, coexistem. Não há separação entre os dois mundos, e sim penetração recíproca. A desencarnação não engendra novos órgãos à vida espiritual. Em ambos os mundos existem as leis da Ciência Natural: aqui, como lá, a lei de causalidade rege os fatos físicos, como os espirituais. O mundo espiritual não é, portanto, o país do supra-normal nem do prodígio. Daqui não parte milagre algum, sim fatos de ciências naturais. As leis dos dois mundos não são idênticas, mas complementares. Bem, meus irmãos, aqui termina nossa conversa, esperando que todos se conscientizem de que Deus é o Pai justo e bom e que todos nós temos um longo caminho para chegar até Ele.

Terminada a preleção, ali permanecemos, inebriados com a orientação àqueles jovens, pensando como seria bom se no plano físico, já nas escolas, as crianças e os jovens recebessem tão bela orientação! Infelizmente, mesmo em alguns núcleos espíritas, as crianças ainda são tratadas como incapazes e os jovens, tidos como irresponsáveis. A literatura espírita, tão rica, é negligenciada por alguns, mas temos esperança de que logo, em todas as Casas Espíritas, as crianças e os jovens serão educados nas bases doutrinárias. O Espiritismo não é mediunismo, é conhecimento, encontro com Deus, com o Deus verdadeiro, que não precisa perdoar, porque jamais Se sente ofendido; o Deus justo e bom que não separa Seus filhos, seja por crença ou por nível cultural; o Deus verdadeiro, Pai verdadeiro e amigo, eternamente justo.

Fitando-me, Atal comentou:

— Luiz, não entendemos por que as obras básicas, principalmente *O Livro dos Espíritos* e *O Livro dos Médiuns*, não são leitura obrigatória nos Centros Espíritas. É deprimente deparar com orientadores dizendo a um iniciante que ele é portador de todas as mediunidades, incentivando-o a desenvolvê-las, quando Kardec esclareceu, em *O Livro dos Médiuns*, item 198:

"(...)Um médium pode, sem dúvida, ter muitas aptidões, havendo, porém, sempre uma dominante. Ao cultivo dessa é que, <u>se for útil</u>, deve ele aplicar-se. (...) Procurar ter as outras é, acima de tudo, perder tempo e, em segundo lugar, perder talvez, enfraquecer com certeza, as de que seja dotado."

— 'Por isso hoje muitos ainda estão descrentes da Doutrina, porque só lêem romances espíritas ou livro de auto-ajuda.

— Sempre procuramos, Atal, orientar os jovens sobre o perigo do fascínio, porque ele ocorre desde a época de Moisés, quando chegou até os encarnados o decálogo, fazendo-os buscar na consciência as leis de Deus. Os mensageiros celestes, Espíritos encarregados das grandes revelações, desde aquela época estão alertando os homens sobre o perigo da idolatria. Quando dizemos Espíritos celestes, queremos dizer os encarregados das revelações: Moisés, Jesus e Seus auxiliares, que trouxeram a Codificação. Não foi o Espírito de fulano, de sicrano ou algum dos profetas, não; foi uma plêiade de Espíritos do Senhor, os codificadores. O que veio depois de Kardec são obras complementares, outras apenas narram fatos que ocorrem nos dois mundos. Devemos todas respeitar, porém, o que precisamos é conhecer a Doutrina, e isso só acontece quando estudamos as obras básicas, mas infelizmente existem muitos Centros Espíritas que não recomendam o seu estudo e ficam por aí, assustando em nome do Espiritismo, dizendo que estão vendo Espíritos, indo aos meios de comunicação, alardear: “recebo mensagem só de pessoas famosas”, enquanto o bom médium trabalha em silêncio, não encontrando tempo para aparecer ou sair por aí, falando de Espiritismo, sem conhecimento. Ainda entendemos que a melhor propaganda da Doutrina são os atos de um verdadeiro espírita.

— A Doutrina Espírita é luz — falou Atal — e quem a encontra não vive no escuro. Não basta dizer-se espírita; o importante é tornar-se espírita. O espírita não fala, faz. O espírita não se aposenta, porque não envelhece, a prova disso é o Chico Xavier, que até hoje labuta para consolar o próximo. O espírita não precisa se armar para defender Kardec, ele tem por dever exalar o perfume doutrinário por onde passar.

Nesse momento, fomos convidados a ir até mais uma das oficinas. Lá chegando, encontramos muitos jovens já acomodados nas cadeiras do auditório. Era um silêncio tão grande que ouvíamos até nossa respiração. Nisso, fez-se presente um irmão, nosso conhecido, que carinhosamente cumprimentou os jovens. Percebemos que aqueles irmãos do auditório já o conheciam, pois víamos a alegria em seus rostos, e o Espírito, banhado por intensa luz, iniciou a conversação:

— Logo os irmãos estarão mergulhados no Jordão, ou seja, no corpo físico, em busca da terra prometida, o Planeta regenerado. Quando vocês mergulharem no corpo material, procurem não esquecer o que aqui aprenderam, pois não há mais tempo para continuar negligenciando a oportunidade do mergulho na carne. Ninguém volta ao corpo físico para desfrutar as coisas materiais, sim para cumprir mais uma etapa de vida. O homem não pode apenas viver a vida física, buscando no materialismo o seu prazer, chegando até a esquecer que é filho de Deus, que tem com Ele um compromisso chamado perfeição. Nascer no mundo material e viver na ociosidade, não buscando engrandecer a alma de cultura e amor, é vegetar. Cada filho de Deus tem de crescer em moralidade e intelectualidade. Ele não pode ser um estudante relapso, que vive só repetindo ano, porque daqui para frente serão jubilados aqueles que não desejarem evoluir. O Planeta está evoluindo em sua parte material. A crosta grosseira vem-se aperfeiçoando, entretanto, as almas que hoje aqui vivem, muitas delas estão estacionadas, apenas pensando que a vida é passageira, e não eterna, por isso correm não para os braços de Deus, mas para as garras do materialismo, e os tempos são chegados. Os primeiros sinais vão assustar o Planeta. Em *Daniel*, Cap. 8, temos:

2 *Estava contemplando a visão quando me achava em Susa, baluarte da província de Elam; enquanto olhava a visão, estava à margem do canal do rio Ulai.*

3 *Quando levantei os olhos, olhei e vi um carneiro. Ele estava de pé ao lado do canal e tinha dois chifres; estes dois chifres eram altos, mas um deles era mais alto que o outro, e o mais alto cresceu mais tarde.*

4 *Vi, então, como o carneiro, à força de chifradas, abria caminho para o ocidente, o norte e o sul. Nenhum animal conseguia resistir-lhe nem havia quem pudesse livrar-se de sua violência; fazia o que bem queria e aumentava o seu poder.*

5 *Enquanto ainda refletia nisto, enxerguei de repente um bode vindo do Ocidente e percorrendo toda a face da terra, sem mesmo tocar a terra. Este bode tinha um chifre vistoso entre os olhos.*

Esta passagem quer dizer muita coisa, referente a algum acontecimento que ocorrerá no planeta Terra. Ainda em *Daniel*, Cap. 9, encontramos:

4 *Rezei portanto ao Senhor meu Deus, fazendo a seguinte confissão: "Ah! Senhor Deus, grande e terrível, que guardas a aliança e a benevolência aos que te amam e guardam os teus mandamentos!*

5 *Temos pecado, temos cometido iniqüidades e impiedades, temos sido rebeldes, afastando-nos dos teus mandamentos e estatutos.*

6 *Também não temos prestado ouvidos aos teus servos, os profetas, que em teu nome falaram aos nossos reis e ministros, aos nossos antepassados e a todo o povo do país.*

— 'O homem poderoso pensa que jamais cairá e vive a oprimir os mais fracos, mas o ser humano está no plano físico para aprender, e não só desfrutar as delícias do Planeta. Deus dá o alimento para o corpo e a luz para o Espírito. O que estamos querendo passar para os queridos irmãos é um alerta para que fiquem atentos. Retornarão ao corpo de carne, mas procurem viver em Espírito, mesmo estando encarnados. É tão curta a passagem no corpo físico que não se concebe o homem tornar-se escravo dele. Quanto a Deus, o Ser mais perfeito do Universo, o Amor infinito, não O conhecemos ainda. Dizemos às religiões que precisam se unir, que levantem bandeiras de paz e não de críticas aos que não pensam como elas, pois assim cooperam com o anti-Cristo, porém cada vez mais surgirão à nossa frente os sinais e as trombetas, que são as vozes dos Espíritos tocando em toda parte. Feliz aquele que não se fizer de surdo. Quando o Espírito recebe orientação do Alto, forma-se um exército de luz para clarear a alma encarnada. Que os seres chamados não fracassem, que escrevam seus nomes no livro do Senhor. Foi Jesus que disse: ai daquele que brincar com o Espírito Santo, que é a voz dos Espíritos encarregados da transformação do Planeta. Assim sendo, por que hoje muitos espíritas não estão professando a Doutrina como ela foi entregue ao grande Codificador, que, mesmo sendo um letrado, não questionou quando os Espíritos pediam obediência, humildade e respeito? A Doutrina chegou até os gentios, os intelectuais que se achavam superiores a Deus, e transformou aqueles homens. Por que o mesmo não ocorre hoje? Será que os que conhecem bem a Doutrina ou julgam conhecê-la não estão fazendo a mesma coisa que fizeram com o Cristianismo, deixando a Doutrina de lado, sem ir até o povo e permitindo-o erguer estelas e cultivar ídolos, não querendo elucidar as pessoas? Será que não estão deixando de colocar a Doutrina no coração de quem a busca, alegando que os freqüentadores de Centros são ignorantes, não aptos a estudarem *O Livro dos Espíritos*, enfim, todo o Pentateuco kardequiano, porém, ao contrário, guardando-o para uma minoria, como fez o clero no passado, permitindo que o povo caminhasse na ignorância para dominá-lo com fantasias do sobrenatural? Os codificadores não agiram assim. Ser popular, desejar uma Casa Espírita lotada, não pode levar o estudioso a buscar Deus, porque julga que o povo humilde é ignorante, sem capacidade de entender a beleza da Doutrina. Aí é que mora o perigo, o mesmo perigo que o Cristianismo não estava preparado para enfrentar e sucumbiu: a verdade. A divisão entre os cristãos iniciou-se simplesmente porque a verdade era privilégio de poucos.

— 'Hoje presenciamos, com tristeza, oradores espíritas fazendo palestras jocosas, nas quais contam casos engraçados de pessoas humildes que não conhecem o Espiritismo, porque as Casas que elas freqüentam não lhes ensinam a verdadeira Doutrina. Não é espírita cristão quem assim procede. As obras básicas não precisam de dicionários para serem lidas, elas são didáticas e qualquer um pode assimilar seus ensinamentos, mas certos presidentes de Centros, ao julgar que a Casa que dirigem é humilde e freqüentada por pessoas mais humildes ainda, não as oferecem para seus freqüentadores, o manjar divino que os Espíritos codificadores trouxeram do Alto, não para privilégio de poucos, sim para ser servido, ou melhor, oferecido a todos os que buscam o Cristo. Deus, que dirige o Universo, endereça para Seus desígnios a torrente profunda da iniqüidade e regula o curso turbulento dos séculos, permitindo que haja escândalos para servirem de alerta e curar algumas almas fracas, que só compreendem a grandeza da perfeição por medo, por isso disse Jesus: *é necessário que venham escândalos, mas ai daqueles por quem venha o escândalo* (*Mateus* 18.7). Profanar o terceiro chamado para tornar popular a Doutrina é não crer nela e também menosprezar os humildes. Ninguém tem diploma superior de Doutrina Espírita. Nela, adquirimos conhecimento, mas só isso não basta. Temos de exemplificar os ensinos doutrinários junto ao próximo, não nos importando com sua escolaridade. Às vezes, fica mais fácil para um grande conhecedor da Doutrina passar a responsabilidade do ensino espírita para os que pouco a conhecem e estes, por desconhecê-la, nela colocam remendos e adereços por conta própria. Não, mil vezes não. O ensino da Doutrina Espírita deve ser sério, límpido, cristalino. Jamais, por medo de torná-lo monótono, devemos enfeitá-lo com conclusões próprias. Acreditamos que é mais fácil conviver com o simpatizante espírita que nada conhece de Doutrina, do que com aquele que estuda, entende e a vive.

— 'Queridos irmãos, o objetivo desta palestra é alertá-los, pois bem sabemos que terão de reencarnar para levar avante a bandeira do Consolador. Deus concede oportunidades a todos os Seus filhos e os espíritas recebem muito mais que os de outras crenças, porque são apresentados a Ele como Ele é, Uno, Indivisível, eternamente Justo e Bom, cujos olhos estão patentes na consciência de cada filho. Podemos esconder nossos atos de nós mesmos, mas não Dele. Quando nos tornamos espíritas sabemos que Deus ouve nossos gemidos, que Dele nada podemos ocultar, e nos envergonhamos, porque sabemos que nos conhece o íntimo e não desejamos que Se envergonhe de nós nem que fique triste. Quando o verdadeiro espírita comete uma falta, ele tem conhecimento de que Deus está vendo a sua fraqueza. Nenhuma verdade ou mentira que dizemos ao homem há, que não tenhamos dito a Ele, Deus. Esse é o privilégio de estudar e compreender a Doutrina Espírita. Neste ano de 2001, alguns desejam mudar a Doutrina, torná-la popular, levando para dentro da Casa Espírita muitas e muitas pessoas, lotando os auditórios, mas não dando aos freqüentadores tudo o que ontem os Espíritos codificadores elucidavam os homens, achando que não é necessário, porque muitos palestrantes relutam em falar as verdades contidas nas obras básicas e, querendo agradar o público, vão incentivando a adoração a médiuns e o medo aos Espíritos sofredores, quando a finalidade da Doutrina é pregar a moral e a transformação do homem, para que ele só tenha boas companhias. Os oradores espíritas devem ter por obrigação citar os livros doutrinários e comentar as questões de *O Livro dos Espíritos*. Entretanto, basta sair um livro das editoras para corrermos a comprá-lo e recomendá-lo a todos, principalmente àqueles que jamais pegaram um livro da Codificação, por isso, enquanto os ditos espíritas não conhecerem Deus, estarão mais consigo mesmos e dirão: estou mais presente em mim do que em Vós, e nada farão para se livrar das tentações. Sempre estarão se desculpando, não desejando se tornar melhores. A Doutrina Espírita é o encontro do homem com Deus. Quando o homem O descobre dentro de si mesmo, quando ocorre essa descoberta, caem os altares e morrem os ídolos, porque Deus reina absoluto em nós.

— 'Hoje, preocupamo-nos por demais ao presenciar o que vem ocorrendo em muitas Casas Espíritas, nas quais poucos procuram o estudo verdadeiro da Doutrina. É certo que muitos chegam à Casa Espírita em busca dos médiuns, do conforto para suas almas, e cada Casa Espírita deve ter sempre seu posto de socorro para os primeiros atendimentos, mas com o passar do tempo não podemos ficar incentivando o sofrimento. Temos de tirar o doente do pronto-socorro e oferecer-lhe a terapia do estudo e do trabalho, porque, se isso não acontecer, ele permanecerá sempre doente e incapacitado a servir e dirá: sou espírita, mas infelizmente nada conheço da Doutrina. Por quê? Simplesmente, porque a Casa também não conhece a Doutrina, pois julga que a criança sem escolaridade, os idosos e os pobres não estão capacitados a estudar as obras básicas e as dos filósofos do Espiritismo, e vivem recomendando-lhes histórias e livros de mensagens e romances. Não, não está certo. Ao adentrar a Casa Espírita, a alma se despe e todos ficam da mesma idade. Tornam-se iguais, aptos a conhecer a grande revelação divina: a Doutrina Espírita. O Centro Espírita deve ser limpo, bem cuidado, como é a casa de Deus. As almas, ao nele adentrarem, ninguém daí para frente irá diferenciá-las pelos cursos acadêmicos ou posições sociais. Todos são iguais perante Deus, que deve estar dirigindo cada Casa Espírita, porque, se isso não estiver acontecendo, você não estará preparado para o grande dia do Senhor. Você se diz espírita, mas carrega dentro do coração ódio, rancor, mágoas, orgulho, vaidade, prepotência. Por que tudo isso? Porque você não sofreu a transformação moral, que deve ocorrer com todos os que encontram Deus como Ele é: bom e justo, e a Doutrina tem por dever apresentar Deus a todas as criaturas. É grande a responsabilidade daqueles que erguem Centros Espíritas, pois levantam-se igrejas e templos, porém, para levantar uma Casa dos Espíritos torna-se preciso que estudemos o Espiritismo. Que sejam devoradas as obras básicas, porque a Terceira Revelação divina é muito mais do que alguns espíritas julgam. O espírita vive no mundo físico, mas sua alma tem de estar libertando-se da matéria. Os olhos amam a beleza, mas eles não podem deixar que as belezas da matéria os acorrentem à alma. Devemos buscar quem criou as belas coisas da vida e nos deixar acorrentar ao Seu amor infinito. Como espírita, o encarnado não deve renegar o conforto da vida física, porém, se já encontrou Deus, torna-se grato e O louva da maneira mais simples que possa fazê-lo, tornando-se respeitador das Suas leis.

— 'O mundo físico atravessa atualmente a época do consumo, uma multidão de encantos faz brilhar os olhos dos homens e eles, seduzidos com a variedade das artes, com a tecnologia das indústrias do vestuário, calçados, móveis, adornos, jóias, veleiros e carros, que ultrapassam o uso necessário, a eles se apegam e se torturam por não terem condição de possuir tudo o que seus olhos cobiçam, vindo a infelicidade. Porém, quando ele se descobre, quando encontra Deus dentro de si, tem um diálogo íntimo com o Criador e essa multidão inumerável de encantos se dissipa, porque ele, o homem transformado, não corre atrás das obras, e sim de quem as cria: Deus. Esta é a finalidade da Doutrina: colocar o homem em busca de Deus, porque, ao encontrá-Lo, ele sofrerá uma transformação moral e jamais se sentirá sozinho. Ele aprenderá a respeitar as belezas que passam da alma para as mãos dos artistas, porque sabe que tudo procede Daquele que está acima das nossas almas, o nosso Deus, por quem devemos suspirar de amor dia e noite. As construções são feitas de pedra e cimento, belas e bonitas, simples, humildes ou suntuosas, não importa, o que importa é o que ocorre dentro delas. Não basta o homem se vestir de andrajos, se carrega na alma a cruz cravejada dos brilhantes da soberba. O que se torna necessário é a mudança do homem velho de ontem, apegado ao materialismo, em uma nova alma, transformada de amor e respeito ao Senhor. Os jovens irmãos retornarão ao corpo físico, mas levem na lembrança algumas das nossas palavras. Não permitam que a árvore da Doutrina Espírita, trazida para a Pátria Brasileira, seja levada para outro país por falta da água do Evangelho do Senhor Jesus. Neste momento, pedimos ao Pai Todo-poderoso que livre os espíritas da tentação do orgulho, que consiste em querer ser admirado e amado pelos homens, com o fim exclusivo de encontrar uma alegria momentânea que não é alegria, somente vaidade e triste arrogância. Esta não é a proposta da Terceira Revelação. Já muitos homens foram louvados e admirados, agora basta. Chegou a hora da verdade, da Vossa vinda, Senhor. Os verdadeiros espíritas não Vos temem, Senhor, e por não Vos temerem e sim respeitar-Vos, terão condição de resistir aos soberbos e dar graças aos humildes. Livrai os espíritas do maior inimigo da Doutrina: a vaidade. Ela espalha laços por toda parte, gritando: vamos, coragem! e faz que procuremos com avidez as lisonjas, que nos deixemos prender incautamente e nos desliguemos da verdade, colocando-a na mentira humana. Os inimigos do Espiritismo incitam-nos a que gostemos de ser amados e temidos, não por amor a Deus, mas para que assim, assemelhando-nos a eles, vivamos em sua companhia, associados ao seu orgulho, e fiquemos longe da caridade. Oremos a Deus para que olhe o pequeno rebanho espírita, dando a cada um força e coragem para buscar o divino amor. Que Sua palavra encontre acatamento em todos os corações. Deus seja louvado. Assim seja. Irmão João.

Quando aquele Espírito concluiu sua preleção, nosso coração cantou uma música de agradecimento. Os amigos nos enlaçaram os ombros e dali fomos saindo.

Capítulo 4

O RESPEITO À CRIANÇA

Olhando aquela juventude tão bela da Cidade das Crianças, nosso olhar buscou os jovens encarnados com seus cabelos pintados, os *piercings*, as tatuagens, a falta de limites, e perguntamos a nós mesmos: que será que esses jovens pensam da vida? Será que em algum momento eles param para pensar?

— Luiz — respondeu Atal —, hoje a família está sobrevivendo, e não vivendo. Os filhos estão sozinhos, sem orientação nenhuma. Os lares encontram-se ruindo e na briga dos pais eles são as maiores vítimas. Não sabemos, amigo, o que será dessa juventude. As meninas, desde criança, estão nuas, sensuais. Por quê? Porque não foram apresentadas a Deus, elas não sabem que existem leis que devem ser obedecidas e julgam que só os idosos "morrem" e que jamais ficarão velhas e cansadas.

Os jovens foram saindo, lindos, sorridentes, sadios. Logo estariam no corpo físico. Pensamos: "Estão sendo preparados para o mergulho no *Jordão*, o batismo de fogo, onde terão de cumprir a etapa reencarnatória." Muitos nascerão em lares ricos, cujos quartos serão adornados com os mais belos móveis, mas sofrerão a solidão, pois os pais não terão tempo para deles cuidar. Outros serão abafados pelos excessos de cuidados, mimados, mal educados, cheios de vontades. Alguns, mesmo na miséria, terão desde cedo de lutar por algumas gotas de leite. Por que tudo isso, amigos? Simplesmente, porque cada um deles recebeu um pedaço de terra, no qual o plantio é livre e a colheita, mais que obrigatória. Não importa onde irão reencarnar, importa sim o que irão fazer de bom quando encarnados. Será que todos buscarão Deus, ou muitos deles se perderão? Só Deus sabe o que eles escolherão.

Nisso, uma garota de seus dezoito anos parou à nossa frente e falou:

— Oi, Luiz, como vai? Seja bem-vindo à cidade jovem.

— Oi, querida, como vai?

— Estou ótima, quem diz que já se passaram tantos anos, não é mesmo?

Só então a reconhecemos. Tomamo-la nos braços e a apertamos bem forte, era uma velha conhecida. Quando desencarnou, era uma menina. Agora, aparentava dezoito anos.

— Que bom vê-la e ainda mais bem jovem. Que bom, aqui não se envelhece.

— Como não envelhecemos? Vim para cá criança e hoje estou bem crescida.

— Quando irá reencarnar?

— Daqui a alguns meses. Já estou-me preparando para ir até o Departamento Reencarnatório. Como é dolorida essa época! Sofremos novamente com as separações.

— A irmão tem namorado?

Ela ficou ruborizada.

— Sim, mas ele já partiu. Está a me esperar.

— Que bom, ficamos feliz.

Ela perguntou pela médium, que muito ajudou sua família.

— Você reencarnará na mesma família? inquiri.

— Sim, serei neta dos meus pais.

— Que chique! Já pensou o mimo que vai ser?

— Espero apenas que todos me ajudem a pôr em prática tudo o que aqui estou aprendendo. Não quero esquecer nada, quero passar pela matéria, mas continuar com o coração de Espírito.

Apresentamos Atal e os outros. Ela, sorrindo para nossa companheira Indará, agradeceu:

— Obrigada pelas vezes que me amparaste.

— Nada de mais fizemos, era nosso dever — respondeu Indará.

Com carinho, a Lanceira abraçou nossa amiga, que não pôde conter as lágrimas. Nada compreendíamos. Ela se despediu e quando ficamos sozinhos, perguntei:

— De onde a conhece, Indará?

— Há muito trabalhamos com jovens desencarnados e sempre precisamos dar colo aos que se encontram perturbados pelo desespero da família.

— Isso é quase normal, não é?

— Sim, os pais se desesperam com razão, e quem vem também sente muita falta.

— Estamos ficado velho, nossas crianças estão moças e retornando à vida física. Atal, que cidade linda, parece um parque de diversão, só vemos crianças, adolescentes e jovens, e todos com ótima aparência! É gratificante para nós, que trabalhamos nos umbrais, onde encontramos crianças drogadas e jovens completamente loucos, constatar que existe este paraíso.

— No plano físico há muitos jovens sadios. É que o mal é como algo putrificado: todos o sentem e comentam, porém, quando se trata de perfume, o homem o sente, gosta e se cala. Mesmo estando ao lado de alguém perfumado, apenas saboreamos o seu perfume, entretanto, se alguém chega perto de nós cheirando mal, procuramos um jeito de cair fora, porque ninguém agüenta o mal cheiro. O mal causa mais impacto. Um jovem normal passa despercebido, mas todos reparam outro vestido com extravagância, infelizmente, por isso o mal é mais divulgado.

E assim, caminhando, chegamos a uma bela praça, em cujo coreto a todas as horas era apresentado um coral ou um grupo de cantores.

Enquanto eram apresentadas as músicas, muitos grupos dançavam. Meu Deus, como seria bom se a juventude do mundo físico voltasse a ter essa liberdade e essa alegria! Interessante é que na praça os grupos tinham por instrutores Espíritos aparentando mais idade. Do grupo da dança fazia parte uma velha conhecida nossa, com suas belas tranças cor-de-mel, dançando e cantando com os jovens. No coral, muitos adultos ajudavam os jovens e as crianças. Era só alegria. Às vezes tudo parava e alguém recitava belos poemas, depois tudo recomeçava.

Fomos dali saindo devagar. Por nós, ali ficaríamos, apreciando uma juventude sadia, sem culpas, mas fomos convidados a prosseguir com nosso trabalho, quando encontramos Solé, uma jovem que nos convidou a visitarmos a creche de Maria, e para lá nos dirigimos.

A creche tinha crianças de zero a sete anos. Era um pequeno paraíso, lindo, muito lindo. As salas, com suas paredes brancas, estavam todas adornadas de pintura das crianças. Nos jardins, muito bem cuidados, muitos animais faziam companhia às crianças.

Chegamos a um salão imenso, repleto de mesinhas, com duas crianças em cada uma delas. Elas faziam artesanato e se sentiam muito felizes. Os instrutores eram jovens e adultos. A criança aprendia ali não só o artesanato, como também a cuidar de si mesma, pentear o cabelo e se vestir, pequenas coisas que podem parecer simples, mas que para a criança são importantes. Aproximou-se de nós uma menina de seus seis anos. Segurando-nos pelas pernas, perguntou:

— Você é o Luiz Sérgio?

— Sim, somos o Luiz Sérgio, por quê?

— Você me ensina a psicografar?

— Por que deseja psicografar?

— Para escrever uma cartinha para meu pai, que está muito triste.

— Qual é o seu nome?

— Lara.

— Lara, não temos condição de ensiná-la, mas como estamos inscritos no Departamento da Psicografia, falaremos com a irmã Celina sobre você e logo ela virá até aqui, criar um grupo de psicografia.

Desapontada, Lara respondeu:

— Aqui já temos um grupo desses, Luiz Sérgio, mas ninguém quer me deixar aprender a psicografar.

Nisso, Sulimar, cumprimentando-nos, aproximou-se e falou:

— Luiz, o sonho de Lara é escrever para os pais, porém, ela está precisando relembrar as letras do alfabeto. Está sem condição ainda de manejar o lápis nas mãos de um médium e não é possível levá-la até o mundo físico para psicografar, pois ela reluta em aprender. Julga que, já sendo alfabetizada, tem condição de escrever sozinha.

— Venha cá, Lara. Por que você reluta em freqüentar as aulas de psicografia?

— Porque eu já sei escrever e quero escrever hoje, e não amanhã. Não gosto de demorar a fazer o que quero.

— Querida, você está vendo aquela árvore? Para chegar naquele tamanho, ela veio de uma semente. Assim somos nós. Tudo tem de começar do infinitamente pequeno. Também nós, para iniciar na psicografia, demoramos muito aprendendo a escrever.

— Você era analfabeto?

— Não no mundo físico, mas aqui é como se fosse. O intercâmbio entre o médium e o Espírito não é coisa fácil. Para que a escrita se torne verdadeira, tem de haver sintonia, e essa sintonia não ocorre de uma hora para outra. Sabemos, Lara, que você é ainda muito pequena e está doente de saudade. Até hoje não compreendemos por que é tão difícil mandar uma mensagem "séria" ao mundo dos encarnados. Temos livros escritos há vários anos e engavetados. Esses livros, Lara, contam tudo o que vem ocorrendo nas penitenciárias do Brasil, os fornecedores das drogas, a força dos traficantes, o comando das drogas partindo das cadeias, enfim, narram até as marcas das armas antes do conhecimento da polícia. Um desses livros chama-se *Hortênsias Lilases* e não saiu, pois foi considerado pelo Departamento da Psicografia como perigoso para a médium e para a minha família. Nele, descrevíamos todo o mapa dos pontos da droga. O livro está guardado, mas sabemos que o Departamento tinha razão, a rede do tráfico é perigosa e íamos colocar pessoas queridas em perigo. Portanto, criança, não tenha pressa. Vá até a escola de psicografia, aprenda e mande um recado para seus pais. Eles ficarão contentes.

— Luiz, por que não posso escrever sozinha, falando tudo o que tenho vontade?

— Lara, nossos livros levam de um a dois anos para serem liberados pelo Departamento da Psicografia. Não temos pressa em colocá-los na rua e ainda assim passam algumas coisas que não podíamos narrar. O seu amor por sua família é tamanho que você pode se entusiasmar e entrar em particularidades que seus familiares não gostarão de saber. Você pode falar, também, do que acontece aqui, das suas saudades, das suas lágrimas, da sua solidão, e seus pais chorarão muito. E nós, Espíritos, não podemos levar a dor nem o desespero aos nossos familiares.

— Luiz, você já teve, ou ainda tem, vontade de psicografar?

— Sim, já tive e ainda tenho, pois às vezes me vejo cercado por todos os lados, não pelo Departamento, que é um pai amoroso e vigilante dos nossos livros, mas por tudo o que vem ocorrendo no plano físico, algo que previmos há vários anos: o abuso, a falta de respeito a uma obra. Quando iniciamos nosso trabalho com a Alayde, não sabíamos o que nos esperava; depois, mergulhamos nos umbrais da vida e presenciamos várias almas dependentes da droga. Não imaginávamos que chegaríamos tão longe, mas graças a Deus, nada do que escrevemos foi considerado fantasioso, como no começo vários espíritas consideraram. Ninguém imaginava o que acontecia no plano físico nem as colônias que estavam sendo criadas na espiritualidade para prestar auxílio aos jovens desencarnados. Os espíritas atacavam os livros, julgando-os mentirosos, mas o tempo encarregou-se de confirmar nossas revelações e hoje existem muitos jovens que se curaram graças às obras espíritas de ajuda aos drogados. Lara, nós até hoje estudamos e obedecemos ao Departamento, e nem tudo podemos dizer. Somos um simples estudioso da psicografia, não podemos ser comparado com os grandes Espíritos que trabalham com o Chico, com o Divaldo e com outros médiuns. Estamos contente em ser apenas um carteiro do mundo espiritual. Às vezes, Lara, as lágrimas nos fazem ficar cego e desejamos parar, mas aí surge à nossa frente esta passagem do *Eclesiástico*, Cap. 22:

19 *Quem fere o olho, faz escorrer lágrimas; quem fere um coração, excita sua sensibilidade.*

20 *Quem atira pedras contra pássaros, afugenta-os; quem ofende um amigo, desfaz a amizade.*

21 *Se brandiste a espada contra o amigo, não desesperes, pode haver apaziguamento;*

22 *se abriste a boca contra o amigo, não tenhas receio: pode haver reconciliação; porém, se houve ultraje, soberba, revelação de segredos ou golpe desleal, nesses casos, qualquer amigo se afastará.*

A moral do Evangelho é mais desinteressada: *fazei o bem e emprestai sem esperança de remuneração*, mas que às vezes somos pegos de um desânimo, confessamos que sim.

— Luiz, obrigada por estar conversando comigo, sou ainda uma criança.

— Lara, diz a querida irmã Francisca Theresa que Espírito não tem idade, tem responsabilidade e merece respeito. A irmã nos buscou pedindo ajuda e nós aproveitamos para abrir nosso coração, querendo dizer à querida criança que todos nós encontramos dificuldades à nossa frente e que não estamos livres delas só porque nos encontramos no mundo espiritual.

— Luiz, você me leva até a escola da psicografia? Vou-me sentir muito feliz, pois eles conhecem você e dirão: a Lara foi trazida pelo Luiz Sérgio.

— Levá-la-ei, Lara, mas lembre que você não vai até lá por nossa causa, sim porque deseja aprender cada vez mais.

— Luiz, outros livros seus foram também censurados?

— Sim, temos vários livros que foram escritos e alguns deles as trevas até tentaram destruir.

— Não diga... Verdade? E isso pode ocorrer?

— Sim, pode ocorrer, mas que importa o que as trevas tentam fazer? Os filhos do Cordeiro são mais poderosos. Escrevemos muito, Lara, com a médium Irene, mas o controle da Casa de Maria não permite nada que possa desesperar os encarnados. No livro *Mais Além do Meu Olhar* falamos das festas *rave* e quem hoje não as conhece? Nelas, as drogas correm soltas e o *ecstasy* já toma conta. Hoje, a heroína é a nova arma.

— Pode nos dizer o nome dos livros que não foram liberados?

— Sim: *Cabana de Sonhos*, *Hortênsias Lilases*, *As flores que Murcharam*. São livros fortes, nos quais contamos a realidade dos presídios, o comando dos traficantes, o crescimento da droga, algo que narramos com clareza.

— Eles não serão liberados?

— Achamos que não. Os jovens aceitaram tudo o que os livros narraram antes, porém, tínhamos esperança de que nossos escritos pudessem tocar a consciência das autoridades, mas quanta ingenuidade! Se nem o meio espírita respeita nossas obras, imagine o leigo.

Lara apertou bem forte nosso pescoço. Vocês podem dizer: mas Luiz Sérgio conversando com uma criança sobre um assunto tão forte? Sempre nos consideramos uma criança. Ali, era nossa alma de criança que falava a Lara, era um desabafo. Nossos amigos também nos abraçaram e Atal comentou:

— Luiz, o Espiritismo veio para alertar o homem, mas muitos estão brincando com os Espíritos, não os respeitando.

— A Doutrina Espírita não é mediunismo, Atal, e hoje o que mais se vê são os endeusamentos a alguns médiuns, que não querem trabalhar em silêncio, pois desejam tornar-se conhecidos. Por isso, amigo Atal, respeitamos irmã Celina, que tão bem cuida do Departamento da Psicografia. A médium Irene Machado, quando iniciou seu trabalho, jamais colocou nomes de Espíritos conhecidos que o Chico, o Divaldo ou a Yvonne Pereira recebiam. Os Espíritos que trabalham através dela são, para os leitores, desconhecidos. Podem pegar seus livros e verão muitos com pseudônimo. Essas obras podem não vender, mas ela não se importa com isso. Temos aconselhado vários médiuns para o perigo da vaidade. Quando o Chico desencarnar, vocês verão quantos médiuns afirmarão recebê-lo, bem como seus amigos espirituais: Emmanuel, André, Bezerra, enfim, toda a equipe de Emmanuel vai "baixar" em muitos Centros, principalmente naqueles nos quais não se estuda a Doutrina Espírita. Por isso, todos devem ler esta passagem do *Eclesiástico*, Cap. 3:

17 *Filho, realiza teus trabalhos com mansidão e serás mais amado que o homem que dá presentes.*

18 *Quanto mais fores grande, tanto mais te humilhes, e assim encontrarás graça diante do Senhor.*

19 *Muitos são altaneiros e ilustres, mas é aos humildes que ele revela seus mistérios.*

20 *Pois é grande o domínio do Senhor, mas é pelos humildes que é glorificado.*

21 *Não procures o que é muito difícil para ti, nem investigues o que ultrapassa tuas forças:*

22 *reflete apenas nas coisas que te forem ordenadas, pois não necessitas das que estão ocultas.*

24 *Muitos se extraviaram com suas conjecturas; falsas concepções desviaram seus pensamentos.*

25 *Se não tens pupilas, vai faltar-te a luz; da mesma forma, não tendo conhecimento, nada anuncies!*

— 'Quão linda é esta passagem, que aborda o tema da mansidão! Aqui desenvolvida, inclui a humildade, a simplicidade e a modéstia na avaliação das próprias capacidades.

Enquanto conversávamos, aproximou-se um grupo de jovens. Quase todos nos conheciam e desejavam fazer perguntas. Lara, bem juntinho a nós, esperou o momento de a levarmos até o Departamento da Psicografia, que devia haver naquele lugar, pois existe em todas as colônias.

— Hoje a droga toma conta do mundo físico. O que você acha das clínicas de tratamento? perguntou-nos o jovem Henri.

— Primeiro, o jovem ou qualquer dependente precisa desejar tratar-se. Não existem clínicas milagrosas, existe, sim, um Deus que "opera milagres" dentro de nós quando O buscamos. Quando o jovem chega até a clínica, ela está preparada para cuidar do corpo, mas o homem não é somente corpo, ele precisa se descobrir, se respeitar, voltar a crer nas pessoas e amar a vida. Quem se droga está fugindo da realidade e a realidade é eterna, não pode ser descartada, não pode ser destruída. Quem se destrói são os que não desejam viver a realidade da vida. No dia em que as autoridades criarem centros de recuperação de dependentes, eles deverão ser bem equipados, com pessoas capacitadas e bem guardadas, para que as drogas não cheguem atá as clínicas. O dependente químico é um doente e os doentes precisam de amor e respeito.

— Luiz Sérgio, o que leva um jovem a buscar a droga?

— O mundo do jovem é um mundo de sonhos. Desde pequena, a criança é criada como alguém longe da realidade. Para os pais, parece que elas não têm alma. São tratadas por muitos deles como débeis mentais e isso incomoda por demais a criança, o adolescente, e principalmente o jovem. Na escola ele é "mais um"; na escola do mundo, porém, ninguém o trata como criança, nem como jovem, nem como adolescente, porque todos são pessoas em busca da verdade. Aí é que mora o perigo. Entre eles sempre existe um esperto, que os convence de que droga não faz mal. Hoje, o jovem que diz não às drogas é um herói; ela corre tão solta nas escolas e nas universidades, que aquele que não a consome chega a ser ridicularizado. Se ele é um fraco, não deseja ficar para trás e se junta a esses grupos para se drogar. O que se torna preciso são as autoridades melhorarem a educação e a família se fortalecer, para bem orientar seus filhos, respeitando-os como seres humanos capazes, e não como bonequinhos frágeis e superprotegidos. A época é outra, as transformações estão aí. Não trate suas crianças como se elas fossem inocentes. Elas dispõem de um professor que não lhes pergunta quantos anos têm. Ele simplesmente está em todos os lugares, passando informações, matando em cada uma delas a inocência, dando-lhes o que vocês deveriam oferecer, entretanto, esse professor ensina da maneira dele, dura e cruelmente, sem piedade. Sabe seu nome? Os meios de comunicação. E não há maneira de contê-lo, pois ele se chama progresso: é a televisão, as revistas, a Internet, o computador, as músicas, enfim, dizem que é o progresso. Prepare o seu filho para viver neste século, mas lembrando-lhe que dignidade e moral sempre existiram e terão de existir, e o homem que desprezar os estatutos de Deus terá de pagar *ceitil por ceitil.*

— Luiz Sérgio, somos jovens desencarnados, uns crianças, outros adolescentes, outros jovens. Estamos aqui aprendendo muito sobre Deus, mas será que quando reencarnarmos não esqueceremos tudo, ou quase tudo? Podemos falir?

— Poder, podem, mas não devem. Sabem por quê? Porque hoje vocês já conhecem Deus melhor do que ontem, quando encarnados. Se nós encarnarmos novamente, já teremos conhecimento de Deus e das Suas leis. Não cremos que um de vocês falirá.

— Que bom! disse Ambrósio. — Tenho muito medo de errar de novo, por isso reluto em sair daqui para a colônia da reencarnação. Tenho protelado a cada dia esse momento.

— Ambrósio, o medo é falta de fé. Busque a força dentro de si mesmo e parta em paz. A vida é andar pra frente, ninguém evolui parado. Vá, irmão, buscar a sua mochila, e se prepare para a longa viagem.

Sísara chegou e com carinho dispersou o grupo, que se despediu em coro:

— Até mais, Luiz Sérgio.

— Até mais, amigos, que Deus nos ampare.

Capítulo 5

A ESCOLA DA PSICOGRAFIA

Ao nosso lado, a pequena Lara nos esperava para ser levada ao "correio", o Departamento da Psicografia.

— Você sabe onde fica o Departamento da Psicografia, Atal?

— Sim, vamos até lá.

Carregamos Lara nos ombros e saímos correndo e cantando esta canção:

O jardim tão florido
Está a buscar
O orvalho divino
Para o embelezar.
Minha alma pequenina
Também vive a esperar
Pelo sopro divino
Para fazê-la caminhar.
Nas veredas do Cristo
Saltitante andamos
Cantando e sorrindo
Seu nome é amor.
Vamos lá, criançada,
Não demore demais
Nossa alma alquebrada
Precisa de paz.
Esperando por nós
Ele e Maria

Vamos lá, criançada,
Sorrir com alegria.
Vamos lá, vamos lá, criançada.

Logo chegamos a um belo prédio, todo branquinho, que parecia um castelo, com seus jardins repletos de flores, palmeiras e belas plantas ornamentais. O jardim apresentava inúmeras fontes, riachos e cascatas, por onde passeavam vários jovens, adolescentes e crianças.

Chegamos à portaria e Atal conversou com os encarregados daquele lugar. Lara estava de mãos dadas comigo, não querendo por nada nos largar. Depois de conversar com os encarregados, Atal voltou aonde estávamos e perguntou:

— Lara, onde você mora? Pode levar-nos até lá?

— Posso sim, irmão, mas primeiro o Luiz Sérgio vai-me ensinar a psicografar.

— Sentimos muito, Lara. Para que isso venha a ocorrer precisamos falar com a irmã encarregada da sua educação. Pode levar-nos até ela?

— Sim, claro que posso.

Foi quando falamos:

— Atal, eu gostaria, antes, de conhecer este belo lugar para informar nossos leitores. Um dos mais tristes fatos que presenciamos no Espiritismo são as mensagens que médiuns sem estudo entregam às famílias desesperadas, muitas até quando o Espírito nem acabou de desencarnar.

A irmã que estava ao nosso lado prontificou-se a levar Lara para casa. No início ela não gostou, mas logo, beijando-nos, despediu-se, com a nossa promessa de buscá-la em outra ocasião. Atal novamente falou com os encarregados, que prontamente colocaram alguém para nos mostrar o lugar e, assim, logo estávamos apreciando aquele belo educandário.

A tudo analisávamos e percebemos quão bonito era aquele edifício. O teto, pintado pelos grandes mestres da pintura, pareceu-nos um castelo, tamanha a sua beleza. Irmã Francine, que nos acompanhava, foi-nos explicando, falando pausadamente, o motivo daquele lugar existir. O

Departamento havia sido fundado para exercitar os Espíritos na problemática das comunicações com os encarnados.

— Desculpe, irmã, mas essas comunicações sempre ocorreram?

— Irmão Luiz Sérgio, a saudade é um sentimento muito forte e os Espíritos, geralmente os das crianças, quando aqui chegam ficam ansiosos para mandar um cartão para os pais, porém, infelizmente, muitas delas, ao escrever, podem colocar fatos que desequilibrarão a família que ficou. Ao visitar seu antigo lar e perceber o vício, a vida desregrada de alguns familiares, o jovem tudo desejará colocar no papel, e aqui ele é educado para não cair na tentação da crítica.

— Irmã, sabemos que existem alguns médiuns que não analisam as mensagens recebidas através deles, entregando-as sem critério não só aos freqüentadores do Centro, como aos meios de comunicação, como se fossem de pessoas famosas, e os familiares, contentes, não percebem que são falsas. Isso não atinge o Espiritismo? Como devem proceder os encarregados da divulgação do Espiritismo no Brasil?

— As pessoas devem ser alertadas sobre o perigo do ridículo. A Doutrina Espírita é muito mais do que alguns espíritas imaginam. Ela é o Consolador prometido por Jesus, mas muitos julgam que essa consolação é sair por aí dando passe, fazendo premonições e querendo consolar os que se separaram dos seus entes queridos. A Doutrina Espírita consola quando prega a verdade, quando buscamos adentrar sua vasta biblioteca divina, na qual temos a oportunidade de desvendar tudo o que no ontem era mistério. Por ser uma Doutrina reveladora, ela é livre, logo, ninguém pode impedir quem se diz espírita de brincar com ela, por isso os abusos. Que fazer? Cada Casa Espírita fortalecer seus alicerces e se transformar num instituto de cultura espírita, porque quem estuda a Doutrina não se presta a esses atos ridículos. Quem chega à Doutrina Espírita e não se torna humilde, jamais conhecerá a fundo a grande revelação divina, pois o orgulho e a arrogância fazem que os homens só esperem do próximo aplausos. O trabalhador verdadeiro da Doutrina Espírita assume o compromisso de lealdade com Deus e só Dele espera bênçãos. Procurando respeitar Suas leis, ele vai vivendo, sempre buscando tornar-se melhor. O espírita orgulhoso é uma vidraça suja na qual o sol não brilha, pois não pode atravessá-la.

— Irmã, presenciando o que vem acontecendo em várias Casas Espíritas, percebemos que existe uma grande carência de estudo sério. Será que não estão faltando Espíritos orientadores nas Casas Espíritas?

— Como? Pode explicar-nos?

— Um bom médium recebendo os Espíritos doutrinadores, encaminhando os freqüentadores para o estudo. Será que não é isso o que está faltando em algumas dessas Casas: uma plêiade de Espíritos com grande conhecimento doutrinário orientando e evangelizando o Centro?

— Ah, Luiz Sérgio, como seria bom se todas as Casas tivessem esse privilégio e as orientações espirituais fossem aceitas de boa vontade pelos homens! Voltemos as páginas da História do Espiritismo e veremos Allan Kardec sendo instruído pelos Espíritos e tudo analisando com muito critério. Graças à sua humildade, obediência e fé raciocinada temos este tesouro que são as obras básicas kardequianas. E assim com outros médiuns, em cujas Casas a Doutrina brilha, os Espíritos estão presentes com orientações doutrinárias.

— Sabemos que em muitas Casas os doutores da lei não aceitam as opiniões dos Espíritos. Por que, então, elas se chamam "Casas Espíritas"? Seria melhor chamá-las de "Casas dos Encarnados".

Nisso, a irmã nos convidou a entrar em uma sala e assim o fizemos. À nossa frente, encontramos crianças, adolescentes e jovens tentando escrever. Alguns Espíritos serviam de médiuns. Notamos que sempre que as crianças não conseguiam escrever, trocavam de médium.

— Por que isso ocorre? perguntamos a Francine.

— Para que haja esse intercâmbio, faz-se preciso que o Espírito do comunicante e do médium se completem. Sem afinidade não existe comunicação.

— Esses Espíritos, que aqui estão servindo de médium, foram médiuns quando encarnados?

— Sim, e muitos deles médiuns falidos. Aqui se exercitam e estudam para novas tarefas mediúnicas.

— Irmã, mediunidade é carma?

— Carma, não, sim sacerdócio, obediência, renúncia, humildade e, principalmente, amor. Sem esses quesitos não há comunicação séria. Mediunidade existe, mas bons médiuns estão cada vez mais difíceis de ser encontrados.

— E a profecia de *Joel*, em seu Capítulo 3, v. 1: "Depois, derramarei o meu espírito sobre toda carne. Vossos filhos e filhas profetizarão, vossos anciãos terão sonhos, vossos jovens terão visões"?

— Ela se cumprirá. Os Espíritos procuram os bons médiuns em qualquer lugar, seja na igreja católica, na dos crentes ou nos círculos esotéricos; se forem bons, buscarão o estudo da Doutrina Espírita para entender o que está ocorrendo com a sua alma. Muitas vezes, aqueles que estão sentindo isso ou aquilo, dizendo-se médiuns, vivem esperando desenvolver a mediunidade e levam anos e anos sem jamais manifestar nenhum sinal da presença dos Espíritos. É para orientar esses irmãos que a Casa Espírita precisa estar preparada. A Doutrina Espírita não é só mediunidade. Ela ampara os médiuns, orientando-os, porém existe muito mais trabalho numa Casa Espírita do que o simples mediunismo. Infelizmente, muitos desistem do Espiritismo ao constatar que não possuem uma mediunidade ostensiva. A vaidade os tira da Casa Espírita, porque desejam possuir uma mediunidade igual à dos médiuns mais conhecidos. Entretanto, se é um trabalhador, um estudioso da Doutrina, ele aprimora sua mediunidade, pois de acordo com as obras básicas sabemos que todos os seres humanos possuem mediunidade. Ele se contentará com a sua e aperfeiçoa-la-á através do seu conhecimento moral e intelectual.

— Irmã, que deve fazer aquele que acredita não possuir mediunidade?

— O que todos os filhos de Deus precisam fazer é aprimorar a sua alma para que ela se liberte da matéria, pois quando isso acontece o homem apura a sua sensibilidade e através da intuição serve ao próximo de várias maneiras. Existem vários tipos de mediunidade, mas poucos buscam a do crescimento moral e do respeito a Deus e ao próximo.

— Em muitos Centros Espíritas, o médium fica sentado à mesa mediúnica, diz que está recebendo Espírito e não passa disso. É correto esse procedimento?

— Se for verdadeiro, se ele não está sendo presa de uma excitação nervosa pela grande vontade de se tornar médium, ali sentado, humildemente, ele pode, e muito, ajudar a espiritualidade. O médium que estuda não faz propaganda errada da Doutrina, contando fantasias e julgando que todos os males que ocorrem no plano físico são provocados pelos Espíritos desencarnados.

— Pode explicar-nos melhor?

— Sim, com todo o prazer. Infelizmente, existem muitos médiuns os quais, se alguém alcoolizado passa ao seu lado, ele diz que está sentindo-se mal; se alguém fuma perto dele, ele se sente trêmulo, julgando-se influenciado por irmãos menores. Quando alguém vai a sua casa ele julga que o ambiente ficou pesdado, ou quando visita alguém doente também sempre sai de lá passando mal. Não, não, isso não é verdade. Quem diz a um iniciante que ele tem a mediunidade "aspiradora", não conhece a Doutrina, pois quando freqüentamos uma Casa Espírita somos preparados para viver junto aos Espíritos e aos encarnados. Se Jesus, Espírito mais perfeito que já esteve no plano físico, não Se sentiu mal ao lado dos pecadores, por que um simples médium vai-se desequilibrar por pouco? O que falta a esses irmãos é estudo e trabalho. Na Doutrina não pode existir fantasia e infelizmente muitos Centros Espíritas, por falta de estudo, ao invés de respeitar os Espíritos, têm medo deles, taxando-os de obsessores.

— Francine, será que os Centros Espíritas não estão sendo obrigados hoje a agir assim, criando sem muito critério grupos e grupos de desenvolvimento da mediunidade, porque muitos que os buscam julgam que para se tornarem espíritas têm de ser médiuns?

— Isso só ocorre porque poucos desejam estudar, Luiz. É muito mais difícil adentrar uma universidade séria do que aquelas que pouco se preocupam com o real conhecimento do aluno. Na Doutrina Espírita não é a quantidade que conta, sim a qualidade.

— E com isso a Casa Espírita não ficará vazia?

— Não, pois se a Casa preparar um estudo didático, dinâmico e interessante muitos alunos a procurarão, porque aprenderão verdadeiramente o sentido real da Doutrina, científico, filosófico e religioso. Estudando-a, as leis morais brilharão diante dos aprendizes. Temos certeza que mais vale uma Casa com poucos freqüentadores, procurando estudar a Doutrina, levando a sério o estudo, do que uma repleta de fanáticos, místicos, dogmáticos, idólatras.

Aproximamo-nos dos alunos da psicografia e vimos um jovem que tentava e tentava e não conseguia transmitir nada para o Espírito-médium. Achegamo-nos dele e perguntamos:

— Que está acontecendo, amigo?

— Estou para desanimar. Há muito tempo treino a psicografia para mandar notícias aos meus pais, mas me emociono e nada consigo.

— Que dizem os instrutores daqui?

— Que estou muito ansioso.

O médium-Espírito recomendou-lhe:

— Acalme-se e comece de novo.

O jovem tentou escrever e só aí notamos que o que ele se esforçava para dizer jamais poderia chegar até o encarnado: ele procurava narrar o que ocorrera na hora do seu desencarne, o seu sofrimento.

Seguramos Tácito pelo ombro e falamos:

— Mude seu jeito de mandar notícia, amigo. Só conte as coisas boas daqui. Esqueça a si próprio. Lembre-se somente dos que estão sofrendo no corpo físico com saudades de você.

Ele sorriu e mudou seu modo de escrever. Nisso, apareceu o instrutor. Olhando Tácito com carinho, comentou:

— Não é só isso, irmão Luiz Sérgio. Até agora não encontramos nenhum médium que assimilasse seu perispírito ao de Tácito. Você não quer experimentar?

— Posso?

— Claro que pode.

E ali sentamos com muita vontade de ajudar aquele irmão. Atuando sobre o nosso cérebro, ele fez que nossas mãos escrevessem uma bela carta para os seus familiares falando do plano espiritual. Quando terminamos, nós dois choramos e ele, muito agradecido, tentou beijar nossas mãos. Retiramo-las, rapidamente, dizendo:

— Bobagem, menino, nada fizemos de mais.

O instrutor nos disse:

— Luiz Sérgio, será que é pedir muito o irmão prestar algumas vezes serviço junto a nós?

Fizemos continência:

— Às suas ordens. Aqui estamos, pronto para o trabalho.

Todos riram e Tácito, abraçado conosco, disse-nos:

— Obrigado, cara, muito obrigado. Volte logo, queremos treinar mais.

Olhamos para os nossos companheiros, buscando explicação, e Atal, o querido Lanceiro de Maria, com lucidez nos esclareceu:

— Nosso respeito pelo belo gesto de amor e humildade com que o irmão tratou Tácito, que vivia uma crise de baixa estima e não tinha condição de psicografar, sendo isso o que mais deseja: o contato com os familiares. Depois, inscrever-se como médium nesta colônia de jovens é um gesto muito bonito. Queira Deus o irmão encontre tempo para tantos afazeres. Como o tempo é o homem que o faz, espero que você encontre sempre tempo para servir.

— Sabemos que está curioso com o motivo por que Tácito só psicografou através de suas mãos — disse-nos Francine.

— Confessamos que não entendemos.

— Ele passa por alguns momentos difíceis da não-aceitação do seu desencarne. Culpa Deus e todo mundo. Está revoltado. Ele também acha que esses exercícios não levam a nada e que aquilo que escreve aqui não chegará até sua família, por isso não desejava exercitar. Quando reconheceu o irmão, e sabendo que seus livros são lidos por muitos encarnados, ele fez tudo para acertar.

— Ô, Francine, e nós que estávamos pensando que isso só ocorreu porque somos ótimos médium!... Agora, a revelação, e que revelação! a de que não fomos e talvez jamais sejamos um bom médium.

Todos riram e Francine completou:

— Mas não é por isso que você não vem mais aqui prestar serviço.

— Será que outros escreverão por nosso intermédio?

— Você não sabe, Luiz, pelo estudo que tem da Doutrina, que não é tão fácil psicografar quanto julgam alguns espíritas? Mensagem existe, mas todos os bons médiuns precisam bem analisá-las para não cair no ridículo. Depois, cuidado, Luiz Sérgio. Não vá mandar ninguém para revista e televisão. Um bom médium não precisa dessa propaganda.

— Eu, hem? Estudo, e muito, e amo por demais a Doutrina Espírita.

Fitando-nos, Atal sorriu e comentou:

— Até você, Luiz Sérgio, estava julgando-se um grande médium, hem?

— Claro, Atal, o garoto não estava conseguindo escrever com ninguém, só aqui com o papai... Achávamos que na próxima "encadernação" iríamos fazer um belo trabalho como médium, recebendo notícias do mundo espiritual. Desculpem, irmãos, estava brincando. Tenho muito respeito por todos os médiuns.

— Por que a médium Irene não gosta do trabalho de mensagens dos desencarnados para seus familiares?

— Porque, quando o realizava, ela via o desespero dos desencarnados e o perigo de deixar passar algo que pudesse perturbar a família. Ela não se acha capacitada para tão bela tarefa. E depois, existe um grande perigo: os familiares querem sempre muito mais que uma, duas ou três mensagens. Querem mais, muito mais.

— Tem razão, Luiz Sérgio. Nem sempre é esta a finalidade do consolo. Enquanto alguns pensam bastante antes de fazer esse trabalho, outros o fazem sem critério. Aí é que mora o perigo do descrédito do Espiritismo. Quem recebe uma psicografia de seu ente querido, busca a verdade e muitas vezes a saudade o faz aceitar qualquer coisa.

— Entretanto, a mensagem consola muito, não é mesmo, Francine?

— Sim, Luiz Sérgio, é um bálsamo na chaga da saudade.

— Francine, vimos que aqui o Espírito exercita a psicografia com outro Espírito. Que ocorre quando ele é levado ao mundo físico? O médium encarnado não precisa ter com ele uma sintonia?

— Claro, Luiz, esta é a primeira etapa; depois, passamos para a segunda.

— Pode nos dizer qual é?

— Sim. Vamos para outra sala, para que o irmão compreenda.

— Ô, irmã, quem diria que meus amigos já conhecessem este lugar!...

— Sim, os Lanceiros de Maria são queridos trabalhadores daqui.

— Verdade? E nada nos falaram...

Todos riram e nós, andando, batemos no braço de Atal e falamos:

— Nem para nós falaste deste belo lugar que tão bem conheces?

— Desculpe, Luiz Sérgio, mas aprendemos com uma grande alma que devemos ouvir mais e falar menos.

Nisso, chegamos a outra sala. E ali, qual não foi nossa surpresa? Todos os médiuns que lá se encontravam estavam na penumbra, eram encarnados, o cordão de prata ainda os ligava ao corpo físico. Os Espíritos tentavam escrever através deles, mas as dificuldades eram bem maiores das que tinham com os Espíritos-médiuns. Ainda mais: os médiuns encarnados não conseguiam captar as mensagens, principalmente os intuitivos. Ali, apenas um era médium mecânico. Ele escrevia com desenvoltura, mas os outros eram apenas "prestadores de serviço".

— Irmã, não sabíamos que temos tão poucos médiuns mecânicos.

— Sim, irmão, mas por enquanto, porque logo a mediunidade desabrochará em muitas pessoas. O intercâmbio entre os dois mundos vai-se intensificar e ficar mais verdadeiro.

— Por que "mais verdadeiro"?

— Porque o médium não interferirá na comunicação. Voltaremos à época memorável da Codificação. As mensagens serão claras e nenhuma Casa Espírita estará preocupada na divulgação da Doutrina através de congressos ou pela imprensa falada e escrita, porque a melhor maneira de pregar a Doutrina são os atos nobres dos verdadeiros espíritas, e essa modificação moral só se dá com o estudo sério das obras básicas. Cada espírita se transformará numa luz, espantando as trevas do sofrimento, não precisando ir somente à Casa Espírita em busca de ajuda para si ou para sua família. O espírita se tornará verdadeiro e com fé enfrentará os vendavais da vida. O exército do Cristo precisa estar preparado e hoje é o grande dia. Que cada adepto do Espiritismo procure mudar, e nada melhor para isso do que o conhecimento.

Olhamos aqueles médiuns e com amor buscamos Alayde, Lúcia e Irene, mãos que beijamos agradecidos com os olhos marejados de lágrimas.

— Luiz — disse-nos Nady —, notamos que o irmão tem um carinho especial pelas suas três médiuns.

— Às vezes sentimos um certo desânimo, quando presenciamos tantas inverdades ligadas ao nosso nome. Sentimo-nos mudo, sem direito a nos defender, mas pedimos aos leitores, àqueles que nos acompanham desde nossas primeiras mensagens, que analisem e não comprem livros apenas porque dizem que são nossos. O nosso DNA é você, leitor; está em suas mãos a nossa defesa ou a nossa condenação. Como Espíritos, não temos outro meio de nos defender a não ser nosso modo de expressão, o que fazemos há mais de vinte anos. Não vamos mudar nosso jeito de ser, seremos sempre o Luiz Sérgio com o qual os leitores se acostumaram.

Os médiuns encarnados, que ali se encontravam para estudar o intercâmbio da escrita mediúnica, estavam exercitando a mediunidade de consolo aos encarnados; eram mensageiros dos que partiram.

Indará aproximou-se de uma médium à qual um dos Espíritos tentava transmitir alguma coisa. Totalmente fora de sintonia, a médium encarnada não dava condição de o Espírito se comunicar.

— Por que isso está acontecendo? perguntamos.

— Porque ela está viciada em colocar nomes nas mensagens que recebe — respondeu Nady —, nomes estes respeitáveis na Doutrina e também de pessoas importantes que já desencarnaram. Ela está aqui para aprender a psicografar de verdade.

— Ela vem até aqui de livre vontade?

— Não, sempre que ela não procura entrar em sintonia com seu mentor, ele a traz para que ela venha a se livrar desse vício.

— Vício?

— Sim, vício da vaidade. O médium que não estuda e que, sem critério, coloca nas mensagens que recebe nome de Espíritos conhecidos no mundo físico é uma péssima propaganda do Espiritismo.

— Tem razão, Nady. Conhecemos um fato que ocorreu com a médium, com quem trabalhamos há vários anos. Um dia, em uma das reuniões públicas ainda realizadas em sua casa, apareceu um Espírito muito conhecido no Brasil. Feliz com sua presença, ela o cumprimentou carinhosamente. Depois da reunião, encontrou-se com outros Espíritos e começaram a conversar. O Espírito, conhecido autor de algumas obras quando encarnado, foi logo dizendo à médium:

— Vim aqui acompanhando o nosso irmão... Não pense que aqui me encontro para psicografar com a irmã, pois nada mais tenho a escrever. Depois, é muito difícil encontrar alguém que tenha os mesmos conhecimentos nossos, como realmente gostaríamos de transmitir se pensarmos em escrever. Porém, quando ainda encarnado, avisamos à nossa família que não gostaríamos de escrever mais nada depois de desencarnado. Sabe como é, irmã, precisamos encontrar um médium muito inteligente, culto e humilde, que não nos apresente dificuldade alguma.

Depois, falou categoricamente:

— Não desejamos escrever através de nenhum médium.

Irene escutou-o, envergonhada, pois em nenhum momento pensou em recebê-lo, e respondeu:

— Irmão, admiramos muito sua obra, mas confessamos que jamais escolhemos os Espíritos com quem trabalhamos nesta Casa. Eles é que nos procuram, são eles que nos orientam desde o início de nossa mediunidade. Nunca desejamos psicografar com este ou aquele Espírito já conhecido no meio espírita e quando alguns deles aparecem, colocamos pseudônimo, jamais escrevem seus próprios nomes, a não ser o Luiz Sérgio, mas isso só se deu depois de a família dele analisar a obra e publicá-la. Para nós, irmão, não importa o nome do Espírito, tanto que todos os Espíritos da Casa Espírita Recanto de Maria são desconhecidos no meio espírita. Quase todos têm pseudônimo ou são ilustres desconhecidos. O que importa é a obra de cada um deles e quem os conhece sabe o que realmente eles fizeram em prol da pureza da Doutrina.

— 'Nosso irmão calou-se envergonhado, pedindo desculpas, dizendo que estava muito aborrecido, porque estava ciente de que vários médiuns vinham recebendo mensagens dizendo que a ele pertenciam:

— É muito lamentável, irmã, ser traído na própria Doutrina, ao ler pensamentos como sendo nossos, quando jamais os escrevemos.

E prosseguiu:

— Continue assim, irmã, e corra da vaidade, pois ela é uma pedra de tropeço de qualquer criatura.

— 'Logo depois, a médium soube que havia em muitas livrarias espíritas vários livros da autoria daquele Espírito e perguntou ao irmão Lázaro: "Irmão, é ele mesmo?" Lázaro José, o doutrinador do Recanto de Maria, o Espírito que sempre colocou a Doutrina Espírita no caminho de quem buscou o Espiritismo, respondeu: "que lhe interessa saber se é dele ou não? A cada um basta a sua consciência. Procure a verdade que o seu caminho será de luz. Deixe, porém, que cada criatura plante o que deseja colher."

— E depois, o que aconteceu? perguntou Nady.

— Não sabemos. A médium nunca mais tocou no assunto.

Olhamos aqueles médiuns exercitando a psicografia e pensamos: "como ainda é tão pouco lido *O Livro dos Médiuns*!" Aqui recomendamos que todos os Centros Espíritas adotem como leitura obrigatória os livros da Codificação, principalmente *O Livro dos Espíritos*, *O livro dos Médiuns* e *O Evangelho Segundo o Espiritismo*. Quem sabe assim não depararemos com fatos tão tristes, como os que vêm ocorrendo ultimamente. Às vezes o médium não o faz por mal, sim por desconhecimento da verdade.

Desde os primórdios da civilização a mediunidade já existia e mesmo naquela época já havia a diferença: uns eram idólatras, feiticeiros, e outros, os que pertenciam às escolas dos profetas, eram médiuns com conhecimento do mundo espiritual. Por que hoje, em pleno ano 2001, ainda existe lugar onde o médium não procura estudar para saber por que ele é diferente? Sem estudo sério não existe disciplina nem verdade. Ao dizer-se possuidor de muitas mediunidades, falta ao médium principalmente a da humildade, e esta é a principal pedra de equilíbrio de qualquer pessoa.

Um dos médiuns encarnados que ali se encontravam tremia-se todo e era advertido de que tinha de se equilibrar.

Olhando aquelas crianças, jovens e adolescentes tentando entrar em sintonia com alguns daqueles médiuns, desejando mandar para casa algum conforto, vimo-nos também fazendo o mesmo e pensamos: "como é importante a mediunidade do nosso Chico, pois ele tem condição de fazer esse trabalho com dignidade exemplar!" Entretanto, quem deseja fazer o mesmo tem de estudar muito para não ser motivo de chacota. Psicografia não se manda pelo correio do plano físico, nem por fax ou por computador. Psicografia de familiares desencarnados é como uma receita médica: só recebe quem precisa de médico e este só a prescreve se tiver capacidade para isso. Se é um charlatão, começa a mandar remédio pelo correio e a dar consulta nas esquinas das cidades.

A médium desequilibrada zangou-se quando lhe chamaram a atenção. Levantou-se e dali saiu, dizendo que já tinha escrito muitas e muitas mensagens. Os instrutores nada disseram. Desligaram a cadeira e apagaram o seu nome do painel eletrônico.

— Ela foi "cassada"? perguntamos.

— Não, ela é como um médico que abandonou a faculdade. Vai clinicar sem diploma e sem condição de ajudar, porque quem não tem não pode dar. Essa mediunidade é muito delicada, porque o médium não pode falhar; ele é a gota de orvalho nos lábios ressequidos pela saudade.

Vimos uma garotinha de seus três anos escrevendo corretamente por uma jovem médium, só que a jovem era médium intuitiva, mas estava tão concentrada que não deixava passar nada do que a garota ditava.

— Por favor, Atal, esta carta chegará às mãos da família ou esta garotinha terá de ir até o plano físico?

— A mente humana, Luiz, é um computador, o qual possui vários disquetes. Hoje, a garota Tatiana está colocando na memória da médium o que mais tarde escreverá aos pais.

Nisso, fomos convidados a nos retirar e ali deixamos um pouco do nosso grande agradecimento a Deus por nos ter trazido até aqui, onde nos encontramos, rodeado de amigos.

Despedimo-nos e percebemos que também os médiuns voltaram ao corpo físico. Queira Deus eles se conscientizem do que aprenderam no mundo espiritual; que não sirvam de gracejo aos próprios espíritas, quando, cheios de crendices, julgam que tudo sabem e fogem de um estudo sério. Queira Deus cada médium que professa a Doutrina Espírita codificada por Allan Kardec se conscientize e procure compreender que sem um estudo sério das obras da Codificação não entenderá o verdadeiro sentido da Doutrina. Ela não surgiu do nada. Ela sempre existiu, contudo, se antes era uma tenra árvore, cresceu com os codificadores e depois surgiram as folhagens e os frutos, que até hoje alimentam aqueles que a buscam com serenidade, vontade e amor. Para aqueles que nada querem, a não ser fermentar a alma de vaidade, a estes pedimos: cuidado! É melhor não se dizerem espíritas. Busquem outras crenças, talvez lá encontrem mais fermento para fazer crescer cada vez mais a sua vaidade, porque no Espiritismo aquele que não se torna o menor dos servos não é digno do Senhor. E o Senhor bem ensinou o homem que o Seu reino não é deste mundo, pois o mundo de Jesus é o do amor e da humildade. Enquanto o homem buscar aplausos e poder, longe estará Dele.

Capítulo 6

MAIS UMA VÍTIMA DO TÓXICO

Quando dali saímos, fomos até um belo jardim no qual uma cascata beijada pelo sol resplandecia a beleza da Natureza. Sentamo-nos na relva, olhando as crianças correndo e brincando, sempre observadas pelas irmãs instrutoras. Umas brincavam de roda, outras de pique-esconde, mas também havia algumas que, isoladas, abraçadas às suas bonecas, tinham o olhar vazio, repleto de tristeza, apesar de belos.

— Em qualquer lugar, Atal, existem uns alegres e outros tristes, concorda? Olhe aquele garoto, como tem o olhar vazio. Será que desencarnou há pouco tempo?

— Não, ele não desencarnou há pouco tempo. Esse menino, Luiz Sérgio, desencarnou por *overdose*.

— Quê? *Overdose*?

— Sim, ele era dependente e não suportou a violência das drogas.

— Por que ele não se mistura com as outras crianças?

— Porque se julga um adulto e não aceita estar aqui.

— Desculpe a pergunta, mas por que então ele está aqui, se esta não é uma colônia de dependentes?

— Simplesmente, porque este garoto era levado a consumir droga com os pais. Eles o drogavam, por isso veio para cá, para se recuperar.

— Atal, esse menino deve ter uns sete anos!...

— Luiz Sérgio, ele é bem criança, mas já conhece o inferno das drogas.

— Que aconteceu para ele entrar nessa?

— Os pais, viciados, obrigavam-no a vender droga e ele também começou a consumi-la.

— E os pais não se importaram?

— Não. O viciado perde a conscientização do certo e do errado. Para eles, tudo é normal, nada faz mal, nada é proibido. Contudo, o tempo é o senhor da razão e todos sentem os transtornos de uma dependência.

Levantamo-nos e fomos até o garoto.

— Olá, amigo.

Ele nos olhou com ódio:

— Cai fora, não estou para otário.

— Gostaria somente de ouvi-lo, pois trabalhamos com livros, levando até o plano físico as notícias do mundo espiritual.

— E o que você quer saber? Quantos matei, quanta droga vendi, quanto roubei?

— Não, só queremos saber como foi o seu desencarne.

— Só isso? Os homens aí não lhe contaram?

— Não, ninguém me contou nada.

— Qual é o seu nome?

— Luiz Sérgio.

— O tráfico é a salvação do pobre. Enquanto não se acabar com a miséria, não haverá como acabar com o tráfico. Ele sustenta muitas famílias.

— Mas destrói muitas vidas.

— Com fome, você pouco se importa com os outros.

— Qual é o seu nome?

— Roberto Carlos. Tenho esse nome em homenagem ao cara, o rei.

— Roberto Carlos, existem muitas pessoas pobres que trabalham e não se tornam traficantes.

— Está sonhando. Só os frouxos não entram nisso. E depois, os bacanas é que compram, e compram porque querem se drogar. Os traficantes não saem atrás de ninguém. O otário é que procura o traficante, desesperadamente, principalmente quando a droga está escasseando.

— Conte-nos como você entrou nessa.

— Não quero contar nada. Não posso culpar meus pais, eles não estão aqui para se defender, mas eu os odeio.

— Pelo amor de Deus, não diga tal coisa.

— Dê o fora, cara! Quero ficar só.

— Desculpe, mas conte-me como você iniciou na droga.

— Apanhei muito para ir buscar droga para meus pais, e às vezes tinha de ir à procura dela sem levar dinheiro. Pedia para os traficantes, e eles não ma davam. Como voltar para casa de mãos vazias? No início, passei a roubar para comprar a droga para os velhos, mas logo me tornei empregado dos traficantes, pois sou muito esperto. Aí o dinheiro jorrou como água. Poucos têm coragem de correr da polícia. Comecei a puxar fumo e depois tudo se tornou mais fácil. Tornei-me respeitado por onde passava, pois era considerado o tal. Com a droga que eu conseguia, meus pais nem mais se levantavam, de tão drogados viviam. Minha irmã, revoltada com a droga, fugiu de casa e foi ser doméstica para estudar. Eu não, não queria outra vida. Vivia confortavelmente, tinha boas roupas. Comprei revólver, estava ganhando muito dinheiro, mas aí chegou a morte e aqui estou, jogando conversa fora, quando deveria estar calado.

Olhamos aquele menino e o abraçamos bem forte. Ele não recusou nosso abraço, pelo contrário, juntou-se a nós e chorou muito.

— Até outro dia, Roberto Carlos. Prometemos sempre vir aqui visitá-lo.

Quando já estava saindo, ele me chamou:

— Luiz Sérgio, venha cá, vou-lhe contar o fim da minha história.

— Deixe pra lá, menino. Isso deve maltratá-lo muito. Tchau.

— Não, eu quero contar.

Voltamos e ele foi-nos narrando sua triste história, até o dia em que fez o coquetel de drogas com o álcool, causa do seu desencarne. É impossível alguém imaginar as misturas que hoje estão sendo feitas e que um ser humano possa colocar tal bomba em seu organismo.

Roberto Carlos foi-nos contando que era muito esperto e começou a aumentar o produto, criando as mais estranhas misturas, e ele foi uma das vítimas. Enquanto nos contava sua história, chegou para buscá-lo um belo Espírito. Segurando as mãos de Janine, ele se despediu. Ela carinhosamente cumprimentou a todos, dizendo:

— Está na hora de ele ir até o hospital, pois ainda se encontra em tratamento.

Eles se retiraram e nós quatro ainda olhamos aquela criança, levada ao tráfico pela própria família, e pensamos: "quantas outras não existem por aí!... Até quando, meu Deus?"

— Não compreendemos, Atal, por que o Roberto se encontra nesta colônia, se não é uma colônia de dependentes.

— Ele logo será levado daqui, mas era preciso antes ter vindo para cá.

— Mas esta cidade dos pequeninos não pode abrigá-lo...

— Primeiro, Luiz, ele passou por um hospital de dependentes, depois por uma colônia de evangelização. Agora, aqui se encontra para voltar a ser criança, estudar, brincar, sonhar, viver a infância que não foi possível vivenciar no mundo físico.

— E depois, por que vão levá-lo, se ele ainda não se entrosou com as outras crianças?

— Ele será levado para outro tratamento, necessário para sua cura, mas isso só acontecerá quando ele voltar a sorrir, ter esperança em dias melhores, voltar a confiar nas pessoas.

— Não me conformo em tirarem-no daqui. Nunca tinha visto um lugar tão lindo. É um jardim-de-infância perfumado pelas florinhas brancas da alegria e da esperança.

— Infelizmente, Luiz Sérgio, ele tem de ser levado para o hospital dos suicidas, na Universidade Maria de Nazaré. Não se esqueça de que ele é um suicida inconsciente, mas um suicida.

— Querido amigo, quando acabará tudo isso?

— Quando o homem se conscientizar de que é eterno e que tem de respeitar as leis e estatutos de Deus. Sem a melhoria do homem, não combateremos o tráfico nem a violência. Melhore-se o homem e teremos uma sociedade mais justa — falou com segurança.

— Estamos de acordo. Hoje o cidadão vive na cadeia: sua casa, toda gradeada, enquanto o violento está solto e agindo à vontade. A criança, educada e bem tratada, tornar-se-á um cidadão digno. Portanto, o que está faltando na sociedade é educação, saúde e segurança. Combater apenas o tráfico torna-se insuficiente. É preciso urgentemente unir a família com a escola e a sociedade. Se cada família tiver orientação em seus lares, seus filhos serão melhores, principalmente se forem apresentados a Deus. Sem Deus, sem evangelho, sem amor da família, torna-se difícil hoje combater o tráfico. O tráfico existe porque existem os dependentes. Estes é que buscam a droga, é impossível somente a polícia conter a violência. Pais, professores e religiosos devem-se unir para entregar uma criança, um jovem, um adolescente à sociedade. Somente exigir do governo e da polícia é uma utopia. Eles jamais terão força suficiente para conter a droga e a violência. Hoje, muito se cobra dos policiais e muitos chegam a culpá-los. Perguntamos: por que os pais estão sem tempo para dar educação aos seus filhos? É mais fácil culpar o governo, a polícia e a escola pelo seu fracasso como educadores. O lar é o primeiro caminho da criança. Se nele não existem flores é porque são destruídas pela falta de educação das crianças, dos adolescentes e dos jovens, e não é a escola nem a polícia que irão educá-las. Quem precisa educar seus filhos são os pais. Infelizmente, muitos deles ignoram completamente que seus filhos precisam de educação e amor. Há muito tempo nós, os Espíritos, estamos lançando o alerta, mas nem os encarregados do Espiritismo no Brasil acreditam nas informações que passamos. Muitos deles dizem: como pode Espírito falar de droga e de sexo? Se alguns espíritas não aceitam nossas informações, como podemos pedir às outras religiões que nos escutem?

— É, Luiz Sérgio, quantos livros você já escreveu sobre a droga! Muitas revelações já foram feitas e todas confirmadas, e ainda existem alguns espíritas que riem de seus livros, chamando-os de fantasiosos. Hoje as gangues estão aí, operando nos grandes colégios, até naqueles considerados de disciplina rígida. Infelizmente, porém, até os colégios pouco podem fazer. Eles precisam da cooperação da família e esta, infelizmente, às vezes nem pode ser considerada uma família. As gangues assassinam, aleijam e destroem o patrimônio público e até tiram a vida de seus próprios integrantes. Exigir segurança é um direito do cidadão, mas hoje a espiritualidade pede muito mais. Vamos preparar os jovens, para que tenham uma postura digna, desde a aparência até as atitudes. O educador está no colégio para ensinar o aluno a se tornar apto a ajudar o país. Um educador tem de fazer da sua profissão um sacerdócio. Para educar, temos de nos educar. Infelizmente, muitos só dão aulas, sequer sabem o nome de seus alunos. E quando alguns professores desejam aplicar a disciplina, são afrontados pelos pais que não aceitam que seus meninos sejam importunados. Uma escola bem dirigida tem autoridade para educar e os pais não têm coragem nem capacidade para interferir na disciplina de um bom colégio.

— Portanto, Atal, está faltando uma mudança na educação?

— Sim, as autoridades devem urgentemente fortalecer as escolas, dando maior autoridade aos professores, deles exigindo uma postura de verdadeiros educadores. Infelizmente, não é isso o que vem acontecendo, por isso o governo não tem como conter a violência e o tráfico.

No lar e na escola é que a criança torna-se um cidadão, apto a servir à sociedade. Os pais são o jardineiro; a escola, o adubo; a polícia, o guardião. As três instituições precisam se unir para hastear a bandeira da paz. A polícia, a escola e a família hoje estão trabalhando uma bem distante da outra e as crianças, os adolescentes e os jovens estão sem limites.

— Atal, pelo amor de Deus, então a coisa está feia!

— Luiz Sérgio, as gangues estão aí e os pais nem sabem que elas existem. Qualquer jovem que pertença a esta ou àquela gangue ou é dependente ou é traficante. Seus livros, Luiz Sérgio, há muito tempo falam do perigo das drogas, principalmente o seu penúltimo livro, *Mais Além do meu Olhar*[4], no qual você já alertava sobre as meninas bem vestidas, com bolsa de marca famosa, vendendo *ecstasy*. Também falava das festas *rave*. Muitos, naquela época, nem sabiam da existência dessas festas eletrônicas e hoje elas estão aí e as drogas correndo soltas. Será que quem leu o seu livro e se diz espírita proibiu os seus filhos de comparecer a essas festas?

— Achamos que poucas mães tomaram essa iniciativa. Muitas julgam que seus filhos são anjinhos, que só vão a essas festas para se divertir. Pobre coitadas! Depois, quando acontece o pior, todos culpam as autoridades. A família é inocentada, mas nós dizemos: toda família bem estruturada exerce autoridade sobre seus filhos. É uma disciplina com amor, mas hoje, infelizmente, a família está enfraquecida e muitos pais se acovardam diante dos filhos, chegando a ter medo deles; não querendo contrariá-los, eles vivem sem limites. Atal, há tempos escrevemos um livro, *Hortênsias Lilases*, e nele relatamos os pontos-chave do tráfico em certa cidade brasileira e falamos do perigo do Brasil tornar-se a rota da droga internacional. Quem acreditou? Não sabemos. Hoje, qualquer um, ao ler um jornal, depara-se com os comandos do crime organizado, já mencionados em meus livros. Se cada leitor ou leitora de meus livros tivesse tomado uma providência, já teríamos alcançado algumas vitórias.

---

[4] N.E. — 21° volume da *Série Luiz Sérgio*, Cap. 15 — *Os alucinados pelo* ecstasy.

— Infelizmente, muitos ditos espíritas lêem os livros espíritas como lêem jornal: por curiosidade, e não para tirar deles algo que venha orientá-los sobre o que está ocorrendo em todo o Planeta, só assim ele conseguirá resguardar sua família.

— Tem razão, Atal, bem antes desse modernismo já falávamos da gravidez precoce e já alertávamos os pais. Muitas meninas que ouviam nossas palestras pela psicofonia da médium não deram importância ao nosso alerta, e quantas delas tornaram-se infelizes pelo rumo que tomaram suas vidas! Essas meninas foram orientadas pelo Rayto e pela irmã Rosália e alguns jovens tornaram-se dependentes e também traficantes.

— O que mais podemos nós, os Espíritos, fazer? Se muitas vezes mesmo os pais levando os filhos até os locais onde se fala sobre as leis de Deus, que é a moral do homem, esses jovens não as escutam, imaginem aqueles que vivem longe de qualquer esclarecimento espiritual!

— É por isso, Atal, que Francisca Theresa está adotando a Bíblia na Evangelização da criança, do adolescente e do jovem?

— Sim, as crianças que hoje freqüentam a Evangelização da Casa Espírita Recanto de Maria estão recebendo uma orientação mais elaborada, pois estão indo à fonte. Como essas crianças estão aprendendo a Doutrina junto aos ensinamentos bíblicos!

— Como seria bom se todos compreendessem a Bíblia como ela é ensinada pelos Espíritos!

— A Bíblia muito nos ensina, Luiz, porém poucos a lêem, e quem o faz julga que ela lhe pertence e, ao invés de procurar praticar o amor, prega o ódio para as outras crenças e se arma de críticas a todos e a tudo que não é da sua igreja. Enquanto a Bíblia é um oceano de amor a Deus e às Suas criaturas, os livros da Codificação são o orvalho do Alto para aplacar a alma rebelde de quem os estuda, mas quem procura educar a si mesmo para se tornar humilde e distribuir amor ao próximo são poucos, muito poucos. Ninguém deseja mudar e o Espiritismo codificado por Allan Kardec é o remédio para a transformação do homem velho e apegado à letra de ontem em um novo homem, liberto da matéria graças à luz da verdade. O verdadeiro espírita é um facho de luz que deve iluminar por onde passar. Ele tem dentro de si o Cristo e procura praticar a caridade em todos os lugares, dando amor a todas as pessoas, nunca tendo tempo para criticá-las. Entretanto, aqueles que lêem, estudam, freqüentam uma Casa Espírita e não se tornam melhores, não colocando em prática tudo o que aprendem com os ensinos espíritas, até parecem que são os mesmos da época de Moisés, quando foi dado o decálogo, e depois o encontro com Jesus. Quantos guardaram Suas palavras e as colocaram em prática? Muito poucos. Por isso, Luiz Sérgio, muitos jovens não seguem aquilo que aprendem, mesmo freqüentando uma Casa que os ensina a respeitar as leis de Deus. O povo continua atrás dos ídolos, da idolatria, preso ao materialismo, não desejando mudar, assim acontece desde a antiguidade. Bem, estamos conversando muito. Vamos até o Bosque dos Miosótis, conhecer mais algumas dependências desta bela e perfumada cidade.

Para lá nos dirigimos.

Capítulo 7

O LAR DE MARIA

No Bosque, os jardins eram repletos de miosótis e rosas cor-de-rosa. Olhamos para o alto e oramos em silêncio:

"Eu Te busco, Senhor, com o coração repleto de agradecimento por tantas e tantas bênçãos que temos recebido."

Nady enlaçou nossos ombros e contemplamos aquele belo lugar. Chegamos a uma linda casa, onde fomos recebidos por Angélica. Ela, com seu cativante sorriso, cumprimentou-nos:

— Sejam bem-vindos ao Lar de Maria.

Atal conversou com ela e fomos levados até a encarregada daquele educandário de Espíritos na forma de crianças. Com surpresa, divisamos Francisca Theresa, com seus olhos azuis penetrantes, que nos falou daquele lugar e dos seus sonhos em construir um semelhante no plano físico:

— Não gostaríamos de chamá-lo de orfanato, sim de lar, pois todas as crianças necessitam de um lar e tentamos fazer deste um coração divino, porque sabemos que o amor transforma o homem. Só o amor educa. Quando a vida no mundo físico tornar-se menos violenta, as criaturas aprenderão a amar e a Terra sentirá o perfume da paz. Não compreendemos o porquê de tanto apelo às coisas materiais, por que o homem não se auto-analisa para compreender a fragilidade do seu corpo físico e investir na alma, que é eterna. Ao contrário, o homem torna-se cada vez mais materialista, pois cultua o corpo, que a cada minuto envelhece, e se esquece de alimentar a alma, que precisa de força para não deixar passar em vão a vida física.

— Irmã Francisca Theresa, este Lar de Maria abriga apenas crianças?

— Sim, Luiz, aqui recebemos as crianças recém-desencarnadas e fazemos que elas não sintam tantas saudades da família que ficou no plano físico.

Ela falava e nos mostrava as dependências daquele lindo lar, tão limpo e perfumado. Em cada sala de aula a criança aprendia desde cedo o artesanato, até boas maneiras. Nas salas de estudo, os educadores eram Espíritos de uma candura divina, e qual não foi a nossa surpresa, pois também ali encontramos crianças levadas e desatentas, mas logo o educador apertava um botão e filmava a criança e suas reações durante a aula. Estávamos curioso para saber o porquê daquela vigilância, e pensamos: "será que não é severidade demais ou desrespeito à privacidade de cada um?"

Francisca Theresa sorriu:

— Não, Luiz Sérgio, a criança está sendo estudada por psicólogos para compreender o motivo da desatenção. A criança que aqui apresenta um comportamento agressivo é a que mais recebe atenção. Algo de muito grave está gravado em sua consciência. Olhe aquele menino, ele quase não fala. Ele tem pavor dos instrutores do sexo masculino, porque, quando garotinho, sofreu assédio dos irmãos mais velhos e aqui estamos tratando do caso. Como é sensível a alma de uma criança quando encarnada! Não sabemos por que os adultos não prestam mais atenção a elas.

— Irmã, estas crianças estão crescendo aqui, ou logo reencarnarão?

— Elas estão sendo amparadas aqui, depois passarão para outros departamentos, onde serão separadas conforme suas reais idades. Por isso, sempre dizemos: Espírito não tem idade, tem responsabilidade. Todos desejam respeito e só seremos respeitados se soubermos respeitar o nosso próximo, e a criança é um próximo que muitos nem notam, porque tem pouco a oferecer aos adultos. Pouco em coisas materiais, mas muito em amor, principalmente a grande oportunidade de trabalho junto a elas. Feliz aquele que procura educar uma criança, guiá-la pelas estradas da vida. A criança é a tenra árvore de hoje que precisa muito dos mais velhos para não se tornar uma figueira estéril. Muitos sonham levantar no plano físico creches e mais creches, orfanatos ou casas de meninos abandonados. Será que basta levantar uma casa? Não, não basta só isso. Para dar abrigo, precisamos estar preparados para não tornar o menor ainda mais infeliz, pois diante das dificuldades financeiras os encarregados das crianças não sabem esconder as dificuldades da instituição e volta a alma da criança à vida miserável que antes vivia. Com isso, o sofrimento de suas almas aumenta tanto, que sérios danos podem causar, pois ficam neuróticas e sentem medo do abandono. Muitas vezes é preferível a criança passar dificuldade junto à família que é carente, do que estar confinada em uma creche sem nenhum preparo dos seus encarregados, pois a falta de recurso apenas mudou de endereço. Muitas vezes, junto aos pais, a miséria é compensada pelo amor da família. Ao levantar casas de abrigo ao menor, devemos estar preparados para educá-los e, principalmente, ensinar a todas as crianças o artesanato para o sustento dos orfanatos, e artesanato não é trabalho escravo, é cultura. Depois, hoje, na era digital, por que não ensinar a criança a fazer do computador um valioso aliado em sua formação cultural? Se assim a criança proceder, ela poderá até ajudar a instituição com trabalhos feitos na computação, entretanto, nunca esquecendo que o que leva à vitória é o desprendimento, a humildade e, principalmente, o amor. Quem se propõe a levantar alguma instituição deve tirar do próprio bolso as moedas. Com o exemplo, outros farão o mesmo. Entretanto, só desejar a ajuda do governo e pedir esmolas torna difícil levar avante um trabalho que deve ser de amor, cujo ideal deve crescer e não diminuir nas horas da necessidade. Os irmãos estão cientes do nosso trabalho e quem o desconhece deve buscar em *I Crônicas*, Cap. 28, o trecho que narra a construção do templo de Jerusalém:

19 *Tudo isto se via num <u>escrito de origem divina</u>. Baseado neste, ele conhecia perfeitamente todos os detalhes do projeto.*

— 'Assim como o templo de Jerusalém teve o seu plano traçado no papel através de inspiração da espiritualidade, a Casa Espírita Recanto de Maria também foi um projeto divino e esperamos, se novamente levantarmos algum abrigo, só o fazer se outra vez recebermos um "projeto divino". Em *Crônicas* é detalhada toda a construção do templo e seus adornos, e o mesmo se deu com nossa Casa. O Capítulo 29 de *I Crônicas* narra:

1 *O rei Davi disse a toda a assembléia: "Meu filho Salomão, que Deus escolheu, é jovem e inexperiente; e a obra a ser realizada é muito importante, pois esta casa não é para* <u>*um homem*</u>*, mas para o Senhor Deus.*
2 *Segundo minhas possibilidades, juntei para a casa de Deus ouro para os objetos de ouro, prata para os objetos de prata, bronze para os objetos de bronze, ferro para os objetos de ferro, madeira para os objetos de madeira, pedra de cornalina e pedras de engastar, topázios, pedras para mosaicos, toda espécie de pedras preciosas e grande quantidade de mármore.*
3 *Tenho muito amor à casa de Deus e por isso, dispondo de* <u>*ouro e prata de minha propriedade particular*</u>*, o ofereço à casa de Deus, acrescentando-o a tudo que já preparei para o lugar santo,*

Neste trecho, para iniciar a obra de um templo, Davi é o primeiro a dar todo o seu dinheiro. Os outros, ao vê-lo se desprender, também fizeram o mesmo. Assim devem ser as construções divinas. Não é só o povo que deve ajudar, mas o auxílio deve partir daqueles que se propõem a realizar um trabalho divino. Hoje, com pesar constatamos que muitos que almejam construir algum templo religioso nada tiram de sua conta bancária, só desejam que o povo coopere, mas isso terá de acabar. A família que constrói é que tem a responsabilidade de levantar o lar que abrigará a instituição. Ninguém é contagiado só por palavras, o exemplo deve ser o abre-caminho. Sem o exemplo de desprendimento, dificilmente alguém terá condição de fazer uma bela obra.

— Irmã, nesta passagem de *I Crônicas* se fala muito de ouro e prata. O templo precisa dessa ostentação?

— Irmão, o ouro e a prata não tinham o valor que hoje possuem. O ouro e a prata pertencem a Deus, como as pedras preciosas. Podemos apreciá-los, porém, não devemos nos escravizar a eles. Com a ganância do homem, o ouro, a prata e as pedras preciosas tornaram-se tão valiosas que só os poderosos têm acesso a eles e, quando amamos Deus, queremos o que é de mais belo para Lhe ofertar, mesmo sabendo que tudo a Ele pertence. Narramos esta passagem de *Crônicas* não para incentivar os templos a ficar cobertos de ouro e prata. Não, isso não. Queremos, ao recordar *Crônicas*, dizer que não é a roupa que torna humilde a alma, sim o que carregamos na consciência e no coração; que, quando temos um ideal, lutamos por ele, e o ideal de quem deseja amparar crianças e idosos deve ser o de dar-lhes o que há de mais moderno e confortável. Ao tirá-los da miséria, apenas para dizer que somos bondosos cristãos, estamos fazendo caridade? Este fato é muito mais comprometedor do que ser fariseus hipócritas, túmulos caiados por fora, mas por dentro carregando uma alma orgulhosa e avara de sentimentos. Quando somos idealistas, tudo fazemos pela felicidade do nosso próximo e quem é feliz vendo uma criança dormindo em um colchão de palha, sem cobertor, sem o mínimo conforto, principalmente sem alimento adequado à sua idade? Todas as instituições de amparo às crianças e aos idosos devem ser um projeto divino, pois Deus quer que todas as religiões ou movimentos de ajuda às crianças, ao jovem e ao adolescente tenham a sensibilidade, a inspiração que teve Davi. Muitos teólogos dizem que o projeto do templo de Jerusalém foi elaborado no "céu" e mostrado a Davi, portanto, Davi agiu por inspiração divina. Também sabemos que nosso amado Moisés, no deserto, fez um santuário portátil, de acordo com o modelo que Deus lhe havia mostrado (*Êxodo* 25.9-40). Se os espíritas sabem que existe correspondência entre o plano espiritual e o físico e que todos os projetos realizados no plano físico são, antes, elaborados no Alto, por que muitos deles não aceitam os recados dos seus amigos espirituais? Será essa a razão de muitos ainda não terem se conscientizado de que os Espíritos é que chegam até os encarnados, e não estes que vão até os Espíritos? Todos os templos religiosos, principalmente as Casas Espíritas, devem partir de um projeto divino, e não dos encarnados.

— A irmã acha que o que está faltando em muitos abrigos de crianças é uma preparação para torná-los um verdadeiro lar? perguntou Atal.

— Sim, querido irmão, o homem não pode viver apenas de sonho, ele tem de tornar seus sonhos realidades, nem que para isso tenha de ir à frente do rebanho. Sem exemplo não existem cooperadores. Se não possuirmos a caridade na alma, como teremos autoridade para falar em caridade? Se não sabemos doar, como queremos que os outros ajudem a concretizar nossos sonhos? Quem se propõe a construir uma casa religiosa ou um abrigo de crianças e idosos tem de buscar inspiração divina e Deus não deseja que ninguém seja infeliz. Como podemos abrigar crianças, quando não temos meios de torná-las felizes? Precisamos de voluntários para apertá-las no peito e dizer a cada minuto o quanto são amadas. Será que o funcionário que ali está somente para receber o seu salário tem amor suficiente para tornar feliz uma criança carente? Talvez o possua, mas é muito melhor quem dirige uma instituição fazer um esforço para dedicar-se de alma e coração ao seu próximo. Aqui, só aceitamos voluntários que amem por demais as crianças, pois carregá-las no colo não é obrigação nem dever, é um ato que parte do fundo do coração: o amor imenso por um irmão querido.

— Quando a irmã construirá o Lar de Maria no plano físico?

Ela sorriu e respondeu:

— No dia, Luiz, em que nossos obreiros se conscientizarem de que o Espírito não tem idade, tem responsabilidade; quando desejarem que cada berço seja adornado de perfumadas roupas de cama, não de linho nem de seda, mas confortáveis, limpas e perfumadas para o bem-estar das nossas criança. É um sonho, bem sabemos, mas quando recebemos o projeto do Recanto e o entregamos não a Salomão, mas a uma rosa do nosso jardim que o colocou na prancheta e tão bem inspirada criou a Casa Espírita Recanto de Maria, foi concretizado o nosso sonho. Muitos julgam que a Casa foge dos padrões normais das Casas Espíritas, mas onde está escrito isso? A limpeza, a disciplina, a conservação de um templo não quer dizer luxo, quer dizer amor às coisas de Deus, porque a Natureza é maravilhosa. Existe algo mais belo do que as flores? Se Deus não gostasse do que é belo, o Universo seria negro. Muitos julgam, mas aparências não querem dizer que uma casa abandonada abrigue almas humildes. Muitas vezes, o orgulho e a ociosidade é que nela dominam. Muitos também perguntam onde os trabalhadores encontraram dinheiro para a bela construção. Como Davi, o chefe da família escolhida, que poderia ter um belo patrimônio, foi juntando moeda por moeda e, com seus exemplos, os pioneiros saíram dos seus mundos materiais e avaros e compreenderam que sem amor não existe respeito às leis de Deus. Amor é caridade e quem é caridoso foge da preguiça e da avareza.

Enquanto irmã Francisca estiver remando nas águas do mar da vida, o barco de Maria continuará com suas mãos abertas e repletas da luz da caridade. E com que júbilo vemos a diretoria da Casa de Maria recebendo o palestrante com respeito e carinho e o conduzindo até a porta, enquanto os presidentes de algumas Casas Espíritas ignoram o que se passa em sua Casa, na qual os visitantes não encontram ninguém para recebê-los nem lhe demonstram um pouco sequer de respeito! Isso é caridade? Isso é amor? Isso é ser espírita?

Pensando nisso, perguntei à querida irmã:

— Irmã Francisca, será que sua Casa terá sempre o procedimento de tão bem tratar os palestrantes?

— Irmão, sem o convívio social não temos oportunidade de mostrar nossas boas ou más tendências. Quem bate à porta da nossa Casa tem de ser bem recebido. Um palestrante está levando a palavra e deve ser respeitado. Com pesar, vemos vários templos convidando algum confrade, que chega à Casa e não há ninguém para recebê-lo, porque ali, no auditório, não há nenhum membro da diretoria. Onde andam? "Aposentados" dos trabalhos espirituais ou despreocupados com o que acontece na instituição que dirigem.

— Irmã — perguntou Nady —, se a sua instituição passasse por dificuldade financeira, quais seriam as medidas tomadas?

— O trabalho. Colocaríamos nosso exército nas ruas para catar papel e juntar latinhas. Tudo isso nós já fizemos para construir o Recanto e voltaríamos a fazê-lo. Voltaríamos a cozinhar, mas temos a certeza de que jamais sairíamos atrás de ajuda financeira das pessoas que apenas freqüentam a Casa Espírita em busca de auxílio, como doentes em busca de remédio. Convocaríamos até as crianças para um trabalho digno e justo; alimentados de coragem e amor, temos a certeza de que obteríamos vitória. Um dia, irmão, lutamos, quando encarnada, para construir também várias Casas do Senhor e quando tudo parecia estar dando errado, iniciamos um trabalho de artesanato que íamos vender de porta em porta. Quando perguntavam para que uma irmã religiosa necessitava pedir esmola, respondíamos: "não estamos pedindo esmola, estamos expondo nosso trabalho e oferecendo o que fazemos com todo o sentimento que carregamos dentro de nós."

— E a irmã as construiu?

— Muitas e muitas moradas do Senhor.

— Como a irmã vê o aumento das religiões contrárias ao Espiritismo?

— Procuramos os braços de Jesus e nos abrigamos neles, pedindo que o Mestre venha repetir esta frase: "até quando, geração incrédula, terei de estar ao seu lado?" Os homens que gritam o nome do Senhor o fazem porque não O têm no coração nem seguem Seu exemplo. Como podemos desprezar quem não pensa como nós, quando o Cristo, mesmo traído por Judas, nenhuma palavra de condenação pronunciou? Enquanto o Cristo não reinar nos corações, teremos apenas templos de pedras, mas os templos de pedra podem ter alma se os seus freqüentadores tiverem o Mestre como pastor.

— Não dá medo, irmã, de termos de voltar a nos esconder dos inimigos dos espíritas nas catacumbas, com medo de ser queimados pelos fanáticos religiosos?

— Quem tem medo não tem fé. O seguidor do Cristo está atrás do seu próximo e do Mestre, ocupando o último lugar, mas lutando para colocar os pés nas Suas pegadas. O mal do homem é pensar que está à frente do seu próximo e do Cristo. Jesus é o pastor e Suas ovelhas não temem ser tosquiadas. O fanatismo religioso já fez muitas vítimas, mas a História conta com horror quem praticou a barbárie. A bondade do Senhor é que torna a vida de cada um de nós mais colorida.

Nisso, alguém chamou Francisca Theresa, mas ela se desculpou e continuou nos mostrando aquele lugar repleto de flores e miosótis.

— Irmã, por que os miosótis? Eles são tão humildes diante das outras flores...

— Nem por isso deixam de embelezar o jardim.

Chegamos a uma maternidade, cujo berçário estava repleto de recém-nascidos.

— Estas crianças nasceram aqui? perguntou Atal.

— Sim, mas não foram abortadas, são de mães que desencarnaram grávidas, muitas delas vítimas da violência.

Naquele berçário, uma música de ninar fazia com que flutuássemos. Por onde passávamos com irmã Francisca, suas auxiliares lhe sorriam com carinho.

— Irmã, que belo lugar! Como seria bom se no plano físico tivéssemos um local igual a esse, onde as crianças, ao saírem do ventre materno, pudessem respirar o amor!

— Luiz, o homem, quando encarnado, não imagina o que acontece no mundo espiritual, talvez por isso ele erre tanto. Não é tão difícil dar conforto a quem precisa. Tudo pode ser feito da melhor maneira possível, quando existe amor no coração. Gostamos muito dessa passagem de *Provérbios*, Cap. 21:

23 *Quem guarda a boca e a língua, guarda sua alma da angústia.*

24 *O soberbo presunçoso — "insolente" é seu nome — atua com presunção desmedida.*

Também apreciamos muito este outro trecho, Cap. 28:

1 *O ímpio foge, sem que o persigam, e o justo se sente seguro
como um leão.*
2 *Multiplicam-se os chefes por causa dos crimes de um país,
mas a ordem se estende por um homem prudente e instruído.*
3 *Um homem pobre que oprime os fracos é chuva torrencial
que não dá pão.*
4 *Quem abandona a lei louva o ímpio, mas quem guarda a
lei rompe com ele.*
5 *Homens maus não entendem o que é reto, mas os que bus-
cam ao Senhor entendem tudo.*
6 *Melhor é um pobre que caminha com retidão, do que o rico
de conduta perversa.*
7 *Quem guarda a lei é filho inteligente, mas quem se associa
a dissolutos desonra seu pai.*

— 'Neste berçário não existem abortados, sim crianças que não puderam nascer, pois suas mães desencarnaram antes do parto.

Ao lado, divisamos uma sala cirúrgica onde se realizava mais um parto.

— Difícil de acreditar! falamos à irmã Francisca. — Sabe, irmã, em um dos nossos livros narramos sobre as maternidades no mundo espiritual e como recebemos críticas! Só depois de outros médiuns terem abordado o mesmo assunto é que muitos espíritas acreditaram.

Ela apenas nos olhou.

Francisca Theresa acariciava cada bebê e nós somente a acompanhávamos. Despediu-se do berçário e continuou andando ao nosso lado. Ela nada falava e confessamos que estávamos louco para fazer-lhe perguntas. Convidou-nos, então, a adentrarmos uma imensa sala de aula, que nos pareceu um jardim-de-infância. Ali, muitas crianças de dois, três e quatro anos desenhavam e faziam colagens. As instrutoras eram muito carinhosas. Nisso, Tatiana correu para os braços de Francisca Theresa, dizendo:

— Irmã, estávamos com tanta saudade!

— Não sabemos o motivo, estamos aqui quase todos os dias.

Tatiana alisou os belos cabelos cor-de-mel de Francisca Theresa e ela, sorrindo, cantou:

Jesus menino, irmão,
Que o braço de Maria embalou
Traga às crianças a alegria
A força e a coragem de quem as criou
A cada criança, a proteção
O caminho certo, a salvação.
Jesus amigo, Jesus irmão,
Guie os meus passos, meus braços e minhas mãos
Para que eles abram o caminho
Que leva até Deus os Seus irmãos.
Quando o fardo estiver pesado
Ajude-me, Senhor, a suportar
Não deixe ninguém ficar parado
Na beira do caminho, a reclamar.
Olhe nossas criancinhas
As florinhas brancas de Maria
Elas são nossos irmãozinhos
Precisando de amor e companhia.
Oh, Senhor, oh, Senhor!

A criança dormiu e com que carinho Francisca Theresa foi colocando-a no berço! Dali visitamos todas as salas, cada uma mais bela do que a outra. Em uma delas, as crianças aprendiam música, a tocar instrumentos musicais. Em outras, tinham aulas de canto, bordado, costura e informática. Estudavam idiomas, teatro, enfim, ali as crianças recebiam uma educação esmerada.

— Irmã, por que a maternidade, se aqui encontramos crianças, adolescentes e jovens?

— Este é um jardim de amor, irmão. Aqui, também ninguém tem idade, entretanto, estas crianças não são filhas do abandono, sim filhas da saudade. São crianças que para cá vieram em tenra idade, deixando os pais saudosos. Tivemos de tudo fazer para torná-las felizes.

— Que trabalho difícil!

— Não existe trabalho difícil quando o fazemos por amor.

Ela nos olhou com imenso carinho, colocou a mão sobre nossa cabeça e disse:

— Luiz Sérgio, o caminho de Francisca Theresa é um caminho estreito, no qual todos aqueles que desejarem caminhar ao nosso lado têm de se desfazer de uma pesada bagagem. Todos aqueles que desejam caminhar terão de limpar a lepra do orgulho e da vaidade. Os viajantes desse estreito caminho têm de praticar a caridade a cada momento de sua vida e quando o temporal desejar dispersar o rebanho, devemos orar para que logo alguns deles encontrem um lugar que se torne refúgio para suas almas. Não devemos forçar ninguém a caminhar ao nosso lado. Se o Cristo, na hora da crucificação, não desejou que nenhum apóstolo O seguisse, por que muitas vezes ficamos tristes porque queremos ao nosso lado uma multidão? Não, minha criança, a cada um basta a sua consciência. Se ela nos manda buscar novos pastos, temos de respeitar a vontade de cada um. E como aprendemos com Jesus, sempre estaremos orando e amando todos aqueles que cruzaram nosso caminho, porque o coração de Francisca Theresa não é um túmulo onde se jogam e enterram as lembranças. Não, no coração de Francisca Theresa só há gratidão por todos aqueles que caminharam um dia ao nosso lado. Aprendemos com Jesus a amar a todos com imenso amor.

Assim, ela foi de um por um, despedindo-se. A Atal, Francisca Theresa falou:

— Os Lanceiros de Maria são arautos da justiça e da disciplina. Quando juntou-se a nós, nesse longo caminho, o irmão trouxe da Universidade Maria de Nazaré a lealdade e a doçura dos servos do Senhor. Cada Lanceiro é uma estrela do grande manto bordado pelas mãos abençoadas da Mãe de Jesus. Brilhe, Atal, por onde andar, a luz da sua fé e do seu amor. Os Lanceiros não têm pátria, não usam turbante. Eles apenas carregam nas mãos o laço de luz da dignidade.

A Nady ela falou:

— Quando Maria compôs o Seu rebanho, Ela soube bem escolher Seus trabalhadores. Como os mensageiros, os Lanceiros não são relâmpagos nem trovões, são Espíritos amigos que lutam em todos os lugares pela paz. Os Lanceiros são flores da não-violência, perfumando todos os lugares por onde passam.

Depois, foi a vez de Indará:

— O trabalho humilde é o emblema do homem de bem. Aquele que desejar ser o menor conquistará o reino de Deus. A cada dia, no seu coração, plasme o amor a Deus. Sempre a escutamos dizer: Senhor, és o nosso Pai Todo-poderoso e nem por isso exiges de nós a perfeição. Ser Lanceiro é vestir a túnica do dever e da humildade. Estaremos sempre orando por todos. Sejam bem-vindos à Cidade das Crianças. O homem é uma eterna criança de Deus. Quando ele se julga adulto, afasta-se da simplicidade divina. Se todos conservassem a inocência das crianças, no mundo não existiria a dor. Esta cidade é um hino de esperança, nós a chamamos de "incubadora do amor". Aqui, encontramos um pouco da infância de cada filho de Deus. Esperamos que nos visitem mais. Não conheceram nem um terço desta imensa cidade. Nossos teatros são lindos. Os encarnados têm de ensinar às crianças o amor à arte. Sem cultura não teremos progresso.

Nisso, que fomos nos distanciando de Francisca Theresa, demos de cara com um velho amigo, um teatrólogo. Ele ali estava dando aulas de teatro e de fantoche:

— Que bom encontrá-lo! Está sumido. Quando vai fazer novas peças?

— No dia em que no Brasil o artista for respeitado pelas suas obras, pois hoje elas estão sendo adulteradas depois do meu desencarne.

— Está amargurado?

— Não, apenas triste com um país sem cultura, onde o artista quase se prostitui para viver, em que os grandes artistas arrumam suas malas e partem em busca de alguns trocados. No dia em que o governo brasileiro se conscientizar de que a cultura é o reflexo da educação de um povo, teremos menos miséria e violência. Ficamos admirados, Luiz, dos grandes teatrólogos brasileiros não terem ainda descoberto a bela literatura espírita. Quando isso acontecer, o mundo se curvará diante do valor do nosso teatro e do nosso cinema.

— Agora está preocupado com o cinema e o teatro?

— Sou autor e como autor adoro tudo o que leva o homem a sonhar com um mundo melhor.

— Um grande abraço. Deseja mandar algum recado?

— Sim, que pelo amor de Deus procurem escrever a verdadeira vida do brasileiro, sua alegria, sua tristeza, enfim, suas realidades. E se não for muito para o belo mancebo, um abraço a alguém que muito amo.

Foi saindo, dando gostosas gargalhadas.

— É um belo rapaz, muito inteligente — falou Atal.

— Sentimos nele uma certa tristeza. O que está acontecendo com a sua obra?

— O progresso, Luiz, pede que se atualizem algumas peças teatrais, mas os autores desencarnados não aceitam esse fato e ficam muito tristes.

— Esse nosso irmão é muito querido por um grupo de teatro espírita, porque ele não só escreve as peças, como as dirige. Porém, infelizmente, a Casa onde ele trabalhava teve de parar de encená-las, pois muitos trabalhos lá são realizados, mas esperamos que logo ele volte a encantar o mundo físico com sua bela obra.

— Que seria do homem, Luiz, se no mundo espiritual ele ficasse ocioso?

— Estacionaria, pois se na espiritualidade não existisse o progresso, coitados dos mortos. Levariam um baita susto quando deparassem com a moderna tecnologia. Já pensou, Atal, o telefone celular, o portão eletrônico, as televisões, os computadores, enfim, o que há de mais moderno no mundo físico está uns cem anos atrasado em relação ao avanço do mundo espiritual. O encarnado, mesmo o espírita, não tem idéia da modernidade da tecnologia do mundo espiritual. É daqui que parte o progresso, e eles, coitados, nos julgando mortos, de camisolão, com coroa na cabeça, e alguns até com asas!...

— Não brinque, Luiz. Será que há pessoas inteligentes que julgam os desencarnados uns ociosos, ou melhor, mortos?

— Meus amigos, vocês são puros demais, ou melhor, inocentes. O mundo dos encarnados tem cada figura que até Deus Se assusta!

— Assusta, não — defendeu Atal —, fica em oração para que todos encontrem o caminho da perfeição.

— Assusta mesmo, Atal. Da última vez que fomos ao plano físico junto ao Rayto, vimos cada figura, parecendo sair dos umbrais, que apavora até criancinha!

Todos riram e eu continuei:

— Roupas pretas, unhas pintadas, uma de cada cor, vários brincos nas orelhas. Acha que ainda é pouco? Convidamos vocês para um mergulho no mundo físico, para conhecer um pouco a juventude de hoje.

— E os pais, Luiz, o que acham?

— Pela figura dos ditos cujos, achamos que os pais vivem de óculos escuros. Nunca se viu uma juventude tão violenta e tão sem limites. Entretanto, dever e limites são leis obrigatórias no contexto divino. Criar filho exige dos pais mais cuidados.

— Você gosta desse trabalho junto aos Raiozinhos de Sol?

— Gostamos, só que às vezes aperta-nos o coração quando deparamos com a decadência da mulher prostituindo-se por nada e a promiscuidade destruindo corpos tão jovens.

— Há quantos anos você e o Rayto alertam os leitores dos livros espíritas?

— Há mais de vinte anos e ninguém deu a mínima importância ao nosso alerta. Muitos dizem que era uma fantasia da mente da médium. Não sabem eles que muitos jovens saíram da droga lendo nossos livros, mas a elite espírita os julga sem conteúdo, sem proveito para a Doutrina. Será que a Doutrina Espírita não é o Consolador prometido por Jesus? Acreditamos que sim. Se ela é o Consolador, os Espíritos têm de caminhar junto à sociedade, que está desestruturada por causa dos desequilíbrios familiares. Depois de iniciarmos os nossos livros é que muitas mães de família, ao lê-los, começaram a saber o que vêm a ser as drogas. Antes, elas julgavam que só os marginais as consumiam.

— E as gangues, Luiz, que a cada dia mais se fortalecem?

— Se buscarmos essas gangues vamos encontrar o garoto pobre, mas a maioria são "filhinhos do papai", criados sem limites e com dinheiro fácil. Eles hoje até uniformizados se encontram, são verdadeiros covardes, pois atacam pessoas sozinhas e só agem em bando. Se não fossem os Raiozinhos de Sol, teríamos mais escândalos com essas gangues, pois elas batem, e batem muito.

— Que querem esses meninos?

— Eles não foram apresentados a Deus. Dormem na hora que desejam, acordam sem compromisso e vivem mal no colégio. Não se alimentam direito, enfim, é muito fácil os pais reconhecerem que seu filho não está levando uma vida saudável.

Nisso, que já nos preparávamos para sair daquela bela cidade, um jovem veio até nós:

— Boa-tarde, que Jesus ampare os queridos amigos e que a bondade de cada coração plante em nossa cidade uma árvore frondosa de esperança.

— Obrigado, amigo, estamos às suas ordens.

Sorrindo, ele nos convidou a acompanhá-lo e em silêncio o fizemos. Estávamos louco para perguntar alguma coisa, mas trabalhar com Lanceiros nos exige um certo equilíbrio e naquele momento era o de que mais estávamos precisando. Assim, procuramos ficar livre da curiosidade. Então, voltando a cabeça para trás, ele nos avisou:

— Estou levando-os à parte alta da cidade, a um pequeno hospital.

— Obrigado, amigo, qual é mesmo o seu nome?

— Iran, estamos às suas ordens.

Atal nos olhou com "aquele" olhar, querendo dizer: "fique calado", e assim o fizemos.

Capítulo 8

A AGRESSÃO AO PERISPÍRITO

O hospital ficava em uma colina toda rodeada de flores, cascatas e folhagens. As palmeiras eram lindas, de pequena estatura. Fomos recebidos pelo irmão Antoine que, muito atencioso, colocou-nos à vontade. Educadíssimo, falou sobre aquele pequeno hospital, no qual sentia-se feliz por trabalhar, mas que no mesmo instante preocupado ficava com o que vinha ocorrendo no plano físico, principalmente a gravidez na adolescência e a falta de cuidado da mulher com seus órgãos reprodutores, levando-a a contrair sérias doenças.

— Irmão, não cabe aos pais orientar corretamente seus filhos?

— Hoje, infelizmente, os pais estão mais preocupados com a vida social do que com a família, e depois, acham que os tempos são outros e deixam suas crianças perdidas nas festinhas regadas com as mais estranhas drogas.

A seguir, levou-nos até as dependências do pequeno hospital e em seus berços deparamos com as mais estranhas figuras. Era uma outra maternidade, porém composta de crianças mal geradas. Causa: consumo de drogas pelos pais, principalmente pela mãe. Vimos de tudo: criança com três cabeças, vários braços, enfim, nem pareciam seres humanos.

— Como pode isso acontecer? perguntamos ao médico.

— Hoje as mulheres cantam liberdade e muitas delas ganham o mundo e vivem em busca do prazer. Estas crianças são vítimas do novo milênio, no qual as plantas da maconha e da coca estão todas transgênicas e, não bastando, ainda existem as misturas quimicamente modificadas. São bombas que levam o feto a essas sérias deformações.

— Irmão, o Espírito não retroage, certo?

— Certo, Luiz Sérgio.

— Como então, sendo vítimas da violência da droga, esses Espíritos se encontram nesse estado tão doloroso? Quanto tempo ainda ficarão aqui?

— Eles logo serão levados para outro local. Aqui só prestamos os primeiros socorros.

— Todas as crianças de pais drogados ficam com seqüelas?

— Não, algumas lutam sozinhas, sem a cooperação da mãe, porque a mulher é uma grande companheira do Espírito durante a gestação. O Espírito, mesmo momentaneamente vivendo em esquecimento, tem relances de lembranças e junto à mãe vai pouco a pouco formando seu corpo físico.

Nesse momento, parou perto de um berço no qual uma criança toda deformada se debatia, gritando muito:

— Por que ela está nesse estado? perguntei.

— Simplesmente, por abstinência.

— Ela é dependente?

— Sim, a mãe é consumidora de drogas e esta criança também se viciou no ventre. Após o seu desencarne, foi trazida para cá, mas não deseja receber tratamento. Ela chora pela falta da droga.

— Ela foi abortada?

— Não, chegou ao final da gestação, porém desencarnou com poucas horas, pois não tinha condição de viver no mundo físico.

Olhamos aquele Espírito, era um monstro, todo deformado.

— Que droga a mãe usava?

— Todas, mas vamos assistir a um filme das noites vividas pela mãe para vocês conhecerem o inferno da droga.

— Doutor, quando começamos a escrever sobre drogas era tudo tão diferente da atualidade que agora nos desesperamos, ficamos apavorados. Naquela época, foi-nos revelado que o tráfico dominaria o Brasil, e agora, quando os traficantes estão tomando conta do nosso país, que dizem os que criticavam os nossos livros, alegando que eram só mentiras? Em outros livros, alertamos que o Brasil estava se tornando a rota da droga, pois a extensão das suas fronteiras faz que elas entrem no país sem dificuldade.

Olhamos os leitos. A cena era de doer o coração. Aquelas crianças não tinham brilho no olhar, estavam encolhidas, desesperadas.

— As mães estão encarnadas, continuando a aprontar?

— Sim, mas algumas delas, deprimidas, estão tentando largar a droga.

O médico levou-nos a uma pequena sala de projeção. Deparamos com as famosas festas *rave* e com a loucura de uma gente sem limites. Sentados no chão, víamos meninas e garotos encolhidos, sentindo fortes ondas de calor e, no mesmo instante, arrepios. Depois, levantavam, dando gostosas gargalhadas. Nada comiam, só bebiam, litros e litros de água. Depois, alguns tiraram a roupa, mas continuaram dançando sem parar e rindo alto. Eles riam tanto, que até se queixavam de sentir dor no abdome.

— Doutor, e depois, quantas horas dura essa euforia?

— Depende do organismo. Uns levam mais tempo, umas dezesseis horas, outros, menos.

— Todo esse tempo?

— Muitas dessas crianças aqui foram geradas nessas noitadas.

— Que droga é essa?

— Luiz, não é prudente dar o nome em seu livro, mas podemos dizer que ela é uma mistura de ácido, um remédio para impotência e outros elementos de fabricação caseira. Esta droga custa muito caro.

— Doutor, as autoridades não têm conhecimento dessa bomba?

— Não procuramos saber as medidas tomadas pelas autoridades. Só podemos responder o que chega até nós, isso aí que vocês estão vendo.

— Essa droga é difícil de ser encontrada?

— É difícil, sim, só pessoas "confiáveis" é que passam essa droga, e as mulheres, ou melhor, as meninas, entram nelas e ficam alucinadas.

— A heroína e o haxixe, como já falamos em outro livro, estão correndo soltos no Brasil?

— Sim, mas o pior são as misturas. O brasileiro adora adulterar tudo e hoje as misturas que estão sendo feitas com o *ecstasy* e a heroína são uma bomba que provoca pânico, insônia e destrói os neurônios.

— Isso é aproveitar a vida? Quanta ignorância!

À nossa frente, vimos coisas que não podemos relatar, mas afirmamos que é filme que parece não ter fim. Uma jovem cambaleava, completamente nua, sem noção de nada, perdida, sendo vítima dos menos doidões.

Ali fiquei sabendo o nome da droga e as misturas que a compõem, mas nos calamos, pois o mundo dos drogados é um caminho doloroso, no qual o ser pouco a pouco perde a dignidade e a grande oportunidade dada por Deus: a encarnação. Aquelas meninas lindas, completamente alucinadas, eram um filme de horror. Olhamos os Lanceiros; eles não fitavam a tela, apenas oravam, e só aí percebemos que, além do médico, havia outros Espíritos que ali se encontravam assistindo ao filme.

— Quem são eles?

— São Espíritos que estão sendo preparados para levar até o plano físico a proteção às autoridades para que elas lutem contra o tráfico. Caso contrário, teremos uma verdadeira guerra civil entre policiais e traficantes.

— Por que eles são tão preparados? perguntamos.

Antoine sorriu e nada nos respondeu, mas um garoto que assistia à aula falou:

— Eduque a criança, alimente-a e ela será um cidadão.

— Irmão, achamos que é preciso muito mais: fortalecer a família, conscientizá-la de sua obrigação para com os filhos. Quantos pais viajam e deixam a casa para os jovens e eles fazem essas festas malucas!

O médico foi-nos levando de volta ao berçário, onde se encontravam as vítimas da droga.

— Ultimamente, doutor, tenho estudado muito sobre reencarnação, quando ficamos sabendo que o Espírito ajuda na construção do seu corpo carnal e que, junto à mãe, ele trabalha, projetando tudo aquilo que aprendeu no Departamento Reencarnatório. Ele e os pais têm na memória um mapa do seu corpo e, através da própria vontade, o reencarnante vai como se desenhando seu corpo físico. Se cada Espírito escolhe o corpo que por direito conquistou, por que esses Espíritos não reagiram, não aceitando o desequilíbrio da mãe? Bem sabemos que o Espírito não perde totalmente a sua memória.

— O irmão reparou bem o estado em que fica cada drogado, principalmente o dependente dessa droga à qual hoje lhe apresentamos? As meninas ficam alucinadas e muitas delas nem sabem que estão grávidas. A droga lesiona áreas nobres do cérebro responsáveis pela memória e pela organização de idéias. Não devemos esquecer que o reencarnante está indefeso e que a mãe é sua grande condutora, sua mestra, seu porto seguro. Ou ele sucumbe, ou se acomoda no barco, que se encontra em alto mar em dia de tempestade.

— Irmão, essa droga torna-se perigosa, pois muitos, ao usá-la, julgam-se os donos do mundo, mas depois nem podem imaginar o que lhes está reservado. Hoje, em diversos países, a impotência tornou-se uma patologia preocupante e muitas vezes as drogas são as responsáveis, pois o homem e a mulher, desesperados, muitas vezes buscam outros meios de prazer. Como dificilmente têm resultados satisfatórios, revoltam-se e muitos deles buscam o suicídio. E por falar nele, como vem ocorrendo o suicídio entre jovens, crianças e idosos. Por que isso acontece? Também é a droga?

— Quanto aos idosos, muitas vezes é o abandono da família e o preconceito de uma sociedade que não percebe que está envelhecendo, contudo, entre as crianças, é o desespero a causa principal. Elas não entendem a separação dos pais e, muitas vezes, são disputadas, e são ainda muito pequenas para tomar decisão tão difícil: ficar com um ou com outro. Nada desespera mais uma criança do que presenciar as brigas familiares. É comum os filhos não aceitarem um novo relacionamento, principalmente da mãe, que devem dar um tempo para assumir um novo relacionamento, e isso não tem ocorrido. Muitas mulheres saem de um casamento para outro com grande naturalidade, egoisticamente, só pensando nelas mesmas. Os filhos muitas vezes são julgados por esses pais como sem cérebro, e como existem crianças sofrendo! A presença paterna é necessária junto ao desenvolvimento de uma criança, mas a da mãe torna-se obrigatória, pois o filho saiu de dentro de seu corpo. A mãe recebeu o Espírito do filho meses antes de ele ser apresentado ao pai e hoje são os homens que estão assumindo os filhos, porque muitas mulheres encontram-se deslumbradas com o seu físico, julgando que a mocidade é eterna.

— Irmão, existe alguma ala de suicidas nesta Cidade das Crianças?

— Sim, logo o irmão irá conhecê-la.

— Por que somente nós?

— Porque seus companheiros são nossos leais guardiões.

Olhamos os três amigos e notamos que trabalhavam junto ao médico que conversava conosco. Ele nos mostrou inúmeros perispíritos deformados, diversos deles sem ter completado os nove meses de gestação.

— Eles voltarão a reencarnar com esses corpos?

— Não, o mapa genético de seus perispíritos não contém essa deformação.

— E por que eles estão deformados?

— Irmão, um bom arquiteto faz a planta de um edifício ou de uma casa, o mau construtor altera o projeto usando material ruim ou não respeitando o trabalho do profissional. No Departamento da Reencarnação os pais dessas crianças não receberam um projeto deformado.

— Desculpe, doutor, mas nossa cabeça deu um nó. Não estamos entendendo nada.

— Muito fácil. Quem estuda a Doutrina Espírita bem sabe que o primeiro passo para o progresso do Espírito é se arrepender, depois, expiar e, finalmente, reparar seus erros. Certo, esses Espíritos foram barbaramente assassinados pelos próprios pais, ou, mais precisamente, pelas próprias mães. Eles não foram para o plano físico pagar dívidas passadas, através de suas deformidades. Quem não conhece a Doutrina Espírita julga que a deformação desses perispíritos é castigo de Deus. O Espírito não deve nada para Deus, pois Ele é Pai e, como tal, não fica catalogando os erros de Seus filhos. A culpa de cada ser está nele, na sua própria consciência, nem Deus pode mudar o que o próprio homem escolher e essas mulheres escolheram para seus filhos essas deformações. A Doutrina Espírita nos apresenta um Deus justo e bom, não um juiz, que condena e absolve. A reencarnação deve ser mais estudada pelos espíritas, principalmente se buscarem na Bíblia as belas passagens que tão bem tratam dela.

— Irmão, esses Espíritos com seus perispíritos deformados pela droga não são assim, como nos estão aparecendo?

— Não, eles apenas estão perturbados, e como se tornaram dependentes da heroína, estão aqui em nossa cidade para aprender que tudo pertence a Deus, principalmente o corpo físico de cada ser criado por Ele. A reencarnação é um assunto palpitante e nos dá sabedoria para viver em sociedade, pois é ao lado de todos que o Espírito encarnado vai exercitando a sua bondade. A reencarnação é um mergulho no Jordão. Podemos chamar o corpo físico de Jordão. A composição de água que nele existe simboliza o rio Jordão que o pecador, o homem encarnado, deve ultrapassar, pois na outra margem se encontra a terra prometida por Deus: o Planeta regenerado. O próprio espírita tem de conhecer bem a reencarnação para não viver dizendo bobagens.

— Bobagens? perguntamos.

— Sim, é falta de conhecimento quando um espírita depara com alguém sofrendo e diz: coitado, está queimando o seu "carma", ou quando vê uma pessoa com uma doença grave e comenta: coitado, está resgatando seus erros. Quem assim procede nada conhece de Doutrina e ainda não se livrou das crendices das outras religiões. Não, na Doutrina a reencarnação é uma lei natural e, sendo uma lei natural, não é Deus que escolhe as provas pelas quais deve passar o culpado ou o bom Espírito. A lei da reencarnação está grafada na consciência de cada homem; é nela que se encontram as culpas e as coisas boas e certas. No Universo não existe um tribunal divino, no qual Deus é o "grande" juiz. Não e não, Ele é Pai soberanamente justo e bom. Quem estuda a Doutrina, sabe que cada homem tem o seu próprio tribunal, a consciência, logo, o Espírito é que julga seus erros.

— E por que existe o Departamento Reencarnatório?

— Como o Espírito que reencarna inicia um novo aprendizado, desde o momento do nascimento, ele volta a aprender até a se alimentar para sobreviver em uma nova dimensão, no qual os alimentos são diferentes do mundo em que antes vivia. Ele inicia sugando do corpo da mãe seu primeiro alimento: o leite. Antes, ele se nutria da própria mãe, dos alimentos por ela ingeridos, mas de uma maneira diferente. Ao despertar na matéria, ele inicia uma nova vida, vida esta já vivida em muitas épocas da Humanidade, mas apagadas momentaneamente de sua memória. Estão na consciência seus defeitos e suas qualidades. Mesmo bebê ele não é diferente dos adultos, sim mais um homem que retorna à grande universidade do plano físico na qual vai reaprendendo pouco a pouco. Os pais antes prometem a Deus cuidar dele. Os filhos, como tudo o que rodeia a Humanidade, não pertencem a homem nenhum, o Espírito, sim, é dono do livro da sua vida. O Espírito é livre e sopra onde quer. O Espírito não retroage, sim seu corpo perispiritual, de acordo com a projeção mental do Espírito.

— A culpa do Espírito não está no livro de Deus?

— Que livro? perguntou-nos o Espírito.

— O livro da história de cada um.

— Se o irmão chama a consciência de livro, podemos responder que sim. Se o irmão julga que cada alma tem um livro em que vão sendo impressas as ações do homem, respondemos que não. Tudo o que fazemos de bom ou de mal está grafado nos palácios da nossa memória, como diz um querido irmão que tão bem conhece a reencarnação.

— Não podemos visitar esse irmão, para ele nos explicar melhor, ou você mesmo pode fazê-lo?

— Infelizmente, não temos capacidade para tanto. O assunto é longo e muito filosófico.

— Obrigado, doutor, o irmão foi muito gentil em nos receber.

Ele sorriu e Atal solicitou que nos retirássemos, mas o médico ainda nos convidou a visitar outra ala, onde um conhecido psicólogo ajudava os Espíritos daqueles pequenos corpos deformados. Tivemos de fazer uma força enorme para nos tranqüilizar, pois estávamos eufórico com tantas informações.

Olhamos doutor Antoine, que quando encarnado tão bem estudou a Doutrina. Paramos para observar aqueles berços repletos de vítimas de uma juventude sem Deus e nossos olhares buscaram as jovens modernas, com seus corpos nus, agarrando-se aos seus namoradinhos em plena rua, ou na frente de pais e avós, e todos achando normal. É o tempo atual. Os pais cedem as próprias camas aos seus filhos, para que possam praticar o ato sexual, que antigamente era um momento íntimo e respeitado por aqueles que se amam de verdade. Vimos os pais ditos liberais criando os filhos sem limites, liberando a maconha que eles ontem também usaram, e atualmente dela ainda fazem uso, e achando tudo natural. As jovens vestidas para chamar atenção sobre suas partes mais íntimas, oferecendo-se como se oferecem mercadorias em liquidação, e os pais achando o máximo. Quanta ignorância! Será que esses pais não lêem os jornais, não conhecem o inferno das drogas e das festinhas de hoje? Será que esses pais dormem em paz em um mundo tão violento?

Pensamos naqueles coquetéis, que parecem um simples remédio, mas contêm uma droga terrível, que leva o homem à decadência moral. Aqueles perispíritos deformados eram bebês indefesos, mas agora cuidados pelo plano espiritual, o plano eterno, porque cada colônia ou cidade é governada pelo grande Mestre Jesus.

— Gostaria de saber, irmão, por que eles ficaram assim. Não poderiam os Espíritos tê-los resguardado?

— No momento em que a mulher assume o compromisso da maternidade, ela se torna a guardiã do Espírito reencarnante e nenhum Espírito pode impedir que ela não faça o que deseja fazer com o filho. Quando fica alucinada, passa para o Espírito do filho o seu desequilíbrio.

— E mesmo não estando comprometido, o Espírito é atingido?

— Sim, irmão. O artista apronta uma obra de arte e a entrega em mãos que confia para levá-la a um museu, onde será resguardada. Se as mãos que a receberem não lhe derem o real valor, vão deixá-la ao sol e ao vento, e a obra sofrerá danos. Porém, mesmo destruída ela será restaurada, porque no plano superior existe a original, que a Deus pertence.

— Coitado de quem a destrói.

— Sim, coitado de quem não respeita as obras de Deus. Uma simples pedra não deve ser desprezada, pois poderá nos faltar mais tarde.

O médico continuou:

— Aqui, as obras de Deus estão recebendo os primeiros socorros, depois serão restauradas, para voltar novamente ao mundo físico.

Gostaria que os Lanceiros falassem alguma coisa, mas eles apenas sacudiam a cabeça. Seu silêncio era a sinfonia do respeito àqueles que estão falando. Assim, andamos apenas alguns segundos e logo adentramos um belo hospital, ou melhor, uma pequena clínica, onde fomos recebidos por Olavo, um conhecido psicólogo. Já falamos dele em outro livro[5]. O doutor Antoine deixou-nos com Olavo e pediu licença para se retirar. Olavo o convidou para visitar seus antigos pacientes mas ele se desculpou, dizendo que logo voltaria, pois as festinhas *rave* estavam aumentando o trabalho na enfermaria das crianças doentes. Demos um abraço bem apertado de despedida no irmão e falamos:

— Nós amamos você.

— Obrigado.

— Visite a nossa casa, ela precisa de suas belas aulas.

Ele, respeitosamente, foi saindo devagar. Pensamos: "um dia chegaremos lá. Teremos essa postura, andaremos devagar e não seremos tão ansioso." Nossos amigos riram e carinhosamente bati em seus ombros.

— Luiz Sérgio, comporte-se — falou Atal.

— Desculpe, Lanceiro Atal, preciso muito de sua companhia para me tornar melhor.

— Nada tenho a lhe criticar, só estamos brincando.

— Lanceiro brinca? perguntamos.

Ele respondeu:

— Claro que brinca, mas não como fazem alguns irmãos, com brincadeiras que ofendem e ferem o seu próximo.

Olavo, rindo, nos disse:

— Custou, hem, Luiz Sérgio, a nos procurar! Lembra que já o convidamos para uma terapia?

---

[5] N.E. — *Chama Eterna*, 11° volume da *Série Luiz Sérgio*, Cap. 12 — *Devassando o Inconsciente*.

— Espere-nos, Olavo, confessamos que estamos precisando. Andamos meio desiludido.

— O irmão está mais doente do que imagina, pois a desilusão é uma patologia causada pela baixa estima e isso só acontece quando o homem se vê impotente diante dos obstáculos. O homem foi criado por Deus e os obstáculos foram criados pelos homens, portanto, o homem tem força e poder para vencer os obstáculos. Quando estamos desiludidos, é porque esperamos mais do que estamos recebendo, e ninguém deve reclamar do pouco nem do muito que recebe, deve, sim, agradecer por existir, por viver, por amar, por ser livre. Os desiludidos não são livres, são prisioneiros das lembranças, e essas lembranças são sempre de fatos que lhe causaram desilusões e as desilusões são as fraquezas dos nossos Espíritos, ou sonhos que não se realizaram, e nem tudo pode se concretizar, porque do contrário o homem não teria sonhos a serem conquistados.

— Olavo, como sentimos saudades do irmão, pois tem ido pouco à nossa casa nem tem ministrado suas belas palestras na Universidade!

— Luiz Sérgio, não nos encontramos porque trabalhamos em lugares diferentes.

Atal aproximou-se e iniciou a conversa com Olavo, que nos foi conduzindo e logo estávamos em um grande salão, onde perispíritos deformados de crianças e bebês e formas indefiníveis se encontravam deitadas em camas bem baixas. Ali ficamos, sentados a uma mesa, enquanto Olavo falava com aqueles Espíritos. Cada doente tinha a seu lado três enfermeiros, ou médicos, não sabemos, só que eles ajudavam Olavo. Olhamos aqueles Espíritos e muitos deles tinham aspecto de monstros. Olavo, com voz melodiosa, foi conversando com eles. Enquanto falava, os médicos colocavam as mãos sobre os doentes, dando passes ou envolvendo-os com fluidos magnéticos. Olavo dizia:

— Sabemos que todos estão nos ouvindo. Agora, vamos imaginar uma bela praia, bem ensolarada. Vamos deitar nas areias e imaginar que o sol adentra em nós, queimando todas as nossas perturbações. Neste momento que estamos na praia, convidamos os amigos a desenhar um corpo humano. Primeiro os pés, as pernas, os joelhos... Muito bem. Agora voltamos aos pés, os dedos, as unhas, o calcanhar, enfim, temos pés perfeitos. Agora, as pernas longas, não podem ser muito longas nem muito curtas, temos pernas de seres humanos. Muito bem. Agora, imaginem-se deitados sobre os pés e as pernas, pensem, pensem, depois olhem: vocês já construíram um par de pernas.

Olhamos assombrados. Aqueles seres deformados iam construindo pernas perfeitas, pés perfeitos. Muitos choravam.

— Agora, o corpo. Vamos desenhar o sexo, a fonte da vida, e o umbigo. Olhe como é belo o nosso umbigo. Nele estão abrigados alguns dos laços que precisamos quando reencarnamos. Voltamos a imaginar ou desenhar para nossas pernas um corpo vivo. Vamos deitar sobre ele, lembrando que temos o seu mapa no campo da memória. Agora, vamos imaginar uma brisa soprando sobre nossos corpos. Estamos ansiosos, porque estamos sem os braços. Como esquecemos? Vamos desenhar as nossas mãos na areia, os braços, os antebraços, e vamos encaixá-los no corpo vivo. Vamos deitar sobre eles, recordando o nosso mapa, aquele que o Departamento da Reencarnação nos deu pelas mãos dos Espíritos arquitetos, de acordo com as nossas *posses*, ou merecimento, quando fizeram a planta da nossa morada física. Todos vamos recordar o Departamento Reencarnatório, a engenharia genética, onde fomos buscar a planta do novo corpo. Vamos recordar, vamos recordar. Agora, que bonito! Estamos deitados sobre o molde dos nossos corpos. Que pena, falta o principal: nossa cabeça, pescoço, enfim, estamos sem cabeça, outros com duas, por que tanto? Vamos desenhá-la com a planta que retiramos do palácio da memória e vamos projetando na areia nossa cabeça, nossos olhos perfeitos, nariz, boca, lábios e orelhas.

E foi falando. Estávamos quase dormindo, quando Atal carinhosamente nos deu um sinal de alerta. Aqueles Espíritos perturbados, deformados, foram desenhando seus corpos e voltando a ter um corpo normal.

Muitos deles não acreditavam no que estava acontecendo, mas Olavo os mantinha estáticos, em total concentração.

— Agora, fixem na memória diminuta a consciência, pois todos terão corpos perfeitos, o perispírito somente sofreu uma agressão física. Concentrem-se no corpo que hoje projetamos na consciência. Quem tiver condição, levante-se e venha até nós.

Uns três sentaram-se e depois levantaram-se e chegaram perto de Olavo, andando com dificuldade. Chorando muito, foram amparados pelos médicos e dali retirados. Outros dez tentaram, mas logo, enfurecidos, gritaram: Assassina! Assassina! Mulher maldita! Olavo alertava:

— Não recordem as coisas más, sim o momento atual, em que todos reencontraram sua veste perispiritual, o perispírito. Não olhem os cadáveres que ficaram putrificados no palácio da recordação das lembranças. Apaguem as lembranças maternas, as mágoas. Respirem fundo, olhem bem para seus corpos perfeitos, levantem-se e venham até aqui.

Eles se enrolavam de raiva, encolhendo-se novamente. Olavo tentava desesperadamente despertá-los. Eles recordavam o momento dramático vivido pela mãe: a droga os atingindo, a degradação da mulher, a luta pela vida sozinhos, sem um só sentimento materno. Ali, eles eram náufragos que não tiveram coragem de passar para o outro lado da vida, afastaram-se do Jordão e se afogaram no mar da revolta.

Os Espíritos aplicavam passes e nós orávamos com muita fé, procurando ajudá-los, mas eles tinham muita mágoa e o que nos chamou a atenção foi a idade daqueles Espíritos. Nem todos se apresentavam como jovens; alguns eram idosos, com muitos anos no plano espiritual, e não puderam reencarnar por incapacidade da incubadora divina: a mulher, que, julgando-se bela e desejada, entregou-se à violência das misturas mais estranhas. Era o *ecstasy* e a heroína fazendo estragos, dificultando a reencarnação daqueles Espíritos que tanto a esperavam.

Estava louco para solicitar a Olavo: tente mais uma vez. Nisso, cada um dos doentes foi medicado e levado de volta aos seus berços. Eles não choravam, ao contrário, pareciam que espumavam de ódio.

— Por que, Olavo, eles não foram até o fim?

— Porque ninguém se cura quando não aceita o remédio chamado amor. Por mais extenso que seja o amor, o ódio o expulsa do coração do homem quando ele só quer odiar e sofrer.

— Eles terão nova chance?

— Sim, todas as semanas eles aqui vêm e estão tentando se livrar das tristes lembranças e das orgias dos pais.

Nem respirávamos, de tão impressionado.

— Olavo, a juventude está louca. Essas meninas parecem desconhecer a palavra moralidade. O que elas pensam que são?

— Apenas corpo, matéria, beleza. Tudo passa: *vaidade, pura vaidade — tudo é vaidade* (*Eclesiastes*, Cap. 12, v.8).

Os doentes foram para seus leitos. O ódio é uma ferida parecida com um vulcão, soltando lava por todos os lados. Como é triste um coração sem amor!

— Irmão Olavo, até quando eles odiarão? E as mães deles, por que não são trazidas até aqui, quando estão dormindo, para ajudar?

— Essas mães geralmente fogem da realidade. Quando dormem, muitas vezes são trazidas para cá, mas relutam em aceitar seus filhos. Muitos deles nem as viram quando nasceram, os pais as pouparam. Outras, morrendo de remorso, nos ajudam bastante, o caso daqueles que hoje se restabeleceram, mas não foram ainda curados.

— Irmão, Deus planeja e o homem desfaz, mesmo assim, Ele não Se incomoda.

— A Doutrina Espírita apresenta Deus ao homem como Ele é: bom e justo, uno, indivisível, eternamente Pai, Todo-poderoso do céu e da terra. As outras crenças, porém, nos apresentam um Deus que mata, castiga, joga no purgatório e queima no inferno. A Doutrina elucida e adverte: plante para colher, todos são livres. Deus é o maior democrata do

Universo. Ele apenas deu a cada filho os Seus decretos e as Suas leis, mas também deu ao homem um tesouro chamado consciência, e quem desejar conquistar a conscientização plena tem de mergulhar nela em busca dos decretos e das leis de Deus. O espírita que não respeita as leis de Deus é mais culpado do que os de outras crenças, que julgam que Deus aceita propinas e que só oferece salvação, isto é, cura, aos que batem no peito, dizendo-se seguidores do Seu amado filho Jesus Cristo. Estes serão punidos como são punidos todos os filhos de Deus: pela própria consciência. Contudo, vemos espíritas que não se esforçam por melhorar, que não respeitam as leis de Deus, que não procuram respeitar o seu próximo, que mesmo tendo conhecimento da bondade infinita de Deus, brincam e recitam o Seu nome em vão e ainda desejam mudar o seu próximo, esquecendo que primeiro limpamos nossa casa para depois servir de exemplo para que os outros façam o mesmo. Gritar em praça pública, queimar os feiticeiros, isto é o que muitos de nós já o fizemos ontem. Por isso temos tanta necessidade de julgar aqueles que não pensam como nós. Agindo assim, não podemos jamais nos dizer seguidores do Cristo, porque não conhecemos Deus como Ele realmente é. Ele está acima das igrejas, dos Centros, das casas, das sinagogas, enfim, dos templos religiosos. Ele, Deus, tem um universo de paz do qual fomos criados e para onde teremos de voltar, como fez o filho pródigo. Nessa volta, porém, que sabemos ser uma longa caminhada, encontraremos muitos templos onde são pregadas as leis de Deus e, ao entrarmos em um desses templos, que o façamos munidos de uma grande força interior, querendo conhecer o Deus que é o Criador incriado de todas as coisas, e não como se entrássemos em um banco em busca dos bens materiais, ou para pedir que retarde a cobrança de nossas dívidas. Os templos onde se prega a palavra de Deus devem ser construídos sobre a pedra angular do amor ao Cristo, para que todos os seus freqüentadores encontrem o mapa do caminho que nos leva até Deus. Com esse mapa só o governador, Jesus, pode nos guiar até a terra prometida: o Planeta regenerado. Quem não se tornar o menor de todos não alcançará a vida eterna. Enquanto o homem não se desfizer de seus pesados fardos, chamados defeitos e imperfeições, terá preguiça de seguir o trabalho de Deus, que nada pede ao homem, a não ser renúncia. A Doutrina amiga está para aqueles que a desejam como o grande remédio para suas almas doentes. Aos que se consideram os donos do mundo, basta-lhes a sua arrogância, o peso das suas preocupações. Na Doutrina não existe milagre, existe, sim, o milagre da descoberta de nós mesmos, quando, crentes que somos Espíritos imortais, buscamos em nós o que está errado, por que somos fracos, por que somos neuróticos. A ninguém culpemos pelos erros que são só nossos e procuremos um meio de reparar nossas faltas, não batendo no peito, pedindo perdão a esse ou àquele, pois não são eles que nos perdoarão; nem Deus nem Jesus o podem fazer, somente nós temos o poder e a glória de reparar nossas faltas e pedir forças para não desanimar no meio do caminho.

— 'Quando o homem encarnado mergulha no Jordão, o seu corpo físico, percebe que o corpo material é uma jazida brilhando por fora, mas apodrecida por dentro. Nem ele conhece o tráfego que não pára, desde os seus pensamentos até a sua corrente sangüínea. O fluxo do seu corpo lhe é desconhecido e ele não deseja parar para pensar que Deus não criou um ser tão importante quanto é o Espírito para ele viver em uma cadeia de carne, e depois que ela apodrecer, ser trancafiado em um cubículo chamado túmulo. Não, se o homem for inteligente ele se auto-conhecerá e verá que, se foi criado, o foi não por outro homem igual a ele, sim por uma Inteligência máxima, que de nada Se esquece, para que ele, o homem, viva no paraíso. Uma obra de tal grandeza, chamada Espírito, não pode morrer nunca, nem adoecer. Se isso acontece, é porque a obra não pode se distanciar do seu Criador, perde o viço, perde a força. Quando o Cristo veio até o homem pecador, foi para despertar as consciências adormecidas pelo ódio e pela ganância do poder e fazê-las lembrar-se de Deus, única fonte da vida eterna. O espírita que põe em prática o que aprende e que procura se modificar é um operário fiel do Grande Arquiteto do Universo; porém, se ele é apenas mais um, cujas palavras se perdem sem conteúdo, por soarem vazias, chorará de remorso. A Doutrina Espírita é uma ponte ligando os dois mundos. Quem divisa os dois lados conhece as conseqüências dos seus atos e procura respeitar os estatutos divinos. Mesmo as crianças, os adolescentes e os jovens, até os mais antigos, podem compreendê-la, porque ela é transparente e fácil de ser assimilada. Contudo, os tolos, os prepotentes, os presunçosos, estes são as ovelhas negras do Espiritismo. São falsos profetas, cujas ações não correspondem a nada do que a Doutrina os ensina. O Cristo não escreveu nenhum Evangelho; quem os escreveu foram os evangelistas. Ele viveu as leis de Deus, contadas e explicadas depois pelos evangelistas. Se Ele as tivesse escrito, muitos não acreditariam nas letras mortas. Ele as viveu em espírito e verdade e a Doutrina Espírita é a única que ensina a verdade sobre a morte e a vida do homem criado por Deus e também de todas as Suas criaturas. Os que se dizem espíritas e continuam pregando a separação, caluniando o próximo, difamando os lugares onde se banquetearam, onde dessedentaram seus lábios ressequidos de saudade, estes são os feiticeiros de que a Bíblia fala e serão expulsos da terra prometida. Esses não são espíritas, são videntes, médiuns, feiticeiros, enfim, são todos os que dizem Senhor, Senhor, mas não têm o Senhor nos atos. Quem realmente é espírita não procede como o materialista, que só deseja receber e nada dá em troca.

— Olavo, como você conhece a Doutrina!

— Não, não conhecemos a Doutrina Espírita como ela realmente é. Somos um mero discípulo, porque aquele que realmente a conhece é o Cristo, que disse que o perdão é infinito. E se o perdão é infinito, o bom homem, o homem bom, não se sente nunca ofendido nem jamais ofende o seu próximo. O verdadeiro espírita é aquele que já se libertou da matéria. Que matéria é essa? É um corpo físico, mas não é somente isso, é muito mais. É o Espírito que está atuando sobre ela. Porém, à medida que o Espírito se depura, suas neuroses, que são materiais nocivos, vão sendo tratadas pelos fluidos magnéticos do amor e o Espírito resplandece com sua indumentária etérea para se auto-conhecer e ser forte e livre. A Psicologia faz que a alma encarnada descubra a si própria e meça suas capacidades. Se esta alma não deixar a terapia adentrar sua caixa de segredos, o tratamento será em vão. Assim a Doutrina Espírita.

Se não a deixarmos entrar na consciência, não abriremos nossa alma para o maior psicólogo do planeta Terra, Jesus Cristo, e não aceitaremos Seus ensinamentos de amor. Continuaremos vendo-O pregado em uma cruz, da mesma forma que nos sentimos quando somos prisioneiros das nossas faltas e dos nossos remorsos. A Doutrina Espírita pode mudar a alma para melhor, mas isso só acontece se a alma deseja conhecer a si mesma; se não for assim, a Doutrina será mais uma crença, da qual muitos esperam só benefícios. Também os espíritas não podem dizer que só eles serão salvos. Não é verdade. Não importa em que cremos, importa o que levamos em nossa bagagem. Será que na bagagem de todos os espíritas só há amor e arrependimento? Não. Quantas bagagens estão lotadas de iniqüidades, orgulho, prepotência e até ódio ao seu próximo! Jesus, o grande terapeuta, receitou um fácil e simples remédio: que amemos uns aos outros. E só amamos quando o amor reina em nossa consciência. O Espiritismo tem de tomar uma nova postura. Não se pode desviar o fluxo das águas do rio da Codificação Kardequiana para outros riachos, repletos de idéias próprias e elites mal orientadas espiritualmente. O Espiritismo não pode se perder como aconteceu com o Cristianismo, porque a obra do Cristo é simples. Os falsos cristão é que a complicaram. A Terceira Revelação, o Consolador prometido, é simples e prega que *fora da caridade não há salvação* e que a caridade começa em casa. Que casa é essa? Um lar repleto de inimigos? Não. A caridade começa é na casa do Espírito, o seu coração. O coração caridoso se torna inteligente, conhece a verdade e esta o liberta. Se as Casas Espíritas continuarem se distanciando umas das outras, o exército do Cristo terá de intervir para que a paz reine em todas elas. Sendo a Terceira e última Revelação, a Doutrina não pode se perder pela estrada do fanatismo religioso. Ela não é uma religião como as que hoje existem no plano físico. Ela só poderá ser considerada religião quando for compreendida pelos seus adeptos. A Doutrina Espírita veio para unir os filhos de Deus. É esta a finalidade da religião e hoje as que se dizem casas religiosas atacam e procuram desmoralizar umas às outras e a verdadeira Doutrina Espírita foi trazida até o plano físico pelos Espíritos encarregados desta bela tarefa. Foi trazida na época determinada por Deus, não foi criada pelo homem, mais uma prova da bondade divina.

— 'Seus livros, Luiz Sérgio, foram atacados, ou ainda o são, porque, como tantos outros do passado, profetizavam os fatos atuais que vêm ocorrendo na sociedade. A Doutrina tem esse privilégio: alertar o homem de hoje pedindo-lhe para se cuidar, fortalecer, desprender, amar, para saber enfrentar dias futuros. Seus livros apresentaram um mundo que alguns espíritas nem imaginavam existir: o inferno da droga, a força do tráfico, principalmente em terras brasileiras, e ainda mais, partindo as informações de um Espírito cujo linguajar eles consideram por demais simples. Parecia que os fatos narrados em seus livros eram inverdades, e não um grito de socorro da espiritualidade para que cada reduto espírita criasse grupos de ajuda familiar, orientação aos pais, maior vigilância sobre os próprios atos. Não importa, Luiz Sérgio, os que não conhecem a Doutrina Espírita também a atacam, porque, ao invés de buscar estudá-la, acham mais fácil desprezá-la. Os bons livros não precisam ser lidos só por espíritas, porque assim a Bíblia tinha-se tornado propriedade de um pequeno grupo. O bom livro espírita é lido por espíritas e por não-espíritas. Quantos foram beneficiados pelo alerta que seus livros levavam até a família! Os Raiozinhos de Sol, que trabalham no auxílio aos drogados, eram completamente desconhecidas no meio espiritista. O irmão não buscou nomes conhecidos na Doutrina para atrair leitores nem para ser admirado pelos espíritas brasileiros. Você apenas cumpriu com a sua tarefa. Quantos, dos maiores Espíritos que trabalham ao seu lado, ganham pseudônimo à pedido da médium que iniciou junto ao irmão esta batalha em favor da juventude! Entretanto, você não ficou só nisso, voou mais alto, estudou as escrituras junto aos grandes conhecedores bíblicos e nem por isso citou este ou aquele nome. Infelizmente, muitos espíritas que tanto defendem a pureza doutrinária estão-se tornando verdadeiros idólatras, pois só aceitam psicografia de Espíritos famosos na Doutrina e recebidas por médiuns conhecidos. Muitos escritores espíritas aproveitam-se das suas citações para embelezar suas obras, sem mencionar o autor, e uma das mais usadas é a passagem do *Eclesiastes*, Cap. 12, que fala sobre o cordão de prata[6]. O irmão, nessa sua longa caminhada, tem aprendido muito a obediência, procurando levar até aquele que precisa o consolo e a informação, principalmente aos jovens. Você, Luiz Sérgio, não é um filósofo do Espiritismo, mas um aluno aplicado da Universidade de Deus. Por isso, quando brincamos que vamos fazer uma terapia com o irmão, é por vê-lo às vezes desejando largar sua nobre tarefa, correr para os braços de Maria e ficar bem longe de tudo de errado que nós, os Espíritos, presenciamos acontecer com os encarnados. Porém, quando temos de entregar uma encomenda não importa o caminho por onde andemos, mesmo que seja repleto de pedras, espinhos, cusparadas, o importante é que cheguemos até o fim e digamos com o Pai: eu venci as minhas fraquezas para me tornar forte como carteiro do Senhor. Mesmo enfrentando obstáculos, leve sua tarefa até o fim. Feliz o homem que nada teme, e nada melhor do que as dificuldades para nos testar a força. A vida é muito bela junto àqueles que nos aplaudem, mas muito sem valor para nossa evolução, por não nos dar chance de provar a Deus a nossa fé no que fazemos para levar a felicidade aos outros. A simplicidade dos seus livros são como a areia e a brita que servem para o construtor; mesmo não sendo elogiadas, são elas que ajudam a levantar as pequenas casas e os imensos edifícios, Luiz Sérgio. A Doutrina Espírita não é uma doutrina fácil de ser compreendida, tanto é que os Espíritos se manifestam desde os primórdios da Humanidade, mas só quando Jesus esteve no plano físico tivemos manifestações sérias e Ele tratou tão bem de vários assuntos que seriam explicados nos livros doutrinários.

— 'Hoje, em pleno novo século, os homens ainda brincam com o "Espírito Santo"; mesmo se dizendo espíritas, não lutam para se tornar melhores, não lutam pela verdade. E a Doutrina, mesmo sendo simples, é muito profunda. O homem deve estudá-la e analisá-la. *O Livro dos Espíritos* não é um livro para ser somente consultado ou lido; ele tem de ser lido e relido e o leitor deve buscar as verdades nas suas entrelinhas. A

[6] N.E. — Consultar o livro *Chama Eterna*, 11º volume da *Série Luiz Sérgio*, Cap. 34 — *O Cordão de Prata.*

Doutrina não surgiu entre homens incultos, porque assim eles teriam dificuldade em aceitá-la, tão grande é a Terceira Revelação. Foram as grandes inteligências da época que receberam as primeiras revelações. A elite intelectual da época, os grandes estudiosos, é que analisaram as informações dos Espíritos, mas infelizmente hoje percebemos que a Doutrina não está caminhando, pois entre os seus adeptos existem os pseudo-sábios, os doutores da lei, aqueles que não levam até o povo as verdades espíritas e resumem a grande e bela revelação a apenas uma busca do mediunismo, dos passes, das curas espirituais, e a Doutrina não é isso: é mudar o homem, educá-lo nas pequenas coisas, fazê-lo mais irmão dos seus irmãos, mais consciencioso dos seus deveres e dos seus limites; é fazer da Casa Espírita um educandário divino, e não um hotel em concorrência com outros, querendo receber aplausos, ou melhor, querendo ganhar cinco estrelas, mas sem possuir o brilho da estrela divina: o amor. Hoje, vemos Casas com auditórios lotados por até quatro mil pessoas que, em gargalhadas, riem do dito orador, que deseja somente atrair público para a Casa. Essa não é a finalidade do Espiritismo. Não se trata de quantidade, mas de qualidade; é conhecimento e vida; é amor. De que vale Casa lotada, se os corações das pessoas estão repletos de ódio? De que vale dizer-se espírita, se procura desmoralizar companheiros? Por isso, Luiz Sérgio, o trabalho dos leais obreiros não pode ser interrompido. O atual momento espírita está precisando muito de amor e humildade. O mundo chora ao nosso lado: é jovem que mata os pais, é o filho órfão em lares luxuosos e o Consolador prometido por Jesus está com poucos trabalhadores leais, pois muitos estão repletos de vaidade, desejando derrubar companheiros, almejando algum lugar na diretoria, e quando não o conseguem, saem da Casa difamando-a, procurando desmoralizá-la. Isso só acontece porque não conhecem a Doutrina e não possuem fé, amor e coragem necessários para se tornar um verdadeiro espírita. Infelizmente, ainda existem pessoas que, por desconhecimento da verdadeira finalidade da Doutrina Espírita, buscam o Espiritismo apenas na procura do pão material, enquanto a alma está carente de amor e de humildade. Graças ao Senhor, os ensinos espíritas são eternos, por serem verdadeiros. As fraudes não prosperarão. Aqueles que só pensam em ganhar dinheiro em nome da Doutrina Espírita terão vida curta. Ela, a Doutrina, é mais do que a moeda de César, ela é Deus em ação.

— Irmão, sabemos que não somos escritor nem possuímos um Espírito iluminado, como outros Espíritos que trabalham na Doutrina. Fazemos o que sabemos fazer: levar um pouco da nossa alegria e experiência aos corações da Humanidade. Às vezes nos sentimos envergonhado pelo pouco que fazemos pela Doutrina.

— Recordemos, então, Luiz Sérgio, aquele jovem que ao ler o livro *Consciência* pediu que fosse tratado e curou-se da dependência; aquele que foi consolado com o livro *Na Hora do Adeus*; aquele outro que buscou os estudos bíblicos depois de ler os seus livros. Quantas mulheres deixaram de abortar ao ler *Deixe-me Viver*!

— Temos a consciência, Olavo, de que somos apenas um aprendiz, nunca com a pretensão de nos tornar um André Luiz ou outro nome memorável da Doutrina. Contentamo-nos em enxugar algumas lágrimas de mães que se encontram em desespero, junto aos filhos drogados, e hoje, amigo, choramos mais do que ontem, porque dificilmente existe alguém que não consome droga ou álcool. Se existe força no tráfico, é porque há por demais dependentes das drogas. É um comércio sujo e difícil de ser combatido porque, como sempre relatamos, ele não está nas favelas, sim nas classes mais altas. São grandes empresários, políticos e magistrados, todos eles convivendo com o mundo podre da droga. Quando fomos encarregados deste trabalho na Doutrina, não imaginávamos que teríamos de sofrer por demais, não só os ataques dos próprios espíritas, mas a dor de presenciar o tráfico aumentando, aumentando e ninguém fazendo nada para contê-lo. A espiritualidade alertou e pediu ajuda no meu primeiro livro tratando do assunto drogas: *Na Esperança de uma Nova Vida*. Pensamos que as religiões se uniriam em prol da família e hoje o que vemos? Filhos odiando pais, querendo matá-los. Quantas vezes alguns jovens, tidos como certinhos, vão conversar com Irene e dizem: odeio meus pais e meus irmãos, quero me ver longe deles. E os pais nem imaginam que aquela criança, de quem pagam o colégio com sacrifício e lhe compram roupas de grife, porque ela assim exige, ainda não está satisfeita com tudo isso e permanece revoltada.

Nisso, nosso irmão se despediu e Antoine veio nos buscar. Antes, Olavo abraçou-nos bem forte e disse:

— Prossiga e não corra de sua missão, por mais áspera que seja. Jesus está ao lado daqueles que são injustiçados e não daqueles que caluniam, jogando pedras nas árvores que ontem lhes deram frutos e lhes saciaram a fome. Jesus está ao lado daqueles que não desejam aparecer para receber aplausos, porque Ele aplaudirá os humildes e puros de coração. Volte para conhecer o restante do nosso trabalho.

— Nós amamos você, irmão.

— Diga à nossa amiga que a mente que constrói cabana de amor jamais se sentirá sozinha ou injustiçada.

Capítulo 9

O CAMINHO DA PERFEIÇÃO

Deixamos o grande salão e paramos para olhar uma montanha. Diante dela, vimos que todos precisamos lutar para buscar força e continuar escalando as montanhas, que sempre estarão à nossa frente, e oramos por aqueles que lutam com coragem para entregar nas mãos de Deus a tarefa concluída.

Divisamos no topo daquela montanha um belo Espírito, com os braços repletos de flores. Continuamos nos julgando sem coragem e sem forças para escalar a grande elevação, mas Francisca Theresa veio até nós. Estávamos emocionado, quando ela nos abraçou bem forte e disse:

— Não temos no nosso caminho estreito criaturas fracas e que deixam inacabadas quaisquer tarefas. Meu querido menino, o desânimo e a tristeza são sinal de falta de fé. Quando o chamamos para nos ajudar a construir a Casa Espírita Recanto de Maria não o enganamos, dizendo que o caminho seria de flores, e sim um caminho que se estreitaria cada vez mais. Colocamos o irmão a par do que seria a nossa luta e o irmão nos prometeu estar ao nosso lado para concluir a obra do Senhor. Se Jesus não confiasse tanto em Deus, teria desistido da Sua missão logo no início, quando Herodes mandou matar inúmeros inocentes, julgando encontrá-Lo. Ele ficaria furioso, se não fosse perfeito, quando o povo lhe pediu o pão material, quando tinha o maior tesouro para dar ao homem: o pão espiritual. Já imaginou, Luiz? Mesmo sabendo das imperfeições dos judeus, Ele deixou que se juntassem ao grupo de Seus leais amigos. Em nenhum momento o Cristo pediu a Deus que retirasse a cruz pesada da injustiça das Suas costas. Ele almejava que os homens seguissem os Seus exemplos e até hoje, mesmo dizendo Senhor, Senhor, ainda O traímos como o fez Judas. Dizemos amá-Lo, mas somos cruéis uns com os outros, invejosos, maledicentes, e até odiamos aqueles que não pensam como nós. Quando Jesus Se viu traído, nenhuma lágrima derramou, porque tinha fé na Sua missão e não queria fracassar diante de Deus. Viu-Se traído por aqueles que se diziam Seus amigos e irmãos, mas não Se sentiu ofendido; ao contrário, orou por eles, porque as grandes almas não têm rancor nem ódio, sim coragem e determinação para orar por aqueles que ainda não sabem amar e ser gratos. Quando Pilatos lavou as mãos, deixou escrito na História que os fracos desistem para não perder o poder, mas os fortes enfrentam o calvário e sentem na alma e no espírito os espinhos da coroa da maldade, e mesmo assim oram pelos seus ofensores e fazem que cada espinho que lhes fere a fronte transforme-se em flores não de perdão, porque o perdão só existe para aqueles cujo coração se magoa e se sente ofendido. O seguidor do Cristo não se sente ofendido, porque as pedras não chegam até um coração repleto de amor. Quando cuspiram em Jesus, Maria tentou limpar Seu belo rosto, mas Ele via cada cusparada se transformando em gotas de esperança por todos os Seus irmãos, principalmente os mais exaltados e sem amor. Quando os soldados O pregaram na cruz, que não era Dele e sim de toda a Humanidade pecadora, cada gota de Seu sangue sagrado transformou-se em bênção que caía sobre o chão, de onde nasceram várias árvores frutíferas. Suas últimas palavras foram: Senhor, eles não sabem o que fazem. Hoje, Luiz, dizemos o mesmo. É melhor ser traído do que trair; é melhor ser desprezado do que desprezar; é melhor amar do que odiar. O vingador tem o coração repleto de ódio, os obreiros do Senhor possuem as mãos calejadas pelos trabalhos ao próximo.

— 'Quando encarnada, nosso sonho era maior, bem maior que a vida, e escalar a montanha ao encontro do amor nos dava forças para vencer nossos defeitos. Decidimos não deixar nada incompleto. Tentamos realizar tudo o que Jesus nos confiou, por isso resolvemos sempre fazer essa escalada sem medir sacrifícios, buscando o Senhor. Todos nos julgavam frágil e sensível, todavia nossa fé em Jesus Cristo e em Maria nos dava coragem, maturidade e força para escalar a montanha da perfeição. Por isso, Luiz, gostamos de dizer que Espírito não tem idade, sim responsabilidade. Sob a aparência de um jovem bonito e mimado esconde-se uma alma viril, à espera somente de alguém que a faça despertar, por isso nós o temos junto a nós para levar até as crianças e os jovens a certeza de que todos somos capazes de servir ao Senhor, sem importar a idade física, mas a força que cada um deve ter para galgar a montanha do Senhor, sem temer as conseqüências que os que têm fé verdadeira precisam enfrentar. Quem segue as leis do Senhor não tem medo de sofrer e aceita tudo o que Deus nos ensina nas Suas leis. Convidamos muitos a trilhar nosso estreito caminho, um caminho duro, áspero, uma pequena via, trilha simples e segura, e essa, temos certeza, é a via que nos levará a Deus. A perfeição está ao alcance de todos, principalmente diante daqueles que tentam conhecer a Doutrina Espírita. Contudo, os que se melindram, os fracos, os arrogantes, os vaidosos, os prepotentes, os pseudo-sábios, esses não se sentirão bem no estreito caminho de Francisca Theresa, porque nesse caminho um conhece o segredo do outro e respeita o seu companheiro como verdadeiros irmãos em Cristo. A Doutrina não tem mistérios nem sacerdotes, porque todos os seus adeptos devem tornar-se sacerdotes de humildade e amor, tornando-se guia espiritual através do próprio exemplo a todos os que cruzarem o seu caminho. Não importa a idade do seguidor de Jesus. Mesmo a frágil criança pode surpreender o mundo com sua coragem, simplesmente por ter fé em Deus, enquanto o mais poderoso homem, se não tiver fé, cairá por terra na hora da tempestade e ao se levantar maldirá Deus por sua fraqueza. A fé nos leva à decisão de escalar a montanha da perfeição. Esse ideal é que nos move e nos dá forças para praticar as pequenas virtudes, porque está nos pequenos gestos de carinho o brilho de nossa alma. Temos a convicção de que a essência da perfeição é fazer sempre não a própria vontade, mas a vontade de Deus. Ele só deseja que nós nos amemos uns aos outros, como Ele nos ama. Nada melhor do que a Doutrina Espírita para nos ensinar o caminho que nos leva a Ele. Só a Doutrina não ilude o homem com falsas promessas de salvação. Não, ela ensina que cada Espírito tem de lutar para galgar a alta montanha. Esta escalada no começo nos parece difícil, mas com o correr do tempo, à medida que vamos jogando as bagagens inúteis que carregamos há milênios, tudo vai ficando mais fácil. Há vários caminhos que nos levam ao alto dessa montanha, mas se ficarmos atentos à palavra do Evangelho do nosso amado Jesus, veremos que a Doutrina Espírita, codificada pelo querido Allan Kardec, nos ensina a nos entregar à aprendizagem das obras básicas e nos afirma que os humildes herdarão a terra prometida, e para chegar ao topo da montanha temos de amar e nos tornar pequenos, porque aqueles que se sentirem mais do que os outros não terão o combustível que dá força ao Espírito para não desistir da caminhada até Deus. Quem se colocar à inteira disposição de Deus, entenderá a Doutrina Espírita e procurará tornar-se melhor.

— 'Muitos julgam que o caminho estreito de Francisca Theresa é áspero e às vezes cruel, porque a disciplina é o espantalho dos fracos. Um dia admirávamos as águas, as quais comparávamos com os grandes, aqueles que se julgam mais inteligentes, mais conhecedores da verdade, os vaidosos, os que humilham os pobres de espírito, os que se julgam os escolhidos, e nos identificamos com o pintarroxo que tínhamos em casa quando encarnada. Ele não sabia cantar, mesmo assim, acabava ensaiando um tímido gorjeio, imitando o canário ao seu lado, e compreendemos que mesmo não possuindo as asas da águia, o poder, o orgulho e a vaidade, mesmo não sabendo cantar como o canário nem voar como a águia, podemos lutar para ter a humildade, que é a verdade que nos ensina a Doutrina, na qual todos são iguais e ninguém é melhor do que o outro. Quando entramos em uma Casa bem dirigida, em que o Cristo é a luz que tudo ilumina, ela deixa de ser apenas uma casa de cimento e tijolos; é um relicário divino, um educandário de almas, ensinando que o amor é que cobre a imensidão dos pecados. Sem humildade não existe Doutrina. Não se concebe um espírita falso e pérfido, que procura fazer o mal falando do seu próximo pelas costas. O espírita verdadeiro é um filho de Deus em ação. Ele se cura da incômoda hipersensibilidade, seu caráter vai amadurecendo e torna a sua alma verdadeiramente viril. Ele vai-se esforçando, porque se entrega confiante, abandona-se a Deus e deixa-se agir sem obstáculos. O espírita verdadeiro combate com extrema coragem, nada nega ao Senhor e se compraz em ser-Lhe agradável em tudo; onde se encontra, a fé movimenta suas pernas e seus passos são firmes, porque tem a certeza de que o Cristo está com ele. Falamos para os pedaços da nossa alma, os que trabalham pela verdade da Doutrina, pela pureza doutrinária, que devemos ter vocação de guerreiros e agir com valentia. O amor por Deus nos fortalece, mas é a simplicidade que se torna necessária para que a Doutrina Espírita resplandeça em nossos atos. Vamos perceber que alguns espíritas não pensam como nós, eles não conhecem o nosso estreito caminho. As vidas de alguns deles foram marcadas por feitos extraordinários, mas quando isso acontece lembramos que no Evangelho o Cristo lança o apelo: sede perfeitos como vosso Pai celeste. Sentir-nos-emos até inferiores a alguns dos grandes espíritas, e que não teremos capacidade para nos tornar iguais a alguns deles; não, irmão, Deus não pode inspirar desejos irrealizáveis. Tem de haver uma saída para os pequenos e nós queremos ser pequenos, não queremos nos tornar conhecidos, adorados por grandes obras. Não são as crianças os prediletos de Jesus? Não chegou Ele a afirmar que ao céu só chegam os que a elas se assemelhem? E as moradas na casa do Pai, o Cristo não disse que eram muitas? Portanto, a Doutrina Espírita ensina a todos: um dia seremos Espíritos puros e a essa esperança devemo-nos agarrar e por ela lutar, pois mesmo repletos de imperfeições somos filhos de Deus, herdeiros Dele e temos por dever lutar para nos tornar humildes, sendo a nossa bandeira o amor. Sabemos que nosso caminho não será o caminho tradicional para muitos que já nele caminham, porque no nosso caminho estreito a Doutrina Espírita é transparente, sem rituais, sem mentiras, sem cultos, sem melindres, sem maledicência, sem ódio, sem inveja. Não temos de falar de modo cavernoso para demonstrar humildade. Não, mil vezes não, Luiz Sérgio. O caminho de Francisca Theresa abandona-se a Deus. Ore e espere, sabendo que a Doutrina Espírita só se tornará verdadeira se os seus seguidores se sentarem nos últimos lugares e se tornarem os menores de todos. O mundo já está cansado de Anás, Caifás, Pilatos e Barrabás. A Doutrina tirou Jesus do túmulo e explica com sabedoria que ninguém nele ficará trancafiado, porque existe vida após vida. O espírita que não se modifica, que não respeita o seu próximo, que vive acusando companheiros e que julga os atos do seu próximo escolheu o caminho errado, pois o caminho que nos levará até a porta estreita de Jesus é um caminho no qual o trabalho e a fé estão de mãos dadas, mas o amor e a humildade é que tiram os obstáculos que sempre surgirão à frente dos verdadeiros espíritas. Também não acreditamos, Luiz, naqueles que se dizem seguidores de Jesus, mas basta uma garoa fina para correrem em busca das cavernas escuras da covardia. Não, mil vezes não. A Doutrina Espírita não é isso que infelizmente estamos vendo ultimamente acontecer: algumas Casas, querendo muitos adeptos, não estão-se importando com os ensinos doutrinários e, sem ética, vão atirando pedras nos próprios irmãos de crença, deixando o Evangelho do Senhor Jesus sobre a mesa, consultado apenas na hora da sua leitura. A Doutrina, levada pelos Espíritos até o plano físico, não é isso; é Jesus dizendo aos homens: vinde a mim, vós que tendes sede da verdade. Por isso, meu irmão, nada queremos pedir-lhe. Francisca Theresa só pede a Jesus e a Deus Todo-poderoso força para tentar salvar almas, e à Maria, nossa Mãe amada, que não deixe que a árvore frondosa da Doutrina Espírita seja levada para outro país, que aqui fique, no Brasil, para ele se transformar no celeiro do mundo, pois muito será cobrado daquele que abriu o túmulo e descobriu a verdade sobre a morte, a vida e tudo o que acontece no mundo espiritual.

— 'Brincar com os Espíritos é ir contra o Espírito Santo e aquele que não procura melhorar-se, livrar-se da vaidade, da prepotência, do orgulho e da maledicência não pode se dizer espírita, porque o espírita é como aquele pássaro, que mesmo não tendo capacidade de cantar, luta para ter a humildade para agradecer a Deus. Pedimos ao mestre humildade, amor e força para traçar um novo caminho para as almas imperfeitas. Tínhamos um só desejo: salvar as almas mais comprometidas, iguais à nossa, e Deus satisfez nosso pedido. Ele nos ensinou uma trilha, um pequeno caminho, um estreito caminho, repleto de pedras e espinhos, mas à medida que formos caminhando a via se abrirá para nós, acolhendo mais trabalhadores, não importando se uns estão repletos de renúncia, outros com muito amor, alguns ingratos, outros revoltados ou que se melindram com facilidade. Todos foram chamados à trilha de acesso à montanha divina, mas aqueles que persistirem alegrar-se-ão por terem as mãos vazias, já livres da bagagem pesada da imperfeição, podendo, assim, erguêlas sempre para louvar ao Senhor, para socorrer cada companheiro de jornada. Longe de desistir por ver-nos pequeninos diante de alguns grandes e respeitados Espíritos, caminharemos, sentindo crescer em cada alma a coragem, a confiança, o amor a Deus e a todos os nossos irmãos e fazendo o que a Doutrina mais nos ensina: a caridade. Muitos desistirão da caminhada e não faltarão os ataques. Isso aconteceu até com o Cristo. Às vezes até nos chamarão de loucos, atraídos pelos belos e confortáveis veículos que virão buscá-los em nosso estreito caminho. Irão embora satisfeitos, como crianças diante de um belo e caro brinquedo, mas pediremos a Deus por todos eles. Sabemos que a Doutrina não vai-lhes negar o conhecimento de Deus, que é infinitamente bom, que é a chave que abrirá a todos a possibilidade da perfeição. Não importa o caminho por onde andarem os filhos de Deus, porém, o nosso caminho, que se estreita cada vez mais, só nos pede a humildade, o amor, o viver escondido, o alegrarse com o enriquecimento alheio, o não ser reconhecido, o não reclamar nas privações pelas quais têm de passar os que ainda não se tornaram puros. No caminho estreito de Francisca Theresa ninguém pode considerar-se melhor do que seu próximo, mais inteligente, mais poderoso. Deve, sim, considerar-se um minúsculo grão de areia, pisado pelos transeuntes, e quando isso acontece busca a majestosa montanha e sente que é uma gotinha de água diante de um imenso oceano, mas que com fé e coragem um dia chegará lá, pois ninguém tem o direito de não deixar cair em terra infértil sua gota de água.

— 'Mesmo conhecendo nossas imensas imperfeições, não podemos viver procurando desculpas: não posso caminhar, alegando família, filhos, marido, mulher, e assim ficar acomodado com todas as suas imperfeições. Não, não; quem conhece Deus, através da Doutrina Espírita, bem sabe que a caminhada é longa, mas nas vezes em que o cansaço chegar, Jesus, o menino de Deus, estará carregando cada um dos Seus irmãos no colo e assim todos teremos coragem de prosseguir a caminhada. Quando estivermos menos cansados, Jesus nos colocará nos braços de Maria, fundir-se-á o amor, mar infinito, com a gotinha de água, e o coração da alma-criança será uma nova criatura. O homem velho estará morto, as imperfeições se dissiparão e a alma transformada entenderá a Doutrina Espírita, o Consolador, e dirá, como Paulo, em *Gálatas*, Cap. 2, v. 20: *Já não sou eu que vive, é o Cristo que vive em mim*. Como esperamos, Luiz Sérgio, que chegue esse dia! Por isso, não cansamos de dizer: às vezes até somos dura por demais, mas alertamos sempre: humildade, irmão, humildade é o alicerce do edifício da fraternidade que abrigará todos aqueles que desejam a perfeição. É uma pequena via o estreito caminho de Francisca Theresa, por isso não cansamos de repetir o *Eclesiastes*, Cap. 12, v. 8: *tudo é vaidade e aflição de espírito*, bem como *Mateus*, Cap. 11, v. 25: *Meu pai, graças vos dou porque escondeste estas coisas dos sábios e entendidos, e as revelaste aos pequeninos*. Continue sua tarefa, nada detém aquele que crê em Deus. Tudo o que vem Dele é simples, nada representam para o Senhor as palavras difíceis. Ele apenas nos pede que nos amemos como Ele nos ama e o irmão foi escolhido para pescar alguns peixes que se encontram intoxicados pelos venenos que hoje se alastram no mar da vida. A montanha continua lá, Luiz Sérgio, a desafiar cada um de nós. À medida que procuramos nos tornar melhores, ela vai ficando mais perto e seu coração vai-se transformando pelo amor. Nada recuse a Deus, lembre que tem uma tarefa que não pode ser interrompida. Este é o seu papel. Todos aqueles que recebem de Deus uma missão, ela sempre vem acompanhada de martírio e renúncias. Esta é a sua tarefa: levar a Doutrina Espírita aos jovens, ensinar à legião de almas necessitadas que Deus existe, que as conseqüências dos atos impensados são terríveis. Lembre que as crianças, os adolescentes e os jovens são Espíritos às vezes comprometidos por demais. Não queira tornar-se diferente. Jesus adora as criancinhas e o irmão é nossa querida criança. Nada poderá deter nosso pequeno combatente, sua caminhada se fará a passos de gigante, porque assim Deus espera que cada um de nós cumpra a tarefa por Ele nos ofertada por misericórdia. Que Jesus os abençoe.

Todos estávamos imóveis. Quis chorar, mas lembramos que irmã Francisca sempre ensina que as lágrimas devem ficar escondidas no coração, para que os lábios só pronunciem palavras de amor. Atal quebrou o silêncio:

— Irmão Francisca, ore por todos nós.

Ela foi-se retirando, deixando seu perfume de amor que nos inebriava de esperança. Assim ficamos, acompanhando-a até desaparecer. Divisamos, então, a montanha, e notamos como está ainda longe de todos nós, principalmente quando queremos nos defender das investidas daqueles que só desejam brincar com algo tão sério como é a Doutrina Espírita.

— O destino é implacável — disse-nos Atal — para aqueles que não medem as conseqüências. Luiz Sérgio, seu trabalho junto à juventude não foi e não será em vão. Ele é único no meio espírita. Você foi designado para realizá-lo junto à médium escolhida para essa difícil e complicada tarefa, porém, quem compreende a Doutrina Espírita e a estuda deveria ler toda a sua obra e nela encontrará tudo o que hoje vem acontecendo no plano físico. Em toda a sua obra os Espíritos alertam os pais, pedindo a todos eles que busquem dialogar com seus filhos, que os jovens gostam de limites claros, que desde criança é que se inicia a educação dos filhos. Desde bebês, eles precisam ter a noção clara dos limites e saber o que se pode e o que não se pode fazer. Não adianta só reclamar, dizendo: onde foi que errei? A espiritualidade vem dando o alerta não só através das suas obras, como também da evangelização das Casas Espíritas, alertando, e muito, sobre essa questão do diálogo, que parece óbvia, mas não é. Falta diálogo em casa e na escola e até junto aos amigos. Com isso, o jovem se isola e entra no mundo do egoísmo, do "eu quero", do "eu posso fazer tudo o que me vem à cabeça". Se a família não voltar ao padrão antigo dos limites, veremos o que vem acontecendo: a falta de responsabilidade dos pais e dos filhos. É através do diálogo que você pode discutir, falar, resolver e adquirir algum grau de confiança em seus filhos. Hoje, se as pessoas na verdade não encontram tempo para ouvir nem os seus amigos, imagine os filhos, ainda mais as crianças, que são julgadas muitas vezes sem cérebro pelos pais, tal a indiferença com elas. O emprego, às vezes o dinheiro, tudo é mais importante do que a educação. Muitos pais não sabem dialogar, porque não sabem chegar a uma linguagem para conversar com o jovem. Porque acham que isso não é importante, ou por comodismo, muitos pais fogem da realidade, sem querer aceitar, ou melhor, enxergar que seu filho está cada vez mais longe deles. O que está precisando ocorrer urgentemente é o diálogo na família, na escola e na sociedade. Não basta atacar o tráfico. Temos de acabar com a dependência, e quem educa o seu filho para entregá-lo à sociedade, desde pequeno lhe impõe limites. A criança não deve ser tratada como um ser sem alma. Desde tenra idade, ela precisa respeitar o seu lar, mas muitas vezes a família acha lindo a criança falar palavrão, bater no rosto dos avós, dos pais, quebrar os seus óculos, tudo é graça, pois a criança é bicho de estimação. Sim, um animal de estimação, ainda sem inteligência, contudo, um espírita agir assim é desconhecer a grandeza dos ensinamentos doutrinários, pois quem diz professar o Espiritismo deveria saber que no corpo de uma criança se encontra um Espírito velho, que veio até ele para ser educado e desde tenra idade a criança já demonstra suas tendências. Vemos mães que se dizem espíritas criando seus filhos como príncipes. Vivendo fora da realidade, tudo querem, tudo têm, e ai dos parentes se não cobrirem a criança de presentes. A mãe cobra de todos e esta criança cresce não sabendo quanto custa um pão. Para ela, tudo no mundo é fácil: basta pedir, que o céu se abre, dando-lhe o que deseja.

— Como deve ser educada a criança, Atal? Sabemos que o mundo do adulto é duro, repleto de luta. Não é por isso que os pais tentam tornar o mundo da criança mais colorido?

— Não somos contra, Luiz, a criança ganhar presentes dos avós, dos amigos, da família. Errado é os pais ensinarem a criança a pedir e esperar que todo mundo satisfaça seus desejos; errado é não apresentar às nossas crianças o mundo como ele é, composto de ricos e miseráveis.

Não podemos colocar a criança ou o jovem em uma redoma, ignorando a fome, a doença, enfim, o outro lado da porta do seu lar. Hoje, as gangues de adolescentes crescem cada vez mais e os pais, os professores e as autoridades sabem disso, conhecem todas elas e não procuram combatê-las, porque tudo o que o jovem faz é criancice para alguns. E quando o escândalo chega, os pais querem abafá-lo, e o pior, com dinheiro, e logo o jovem está fazendo a mesma coisa, porque tudo na sua vida se resolve com dinheiro. Hoje, a sociedade é culpada pela educação errada de cada família. A mídia faz apologia do jovem rebelde. Não se vê uma entrevista com uma criança estudiosa, educada, enfim, um futuro cidadão nobre do amanhã. Hoje, os meios de comunicação mostram os tatuados, meninos ainda, de cabelos de várias cores, incentivados pelos avós, pais e mestres. Os *piercings* estão em lugares nobres do corpo. Todo o modernismo é levado até as crianças e estas, deslumbradas, vão estragando os melhores anos de suas vidas e os pais, se são jovens também, acham lindo tudo o que está na mídia. Contudo, quem tem diálogo em casa e pais fortes, mães normais, está mais protegido. Não dizemos imune, porque às vezes o Espírito da criança já traz de outras vidas as nuances da rebeldia.

— Se o amor, Atal, cobre a multidão de pecados, como disse Jesus, uma boa mãe e um bom pai não podem fazer aflorar o amor no coração dessas crianças com um passado difícil?

— Claro, aí é que está a responsabilidade da família. Os maiores psicólogos do lar são os pais. Eles recebem de Deus a incumbência de educar os Espíritos de seus filhos. Vamos adentrar este prédio à nossa frente, Luiz Sérgio.

— Que belo edifício, Atal! Que faremos aí?

— Como estamos conversando sobre família, quero que todos vejam o que está ocorrendo com seus componentes em todo o planeta Terra, principalmente no Brasil.

Calados, acompanhamo-lo.

Capítulo 10

OS TÓXICOS DE ÚLTIMA GERAÇÃO

Entramos em um belo teatro. Uma irmã nos recebeu sorridente e Atal fez as apresentações. Fixando em nós o olhar, a irmã falou:

— Sejam bem-vindos! Que bom, Luiz, você continuar nesse árduo trabalho de socorro à família!

— Irmã, às vezes chega o desânimo, mas os meus leais leitores formam uma ponte de amor pela qual passamos, nós e a médium com quem assumi, diante de Maria de Nazaré e Francisca Theresa, o compromisso de levar o esclarecimento aos jovens e à família. Nesse momento, vejo-me um pássaro voando acima da tormenta. O tempo vem-se encarregando de mostrar aos encarnados que as ditas fantasias infelizmente estão-se tornando duras realidades. Em todos os nossos livros previmos os fatos atuais, relacionados à força que os traficantes estavam adquirindo e ao perigo do contrabando de armas. Falamos das drogas atuais dois anos antes de a polícia tomar conhecimento delas. Também escrevemos sobre a política e tudo o que narramos aconteceu. Antes fosse fantasia, nos sentiríamos mais felizes.

Ela nos abraçou. Chegamos até a sala de projeção, onde muitos já se encontravam. Não sabíamos quem eram. Ficamos quietinho, pois nosso coração vem sofrendo golpes cruéis de ingratidão e vergonha por presenciar tanta falta de respeito a quem tudo faz para ajudar os Espíritos. Alguém nos abraçou bem forte. Viramos, era Samita. Aquele olhar fixo nos meus olhos era como se dissesse: "ninguém está sozinho, principalmente você. Nós o defenderemos sempre, porque a vida é amor e ninguém tem o poder de ofuscá-lo."

— Obrigada, irmã, amamos você.

— Amamos vocês muito mais.

Ela dirigiu-se até o palco e foi-nos mostrando o que vem ocorrendo com os jovens.

Primeiro, vimos Alessandra, quinze anos, quatro tatuagens pavorosas no corpo jovem e belo, *piercing* na língua, no nariz e na sobrancelha e cabelos pintados de vermelho-cereja. Desde os dez anos era dependente de maconha. Agora, consumia todas as drogas. A mãe era usuária da maconha e achava tudo normal.

— As meninas — informou Samita — estão mais liberadas do que os meninos, pois as mães estão soltando pouco os garotos. As mães das meninas, porém, participam desse modernismo atual, talvez para ter mais liberdade para suas vidas sociais. As meninas agora desempenham um papel que antes era somente dos rapazes. Hoje, elas freqüentam as mesmas baladas e têm a mesma liberdade de sair quando querem e voltar tarde, ou melhor, ao raiar do dia. Elas estão começando muito cedo, com doze, às vezes até dez anos. As meninas fumam maconha, bebem e estão cheirando cocaína. Todas começam no álcool e como hoje é comum em todos os lares os pais beberem, este está sendo o primeiro degrau.

Foram-nos mostradas as matinês, as danceterias. Ali, as crianças curtiam a vida e os pais achavam tudo natural. Como evitar, se vivemos uma nova era? Assistimos com tristeza a garotas misturando álcool, cocaína, maconha, calmantes e, por incrível que pareça, remédio para emagrecer. À nossa frente, Samita mostrava a juventude de hoje, principalmente as meninas.

Depois de Alessandra, foi a vez de vermos Ane, quatorze anos, consumidora de maconha, cocaína e álcool, misturado com remédio, LSD e *ecstasy*. A jovem, ajudada por Espíritos dependentes, fato que narrei no livro *Na Esperança de uma Nova Vida*, descobria as mais estranhas misturas. Hoje, é comum misturar álcool com remédio para impotência masculina. Que perigo! Um remédio para o mal de Parkinson é um dos mais consumidos por jovens, assim como outros medicamentos de fortes efeitos colaterais.

A cada minuto eram-nos revelados muitos fatos atuais: jovens nas escolas, nos banheiros dos colégios, nos pátios das escolas, mas principalmente nas festinhas e nos clubes. O lança-perfume é o mais fácil de consumir e os jovens sabem driblar muito bem os pais nas festinhas familiares e nos clubes e danceterias, até os seguranças.

Muitas outras drogas ali nos foram mostradas, além do *ecstasy* e do *especial K*. A mais usada ultimamente é o GHB[7], o *ecstasy* líquido que vem em uma embalagem tipo descongestionante nasal. Os usuários habituais sabem a medida certa: poucas gotinhas já provocam espasmo, tonturas e um estado de excitação. Quem não é habituado pode exagerar na dose e aí sofre desmaio, coma, podendo chegar à morte. É uma droga muito forte, pois os usuários passam muito mal, reviram os olhos até desmaiar. Os que usam a dosagem correta fazem coisas que não podemos aqui narrar, mas ela está em toda parte. Já falamos sobre essa droga em nosso último livro, agora, a quem recorrer? Ao governo? Não, não basta somente combater o tráfico. Se existe traficante, é porque cresce o número de dependentes e está cada vez mais baixa essa faixa etária. São crianças com cortes de cabelo estranhos, tatuagens e roupas extravagantes, e elas estão em todos os lugares, destruindo, matando e se matando. Que juventude é essa? Qual o futuro da Terra? É a volta dos valores morais. Hoje os filhos não sabem o que são limites e deveres. Eles se julgam os donos do mundo. Os pais se encontram tão alheios aos fatos que não notam que seus filhos não têm o comportamento normal de criaturas educadas. Eles não aprendem em seus lares as bases mínimas da educação. Sentam-se à mesa para se alimentar de boné, assistem às aulas de boné, colocam os pés nas cadeiras de suas casas, como também o fazem nas poltronas dos cinemas, vivem em bandos, fazendo algazarras, rindo de tudo e de todos, e são agressivos, porque sabem que os pais sempre os apoiarão.

Samita dava agora uma aula sobre o que vem ocorrendo com os jovens: a violência. Quando deparamos com notícias de que os filhos es-

---

[7] N.E. — Gamahidroxibutirato, sedativo hipnótico depressor do Sistema Nervoso Central.

tão matando os pais, os irmãos, os avós, que os pais têm de se defender matando os próprios filhos, todos ficam apavorados, mas será que os que ficam apavorados repreendem os seus filhos quando tratam mal os avós, os tios, os irmãos? Claro que não, principalmente se os avós são humildes. Os netos sequer vão visitá-los, ainda mais quando são os avós paternos. É comum as noras rejeitarem os sogros e os filhos não se lembrarem de que têm avós, tios ou parentes, e tudo isso é prejudicial ao caráter do jovem.

— Além da educação recebida em casa, o que mais interfere nas ações agressivas desses jovens?

— A escola, que também precisa ser repensada, principalmente a pública. O professor tem de ser um líder que estimule, e não um chefe que somente exige. A filosofia do ensino precisa ser modificada. Primeiro, deve ocorrer a valorização do professor. Ele é a alma da escola e não deve apenas se preocupar em ensinar português, matemática, química, física, biologia, línguas estrangeiras, o que é certo e necessário para o crescimento intelectual do aluno, mas também ter o dever de trabalhar o aluno no seu conceito de cidadão. A formação do cidadão vai ajudar a resolver o problema da violência, da contravenção e das drogas. A escola tem uma preocupação muito grande em acumular matérias para o aluno ir decorando, porém esquece que o aluno é um ser humano e que precisa ser formado para isso. Não basta passar de ano e correr para fazer um vestibular para adentrar a universidade. Não, não é só isso. De que vale o aluno ser um crânio, tirar só os primeiros lugares, conhecer química, física, matemática, português, idiomas, mas continuar ignorante de seus deveres como ser humano? O professor, isto é, a escola tem de se preocupar em também formar cidadãos dignos para a sociedade, sociedade esta que vem sofrendo com a violência não só dos bandidos, dos traficantes, mas também do trânsito e das barbáries praticadas por jovens, muitos dos quais filhos de pessoas ricas, que estudam em famosos colégios, ou já universitários. Essa consciência de que a escola e a família precisam trabalhar juntas é fundamental, porque hoje um dos grandes problemas da escola é receber filhos de famílias desestruturadas. Por isso, o professor precisa estar cada vez mais bem preparado, para que trabalhe alunos tão diferentes. Se o professor tem quarenta alunos, é preciso conhecer a história de cada um deles para ajudar os mais frágeis, ensinando a todos, sem preferência por este ou por aquele. Um bom professor avalia: quem é bom, passa, quem é ruim, fica. Hoje, é comum alguns professores aprovarem todos os alunos, porque muitas vezes a escola isso lhes exige. O aluno que passa sem nada saber, principalmente se é um aluno-problema, que destrói a escola, que bate em colega e é violento, precisa receber do professor uma certa atenção, sendo escutado, orientado, amado, respeitado; ele não pode ser mais um entre tantos que precisam passar de ano, pois assim terá problemas. Será eternamente analfabeto, porque hoje é comum alunos chegarem à faculdade com problema de alfabetização e o pior, saírem da faculdade com os mesmos problemas. Esses alunos não gostam de estudar, porque não possuem orientação familiar. São alunos problemáticos, e muitas vezes seus pais foram até os professores pedir ponto para passarem de ano. Outros são inteligentes, ótimos alunos, verdadeiros gênios em conhecimento, mas sem o principal deles: o do dever como cidadão, e não existe bom profissional se ele não respeita o seu próximo, pois não aprendeu a respeitar a si próprio.

— 'Muitos, quando chegam à faculdade, buscam as drogas e vivem bem longe das regras familiares, porque estas não existem em seus lares. Os escândalos com os universitários estão-se tornando corriqueiros, porque falta a conscientização como ser humano, pois não pode tornar-se bom profissional aquele que não tem moral. Um dependente de drogas pode se tornar um bom médico? Claro que não. Em nenhuma profissão o homem pode fugir do seu dever com a sociedade. Se hoje a família e a escola não se respeitarem, unindo-se num só programa de educação da criança, do adolescente e do jovem, estarão sempre diante da violência, sofrendo com ela. O professor precisa ser reconhecido pela escola e pelo governo. Só assim ele se valorizará e se cobrará um pouco mais como educador. O professor não pode se acomodar. Ele tem de se manter atualizado e possuir uma moral elevada. Dessa forma, terá capacidade de educar essa geração que aí se encontra, perdida e infeliz. A Terra, isto é, o Planeta está evoluindo, mas o homem muito pouco tem caminhado. As crianças estão sem educação familiar, assim como os adolescentes e os jovens, e por que não? também os adultos. Está faltando freio na Humanidade ou bons professores das leis morais. Isto nada tem com religião. É que de repente tudo foi evoluindo demais no Planeta e a forma de educar no lar e na escola não acompanhou esse avanço, e diante de tanta tecnologia os pais e os professores se tornaram impotentes, pois as regras das escolas sofreram uma modificação nociva ao aluno, que hoje tudo pode, porque se o professor for disciplinador e exigir respeito em classe, o aluno corre para queixar-se à família, e esta, sem estrutura moral, ataca professor e escola. Estão vendo como não adianta apenas prender traficante? Os governos têm de fortalecer as escolas, valorizar os professores e estes precisam saber se valorizar também. Hoje o aluno não respeita certos professores que, dizendo-se modernos, tratam-nos como coleguinhas. Um bom professor, que ama a sua profissão de educador, não está preocupado apenas com o seu contra-cheque. Se escolheu a profissão de educador por vocação, ele faz do seu trabalho um sacerdócio, luta pela vitória dos seus alunos e pensa em melhorar a sociedade, pois o professor tem o dever de formar cidadãos, e não somente de dar aulas desta ou daquela matéria. O aluno precisa ser seduzido para a educação e isso só pode ocorrer se ele gostar da escola. O aluno deve sair da escola conhecendo os valores sociais e disciplinares tradicionais. O grande educador Pestalozzi dava liberdade ao aluno, mas impunha limites. O professor tem de desenvolver no aluno seu senso crítico, sua auto-estima, para saber respeitar o seu país, Estado, enfim, seu próximo. Ele tem de ser um cidadão útil à sociedade, mas para isso a escola e a família têm de se unir. Só assim os jovens serão salvos.

— 'Hoje, a violência e as drogas cercam os colégios. Se a escola e o lar não procurarem educar o homem, as cadeias estarão cada vez mais lotadas. Atualmente, culpa-se o governo pela não-conservação das escolas públicas e as autoridades por tudo o que acontece de ruim. Será que um diretor de colégio não pode conquistar seus alunos e convencê-los a cuidar do patrimônio que a eles pertence? Será que não é mais fácil educar a criança a não destruir, do que depois ensiná-la a consertar? Se todos os professores calçassem as sandálias da humildade e vestissem a roupa de educador, seriam os primeiros a manter limpa sua sala, seu material, sua aparência. Se junto aos alunos for criado um mutirão de limpeza do colégio e forem convidados também os pais, muitos dirão: será que os pais gostarão de prestar serviço à comunidade? Por isso, achamos que os jovens estão sem líder, sem exemplo, e buscam a droga e o vandalismo por companhia. Educar é dever do lar e da escola. Contudo, ainda podemos contar com a Doutrina Espírita, que tão bem pode ensinar a criança a respeitar o seu próximo, quando a Casa Espírita tem por base a pureza doutrinária. Na evangelização infantil, é dever dos instrutores ensinar à criança não só a Doutrina, mas também educá-la para a sociedade, tendo um comportamento digno em todos os lugares por onde passar. Portanto, está nas mãos dos Presidentes de todas as Casas Espíritas fazer do seu núcleo de oração uma escola redentora de almas, educando a criança a ter disciplina, educação e amor ao próximo, mas para que isso venha a acontecer, a Casa Espírita precisa investir na educação da criança, do adolescente e do jovem. Muitas Casas Espíritas, entretanto, ainda julgam que droga é questão de polícia, e não da Doutrina Espírita, esquecendo que a Doutrina veio até o plano físico para salvar almas e hoje as crianças estão sofrendo e perdendo a pureza e os sonhos. Se a escola e a família precisam educar a criança, notamos que algumas crianças espíritas não estão também preparadas para se tornar cidadãos aptos para melhorar o nosso Planeta. Com pesar, presenciamos crianças da evangelização de certas Casas Espíritas sem o mínimo de educação, gritando e correndo, não respeitando as ordens da Casa, assim como outros atos indisciplinares. Tudo isso reflete falta de educação mesmo. A Doutrina precisa urgentemente dar às crianças, filhos dos espíritas, uma educação baseada nos ensinamentos das obras básicas, transformando as crianças de hoje em homens de bem de amanhã. E não adianta somente aprender a teoria. As crianças, os adolescentes e os jovens precisam urgentemente ter uma educação espírita, modos educados de tratar os mais idosos, fazendo pequenas gentilezas. Esse é o dever de um educador espírita, pois os espíritas bem sabem que no corpo de uma criança encontra-se um Espírito velho e às vezes repleto de arrogância e egoísmo. Muitos espíritas chegam até a proibir os nossos livros, dizendo que são fortes demais. É que esses pseudo-sábios não conhecem um palmo além da sua família e da Casa Espírita na qual trabalham, e muitas vezes nesses locais também são desconhecidos os acontecimentos que neles ocorrem, porque na evangelização das crianças e dos jovens não se fala da realidade de hoje. Se ontem fomos alertados pelos Espíritos codificadores sobre o perigo da falta de conhecimento doutrinário, hoje a espiritualidade está preocupada com os desencarnes dos jovens. Em muitos países quase não existem jovens e no Brasil não será diferente. A quantidade de acidentes envolvendo-os é assustadora.

Samita fez uma pequena pausa e logo a seguir foi projetado um filme para todo o grupo. Diante de nós, deparamos com jovens, ou melhor, crianças "aproveitando a vida". Vimos, em vários Estados brasileiros, meninas de pouca idade, embriagadas com cachaça, agarrarem os homens sem o menor pudor. Eram cenas deprimentes e os pais achavam tudo natural. Muitas dessas crianças levavam a bebida alcoólica para o colégio. Era um filme de horror: meninos completamente bêbados, deitados no chão, sem nenhuma proteção, a não ser a dos Espíritos amigos. Depois, foi projetado um filme das drogas conhecidas: maconha, cocaína, ácido (LSD) e *ecstasy* e logo as novas substâncias que circulam no mercado vip do tráfico. Os consumidores são jovens ricos ou da classe média alta. Percebemos, ali, que a polícia ainda não as conhece como deveria conhecê-las, se tivéssemos um trabalho sério de combate à droga. São tóxicos de última geração, é a terrível droga sintética, feita a partir de elementos químicos em laboratórios. Podemos chamar essas drogas de bomba atômica, pois destroem o cérebro da juventude que a consome, causando danos irreversíveis. Ao consumi-las, a pessoa pode entrar em coma. Uma delas é o gamahidroxibutirato, mais conhecido como GHB, ou também como *G.Easydate* ou *líquido X*. Já falamos dela, que hoje está comum nas festas eletrônicas. Essas drogas, se misturadas com álcool, deixam o usuário completamente alucinado, pois falta-lhe o ar. Também causam amnésia e sonolência. Outra substância muito usada é o MDMA (metilenodioximetanfetamina). Era difícil acreditar no que assistíamos: crianças, adolescentes, jovens, senhoras, senhores, todos em completa loucura. A moralidade era completamente desconhecida para aqueles doentes. Essas drogas são tão perigosas que o usuário, com poucas doses, pode sofrer efeitos devastadores no cérebro.

Ali conhecemos várias drogas sintéticas, e o pior, o efeito delas no cérebro do homem. Uma delas é o LSD concentrado, seu nome: *micropoint*. Se o usuário visse o que ela causa ao seu corpo físico e ao seu corpo perispiritual, jamais a usaria. Também vimos o LSA (ácido lisérgico amida) feito com sementes naturais, usadas em rituais na Ásia, em outros países e no Brasil. Quem o usa tem alucinações e sofre por demais, chegando até a matar, pois julga que vê o demônio ou algum inimigo.

Divisamos um grupo de jovens ricos, rindo eufóricos, por consumir a quetamina, remédio de medicina veterinária. Usando-a, o usuário sofre desdobramento e perda total da noção do tempo. Ela faz que o usuário tenha atrofia cortical, ou seja, seu cérebro pode diminuir e envelhecer precocemente. Essas drogas, levadas do umbral para o mundo físico, são manipuladas por químicos e já falamos sobre iso na obra *Na Esperança de Uma Nova Vida* e em outros livros. Essas drogas são por demais lucrativas e a cada dia tornam-se mais perigosas, pois são drogas sintéticas, fabricadas em pequenos laboratórios. Existem jovens que montam em seus próprios lares esses laboratórios, ajudados pelos Espíritos das trevas, as legiões dos Espíritos dependentes, que tudo fazem para destruir os filhos de Deus, e eles contam com a sociedade, com as escolas e com a família, pois não existe união para combatê-las. Os pais não querem acreditar que as drogas correm soltas nas festinhas, nos bares, boates, enfim, em todos os lugares, até em algumas choperias. E ali, à nossa frente, descortinava-se uma realidade dura e cruel. Jovens consumiam algumas dessas drogas e observamos as várias reações que causam em cada organismo. O GHB, em algumas pessoas, só causa sonolência, chegando a pessoa a dormir, ou melhor, apagar, e não participar de nenhuma festa; em outras, causa amnésia e provoca danos cerebrais, chegando ao surto. Quando ingerida com álcool, baixa o ritmo cardiorrespiratório e pode levar à morte. É uma droga que sempre deixa seqüelas. Há usuário que a consome em várias e pequenas doses ao longo do dia ou da noite. Em outros, provoca euforia, sensibilidade dos sentidos e intensa fixação do desejo sexual.

A espiritualidade vem alertando os pais, mas infelizmente poucas Casas Espíritas estão-se preocupando em evangelizar o homem, sim em doutrinar os Espíritos. Acham que a grande revelação espírita é projetar médiuns, criando grupos e grupos de "desenvolvimento" da mediunidade, esquecendo de estudar *O Livro dos Médiuns*, pois mediunidade não se desenvolve, educa-se. Não devemos fazer de um núcleo espírita apenas uma casa de assombração, na qual o homem encarnado se acha apto a salvar os Espíritos menores, chamados carinhosamente por alguns espíritas de "obsessores" ou de "Espíritos trevosos". A finalidade da Doutrina Espírita é a mesma da Primeira e da Segunda Revelações, esta última trazida pelo Cristo: levar o homem a Deus, e os que hoje estudam a Doutrina bem sabem que ela só pede aos seus adeptos a reforma íntima. Como podemos nos dizer espíritas se não aceitamos os estatutos divinos: o dever de amar a Deus e ao próximo? E como podemos amar a Deus se nem sabemos amar nossa família, nossos amigos, nossos irmãos?

Logo o projetor nos mostrou a imagem de uma festa "familiar". A droga foi preparada pelo dono da festa e, caídos, muitos dos convidados que haviam consumido, ou melhor, cheirado quetamina não tinham controle de seus movimentos; ali deixados, sentiam que a morte se aproximava. Isso é aproveitar a vida? Claro que não, mas quem levanta a bandeira contra a droga, se nem os espíritas querem acreditar no que os livros espíritas estão alertando há mais de vinte e seis anos? Quando dizemos que os espíritas nada estão fazendo pelo não-consumo de tóxico, não pedimos grupos mediúnicos de ajuda aos desencarnados viciados, isso não! O que se torna preciso é que todas as escolas de evangelização falem contra as drogas e que os instrutores mostrem as cenas ao adolescente e ao jovem, que às vezes conhece uma ou muitas delas, e as conseqüências nocivas que causam à saúde de quem as consome. Contudo, sair pelos grupos de jovens para salvar quem está na droga é tempo perdido, porque até a polícia encontra dificuldade em combater o tráfico, principalmente o das drogas sintéticas. Para isso, a polícia precisaria estar bem equipada e respeitada pelo governo e pela sociedade.

Muitos ali tinham no olhar o pavor, pois estavam conscientes, mas completamente imóveis. Querendo se mexer, muitos iam agonizando devagar, outros reagiam, mesmo passando mal, ajudados pelos Raiozinhos de Sol.

Todos nós estávamos paralisados e nem tudo podemos narrar. As misturas das drogas são terríveis. Todas atacam o sistema nervoso com o uso constante e levam a pessoa à apatia e à depressão. O uso contínuo de algumas delas pode destruir a mucosa do nariz e levar à atrofia do cérebro; outras causam alucinação, perturbação e perda da noção do tempo. Hoje, muitos crimes estão sendo praticados por jovens e na maioria das vezes eles agem sob o efeito das drogas sintéticas, mas podemos afirmar que todas as drogas, desde a maconha, provocam danos cerebrais. Só mais tarde eles sentirão o quanto brincaram com a vida. O MDMA (metilenodioximetanfetamina), conhecido como *pó-de-anjo*, será muito consumido nos próximos meses. Muitos dizem que ele não vicia, o que não é verdade. Muitas vezes o usuário usa-o uma vez somente, pois desencarna. Muitos sofrem reações alérgicas e o cérebro "explode", pois causa edemas e outros efeitos devastadores.

Mais drogas sintéticas foram-nos apresentadas. O *ecstasy*, do qual falamos no livro *Mais Além do Meu Olhar*, serve, para os que gostam de preparar os mais estranhos coquetéis de drogas, como um dos mais poderosos componentes dessas estranhas misturas. A polícia do mundo, preste bastante atenção, leitor, *do mundo*, está longe de conhecer essas drogas inventadas pelos umbralinos, Espíritos das trevas, legiões de cientistas do tráfico umbralino. Enquanto eles destroem os encarnados, os Espíritos superiores pedem ajuda a todas as religiões e ninguém faz nada, ou melhor, ninguém procura ajudar a Espiritualidade Maior, ao contrário, procura, sim, desmoralizar o trabalho dos Espíritos que lutam para salvar a juventude. Mas não é só isso o que tem atrapalhado os Espíritos que trabalham contra as drogas; é a falta de respeito aos que acreditam na preocupação do Alto com a juventude.

O último filme a ser projetado mostrou ao grupo as inúmeras sementes trituradas e hoje também usadas em algumas seitas ditas religiosas para preparar bebidas alucinógenas.

Quando foi encerrada a projeção, dali saímos calado, triste, muito triste, e falamos para Atal:

— Amigo, por isso recebemos chumbo grosso, nós e a médium. Nosso trabalho mexe com o tráfico pesado do astral inferior.

— Tem razão, Luiz, vocês foram os primeiros a tratar desse delicado e perigoso assunto. Roguemos a Deus ninguém tenha condição de fazer parar as águas que correm nesse belo riacho de águas cristalinas, no qual os pais são intuídos e muitos filhos, salvos. Oremos para que a vaidade do homem encarnado não venha a interromper tão bela missão, sua e da médium: a de levar até os encarnados o alerta. Vamos cuidar da família para que a besta não se alastre e o seu fogo destruidor não a maltrate amanhã. Os pais estão alheios aos perigos das suas crianças. Hoje, é comum encontrar garotas de seis anos vestidas e agindo como mulheres já adultas. Vemos meninas de nove anos namorando rapazes de vinte e poucos anos, ou, ao contrário, garotas de vinte e cinco com meninos de doze. Será amor? Não sabemos. Reencontro de outras vidas? Achamos que não. É que as meninas estão ficando adultas muito cedo e falta no lar a presença das mães, que estão, quando não no trabalho, nos salões de beleza ou nas academias, mas isso faz parte do avanço tecnológico do Planeta. Toda a conquista da mulher se deu pela luta e a moralidade de muitas.

— Você disse bem: moralidade, e hoje não são os garotos que procuram as meninas, e sim elas que agarram e levam os garotos, às vezes, até as drogas. Os pais precisam sentar à mesa para conversar com os filhos e lhes impor limites. Enquanto os filhos estiverem sob o teto de um lar, têm de respeitá-lo. Os construtores desses lares são as famílias, são os pais, e muitos deles se sacrificam para que seus filhos estudem em bons colégios e tenham tudo de melhor. Hoje, no mundo familiar está faltando o respeito e o amor. Os pais não impõem respeito aos filhos, que falam palavrões, ou melhor, trocam palavrões entre eles da família, e família sem freio é como carro sem direção. O que você acha, Atal, desses programas de televisão nos quais o adultério, o sexo e a virgindade são tratados de maneira vulgar, sem nenhuma orientação pedagógica para as crianças, os jovens e os adolescentes?

— Trata-se de algo sério, muito sério, mas que ocorre não só na televisão aberta, pois muitas vezes, ao fazer suas pesquisas na Internet, basta o jovem errar uma letra e diante dele, a qualquer hora do dia, saltam as mais horríveis cenas de sexo. E isso vem ocorrendo com crianças, que bem sabemos pela Doutrina Espírita serem Espíritos velhos e que muitas vezes anseiam pela liberação dos seus desejos, ainda contidos pelo desenvolvimento do corpo.

— Como assim, pode explicar-nos esse fato?

— No perispírito está o "disquete" com as lembranças do Espírito, que é o gerador das imagens que devem ser pouco a pouco passadas para os corpos materiais. O Espírito e o perispírito trabalham juntos, pois são amigos inseparáveis. Se as imagens pornográficas chegam até o cérebro ainda mais ou menos adormecido, ele busca desesperadamente comandar os centros de força e estes entram em descontrole, pois tudo tem o tempo certo de florir. Assim como a laranjeira não pode dar frutos recém-plantada, o cérebro de uma criança, de um adolescente, não está ainda amadurecido o suficiente para se entregar aos devaneios do mundo carnal. Entretanto, os centros de força são estimulados e o básico, ao invés de trabalhar com os outros centros de força, precipita-se e muitas vezes lhe falta combustível, e a criança, o jovem e o adolescente podem vir a sofrer seqüelas muitas vezes irreversíveis: o desencanto, as doenças ou a busca incessante por parceiros. São aqueles que sempre estão insatisfeitos com as pessoas ao seu lado. Dificilmente uma menina ou um jovem que inicia cedo sua vida sexual sente-se feliz, ou melhor, tem prazer, porque não estava ainda no tempo de desabrochar a sua sexualidade. Hoje, crianças de cinco anos, diante de uma televisão, acham comum se agarrar e se beijar. Quantos educadores do jardim-de-infância deste século estão preocupados com os namoricos dos seus bebês? E os pais? Estão "na deles" e acham tudo natural, mas será natural a criança não ter infância, o adolescente não viver a sua juventude, o jovem não aproveitar as oportunidades que muitas vezes os pais de posição privilegiada podem lhes oferecer e eles nem notam que estão perdendo tempo? É fácil conhecer uma jovem ou um jovem, ou melhor, jovens sem limites, sem orientação dos pais, sem Deus, sem freios: por sua aparência, pela falta de respeito ao próximo e à sociedade. Dizem ser modernismo. Não é modernismo, é falta de um relicário chamado lar, no qual os pais completam a vida dos filhos. Ontem os filhos adoravam viajar com os pais. Olhavam a paisagem, tudo era divertimento. Hoje, saem em bando, acontece de tudo entre eles e os pais, quando são alertados, ficam furiosos: *os meus meninos são uns anjos*, não consentem que ninguém fale mal deles e vivem brigando com vizinhos, colegas, pais, avós, irmãos mais velhos, pois o menino ou menina mimados longe, muito longe se encontram da moralidade. Para eles, tudo podem fazer. Olham os outros com desprezo, porque acham que estão certos, que sabem aproveitar a vida. Infelizmente, é isso aí o que vem acontecendo com alguns jovens. As próprias universidades não estão preocupadas com os usuários da droga, todos culpam o governo e a polícia por não terem capacidade de conter o tráfico. Eles têm razão: o governo e a polícia sentem-se impotentes, porque estão sozinhos, falta-lhes a cooperação da família, do colégio e da sociedade. Hoje, algumas crianças são verdadeiros vândalos. Isso elas mostram nas festinhas inocentes, onde o docinho brigadeiro é disputado a tapa e depois os papéis são jogados pelo chão. A criança é a primeira a passar na frente dos mais idosos para se servir. Por que isso acontece? Falta de educação, pois desde pequenas elas presenciam suas mães e pais atacarem os *buffets* como se estivessem famintos e ainda carregando nas bolsas ou nos bolsos dos paletós os doces da festa, quando não carregam até os adornos. Como podem esses pais educar seus filhos, se eles não têm um mínimo de educação? E essas crianças, onde aprenderão a ter limites? Na escola, se a criança mal educada sempre acha que as escolas são prisões e fazem tudo para destruí-las?

— Tem de haver um basta nisso tudo, Atal. O que o irmão sugere aos pais e educadores?

— Não temos capacidade para falar sobre o assunto, mas logo estaremos com alguém que conhece muito bem esse tema.

— Ficamos apavorados quando vemos crianças, ainda, consumindo álcool e ao saber que o lança-perfume hoje é de uso comum.

— Deus só pode salvar a família, Luiz Sérgio, se ela educar seus filhos respeitando Suas leis. A educação da criança começa no lar e desde pequenina ela tem de saber que existem normas de comportamento que não podem ser quebradas. Se deparamos com filhos matando pais e pais matando filhos, é porque hoje a criança convive com o crime e vai achando tudo natural. Basta ser contrariado para agredir, e é aí que entram as drogas. O drogado não ama ninguém, ele só pensa em fugir de tudo, até dele mesmo. A droga torna o homem fraco, todos os dependentes são fracos e para se sentirem fortes vão aumentando as doses do tóxico até surtarem de vez.

— Há muitos anos falamos em nossos livros sobre o perigo de o Brasil tornar-se a rota das drogas e como fomos combatidos por levantar essa bandeira! O tráfico entre o Brasil e alguns países aumenta de forma preocupante e os efeitos logo serão sentidos nas grandes cidades brasileiras. A bacia amazônica está na mira desse intercâmbio vergonhoso.

O que ouvíamos era terrível, pois essas organizações recebem o material bélico que alguns países optaram por se desfazer e o vendem para novos mercados, e hoje o melhor deles é o do narcotráfico. Já falamos em outros livros e tornamos a repetir: em vários lugares do Brasil existem campos de aviação que servem para que o comércio de armas e drogas aumente cada vez mais. Infelizmente, o que vem fazendo crescer essa rota é o aumento dos usuários. Com tristeza, constatamos em nossos estudos na Colônia dos Miosótis que o Brasil é hoje o maior consumidor de cocaína e outras drogas do continente americano. Há muito tempo falamos da estratégia usada pelos traficantes para fazer a circulação da cocaína e vemos que o Brasil, escolhido para se tornar a Pátria do Evangelho, hoje serve de conexão para outros mercados consumidores da droga.

— Infelizmente, Luiz, é uma verdade cruel, e logo veremos as principais cidades brasileiras completamente dominadas pelos traficantes. É muito dinheiro e hoje, infelizmente, o que mais temos são crianças e jovens sem a mínima oportunidade de estudo e de trabalho, e são esses meninos os escolhidos para trabalhar para o tráfico de drogas. No estudo que fizemos constatamos que existem mais de quinze mil crianças, adolescentes e jovens, de oito a dezessete anos, nesse trabalho, que a família finge ignorar por ser lucrativo demais. Esses números são de um só Estado brasileiro, logo teremos mais outros envolvidos, pois é muito dinheiro que corre e a solução cada vez mais se distancia, porque infelizmente a família, a educação e a sociedade estão ignorando essa guerra cruel que está matando a cada minuto a esperança e o futuro da criança e do jovem brasileiros.

— Não há como o governo acabar com isso, Atal?

— Quando não apagamos o fogo no início, Luiz Sérgio, torna-se difícil fazê-lo depois que ele se torna forte como um vulcão, jogando lava por todos os lugares. Tudo que deixamos crescer por ignorância torna-se difícil combater, quando vemos que não tomamos as devidas providências. Hoje, quando escrevemos este livro, existem em uma metrópole brasileira mais de seiscentas e quatro favelas e oitocentas mil pessoas vivem sob o domínio do tráfico. Em algumas dessas favelas, mais de quinhentos traficantes, comandados por esse ou por aquele chefão, tomam conta da área; desses, trezentos são jovens ou crianças que trabalham para a facção criminosa. Contudo, em certa área está concentrado maior número de meninos traficantes, uns mil cento e dez meninos armados e mil e quinhentos desarmados. Os meninos fazem o trabalho de entrega, chamados de aviõezinhos.

— Estamos vendo muitos e muitos jovens traficando. Quantos são realmente, só nessa grande cidade? perguntamos a Atal.

— Quase seis mil armados, e bem armados, com armas modernas e poderosas, e uns oito mil e quinhentos desarmados. Esses são ainda muito jovens e os bandidos têm medo que eles percam o caro armamento.

— Meu Deus, a coisa está preta! Não acreditamos no que estamos ouvindo e o pior, Atal, como também há mulheres envolvidas!

— Claro, elas costumam usar seu charme para levar o filhinho do papai ao vício. Muitas vezes o pequeno traficante estuda em bons colégios, é estudioso. Quieto e discreto, passa despercebido pelo colégio e pela professora e muitos deles estão à frente do comércio das drogas, apesar da pouca idade.

— E as autoridades, por onde andam?

— Não sabemos, Luiz Sérgio. Se o Estado olhasse mais para frente, talvez seus olhares pudessem ver as meninas quase nuas nas vias públicas, negociando o corpo, muitas não por necessidade econômica, mas por modernismo, e ninguém faz nada, ou melhor, faz, pois podemos ver carros luxuosos pegarem essas meninas e as levarem para serem exploradas sexualmente. Assim também os garotos. Hoje, Luiz Sérgio, os pais têm de falar abertamente sobre o perigo da droga e do sexo com crianças a partir de três anos, pois elas já estão em condição de ficar alerta.

— Mas são tão pequenas, Atal...

— Não, Luiz, não são. Quem acredita na reencarnação sabe que em um corpo de criança muitas vezes se encontra um velho depravado e basta acender a luz da oportunidade para lhe voltarem todas as tendências perniciosas. Os pais não devem se esquecer de que sua criança merece da família atenção, educação, limites. Se não for assim, seus filhos serão adotados pelas grandes redes do tráfico, sejam da droga ou do sexo.

— Temos aqui em nossa pasta, Atal, um trecho do livro que escrevi há muitos anos atrás e que não tivemos permissão para editá-lo.

Entregamos o livro para ele que, com respeito, o foi lendo:

"Quando saímos dali, fomos avisados de que os traficantes tinham tomado conta da cidade. Bem armados, tentavam ocupar um posto policial. Quando lá chegamos, presenciamos os trabalhadores do Cristo, os *Hortênsias Lilases*, pedindo socorro e logo não só ajuda espiritual chegava, como também o reforço de outro batalhão policial. A luta era desigual, pois os traficantes se encontravam muito bem armados de submetralhadoras e fuzis americanos AR-15 e russos AK-47. Os Espíritos ajudavam os policiais brasileiros, porém estes, apesar da nossa ajuda, também muitas vezes tiveram vontade de fugir, cercados por aqueles homens enlouquecidos e bem armados, mas logo os policiais dominaram a situação. Enquanto isso, orávamos desesperadamente. Graças ao Alto, nossos policiais, tão mal equipados, venceram aquela guerra, mais pelo valor moral de cada soldado, porque suas armas eram velhas e ultrapassadas.

Estávamos com Drusília e ela nos fez lembrar que sempre tivemos a preocupação com o tráfico no Brasil:

— E hoje, Luiz, a situação está como está, na qual o tráfico só faz vítimas, e dias piores virão, quando toda a cidade será tomada por eles. Esperem, que logo todos os jornais tratarão desse triste assunto.

Aí, pesamos: *será tarde, o tóxico já reinará em muitas capitais brasileiras*."

Terminando a leitura do livro *Hortênsias Lilases*, Atal sacudiu a cabeça:

— Há quanto tempo você previu esses fatos!

— Faz tanto tempo que nem me lembro mais. Infelizmente, até hoje muitos julgam que a droga só adentra a casa do vizinho, mas confessamos que não gostaríamos mais de fazer esse trabalho, pois temos outras tarefas. Entretanto, tornamo-nos jornalista, e todo jornalista gosta de viver perigosamente, por isso às vezes tocamos no assunto.

— Obrigado, Luiz, por nos mostrar algumas páginas do seu belo livro *Hortênsias Lilases*.

— Sabe, Atal, essa instituição do combate ao tráfico é que tem salvado muitos jornalistas e policiais. É uma organização divina que faz que se descubra a droga nos mais estranhos lugares.

— E você ainda trabalha nessa organização?

— Sim, nos nossos momentos de recreio vestimos a farda do bom combatente e vamos à luta. Onde estiver alguém em perigo, lá estaremos nós.

Atal sorriu, olhando nosso andar ligeiro e com postura de grande combatente. Os Lanceiros nos fitaram e disseram:

— Ninguém derruba os grandes rochedos, Luiz Sérgio, mesmo muitas vezes querendo explodi-los com bombas poderosas da vaidade e da ganância.

— Confessamos que se fosse ontem deitaríamos em seus ombros e vai lágrima. Hoje não, estamos conscientes do nosso trabalho e não podemos de maneira alguma deixar para trás a estrada de luta que construímos até aqui. O Espírito não retroage e tem por dever caminhar. Enquanto tivermos as mãos amigas de Maria segurando as nossas, estaremos como um simples repórter do mundo espiritual, enviando nossas mensagens de amor.

Capítulo 11

OS ESTATUTOS DE DEUS

Prosseguimos nossa caminhada pela Cidade das Crianças, onde Jesus e Maria fortalecem Seus trabalhadores para que logo muitos Espíritos possam voltar ao plano físico levando no coração tudo de bom que aprenderam aqui.

Fomos olhando aquele belo lugar, as escolas, cujos alunos tinham uma postura digna, e recordamos os colégios do plano físico, onde muitos jovens, dizendo-se pra frente e modernos, mais parecem moradores do umbral inferior. Enquanto andávamos, recordamos tudo que tínhamos visto nos institutos culturais daquela cidade. Em suas telas, assistimos aos mais tristes casos que hoje ocorrem no mundo físico, projeções nas quais garotinhos de seis anos beijavam na boca e os pais riam e achavam natural; garotas partindo para cima dos meninos, recém-saídos da adolescência e os convidando para um relacionamento mais sério, quando ontem as grandes mulheres lutavam para conter as investidas de seus namorados. A Terra está mudando, ou melhor, o Planeta está evoluindo em ciência e tecnologia, enfim, progredindo, dando ao encarnado o que há de melhor para o seu conforto material, porém, a parte moral dos homens está deixando muito a desejar. A família está próxima da extinção, porque a mulher, ou o pai, muitos deles criam os filhos sozinhos, pois casamento quase não dura mais, ou muitos só vão "ficando" e nesse ficar vão deixando seres humanos sem afeto e sem um lar verdadeiro.

Nossos companheiros caminhavam em silêncio, mas nossos pensamentos davam voltas e voltas no mundo da recordação de tudo o que estamos vivendo com os encarnados, cada vez mais vaidosos e materialistas.

Logo Atal e os outros deram entrada em outro instituto de aprendizado, onde fomos recebidos por Joya, que nos levou até o auditório, já quase lotado. Ali ficamos orando até a chegada do orador, e quando este adentrou o recinto, todos nos levantamos em sinal de respeito. Ele bem discretamente nos saudou e foi logo proferindo sua conversa, que não podemos chamar de palestra, pois não era um palestrante. Estava diante de nós um homem, um ser humano, que também conhece todas as dificuldades que enfrenta um Espírito para tornar-se puro.

— Irmãos, hoje, em todo o Planeta, o ser humano tornou-se algo sem valor, pois a vida do homem corre perigo em todos os lugares por onde ele anda. A violência domina a Terra, porque em quase todos os países o ódio é a palavra mais pronunciada. Até hoje, na Irlanda do Norte, protestantes e católicos envolvem o nome do Cristo em questões políticas e vivem em confronto religioso, se podemos assim dizer. Que é religião? Será que os ditos religiosos sabem o que quer dizer a palavra "religião"? Claro que aqueles que brigam e matam em nome de Deus não conhecem o Pai Todo-poderoso. Em vários países a guerra existe e hoje no Brasil está surgindo a guerra religiosa através dos meios de comunicação, pois quem não conhece Deus, mata e fere o próximo, dizendo defender "sua religião". As guerras religiosas estão aumentando no mundo. Todas elas praticam atos mais bárbaros do que as guerras políticas, se estas ainda existem, cremos que não, pois a ética está em decadência. O ser humano, em nome de Deus, tira sem piedade a oportunidade do Espírito encarnado. Vejamos o Oriente Médio. Transformou-se em área sangrenta de ódios cruéis entre judeus e árabes. Quatros países, dizendo-se mensageiros da paz, irão atacar uma nação, muito brevemente, simplesmente por interesses monetários, e os seres humanos, principalmente as crianças, serão as mais atingidas[8]. Que fazer? Será que alguns homens de bom senso pensarão por algum momento nessas barbáries? Não sabemos,

[8] N.E. — Este trecho prediz a Segunda Guerra do Golfo, iniciada em 20 de março de 2003, na qual os Estados Unidos aliaram-se à Inglaterra, à Itália e à Espanha para derrubar o governo de Saddam Hussein, no Iraque.

mas acreditamos que na falta do conhecimento do homem sobre sua origem, de onde veio, para onde irá, ele está vivendo em um mundo cada vez mais repleto de prazeres. A tecnologia pode ser levada para dentro do seu lar e ele se desespera; sim, o ser humano está vivendo em desespero, é o desespero de um mundo por demais moderno. O ser humano não acompanhou o desenvolvimento do Planeta. Ele continua querendo ser apenas cérebro. O Planeta evoluiu, mas o homem ainda se encontra embrutecido. Ele está diante da educação debilitante, da competição violenta no trabalho, e cada criança, adolescente e jovem tem de também enfrentar os desafios da modernidade. O ser criado por Deus para evoluir e ser feliz perde de vista seus verdadeiros ideais e confunde suas prioridades, tornando-se egoísta, avaro, orgulhoso, prepotente, e assim vai buscando os prazeres mais intoxicantes que possa encontrar. Ele cria um mundo só dele, o resto é resto, e ninguém vive sozinho. Essa solidão que hoje assola a Humanidade é que torna infeliz o ser humano. A descoberta de Deus é o remédio que deve ser aplicado primeiro na família, depois na escola, para beneficiar a sociedade. A família precisa estar bem orientada, dentro dos padrões morais do ser humano, que é o dever para consigo mesmo e com o próximo. O ser humano tem de acreditar na felicidade e quando ele acredita na Humanidade, respeita os que fazem parte da sua vida. Ele se entrega mais às relações humanas e nada teme, pois crê que a partir de Deus tudo lhe é dado por acréscimo. E sendo Deus o Criador de tudo e de todos, o homem se alegra, torna-se feliz, pois sabe que faz parte integrante do Universo e a cada dia procura colocar-se no lugar do seu próximo, para poder respeitá-lo. O homem humanizado busca o prazer no lar, no trabalho, não vive reclamando dos poucos trocados que recebe e deve sempre lembrar-se de que existem irmãos que nem trabalhar podem. Os pais devem lutar para ter um bom relacionamento com os filhos; nem todos os filhos possuem a mesma personalidade, pois Deus criou o homem e lhe ofertou a liberdade e esta liberdade é que nos dá o direito de lutar por nossa individualidade.

— 'Deve partir dos pais o respeito à personalidade dos filhos, às vezes dura para os conceitos paternos, mas se os pais procurarem educar seus filhos, educando-se junto a eles, teremos uma família feliz. Contudo, também o ser humano precisa saber o que é felicidade. Muitos julgam que é a ausência de dor. Não, não é só isso. Felicidade é lutar por uma consciência tranqüila, em paz, lutar sempre, mesmo quando parecer que a adversidade está-se aproximando. A felicidade não é somente ausência da dor, é muito mais: é a luta que o ser humano deve travar contra suas más tendências, acreditando em Deus, crendo que Jesus é um ser perfeito, à semelhança do Pai Todo-poderoso, e que por Deus fomos criados simples e ignorantes, portanto, somos o que somos por uma espécie de decisão voluntária, que podemos modificar por uma convicção, graças à fé raciocinada que a Doutrina Espírita tão bem ensina em seus livros doutrinários. Acreditando firmemente nos poderes da razão, o homem busca os valores em si mesmo e não luta contra os defeitos do seu próximo, pois os valores do homem o fazem não temer se entregar mais às novas relações e nada esperar delas. O Cristo foi e é para a Humanidade a semelhança de Deus, por isso muitos O julgam Deus. Ele não temeu conviver com prostitutas, assassinos, ladrões, enfim, com pessoas de má fama. Por quê? Porque Ele conhecia muito bem a Si mesmo, ele era o Senhor da fé e da razão. Podem dizer: mas o Cristo não era um ser real, ele era Jesus, o Messias, o filho de Deus, a palavra do Senhor. Como espíritas, bem sabemos que Ele, Jesus Cristo, foi criado como nós outros, simples e ignorantes, porém, como ser perfeito, Ele não correu atrás das coisas perecíveis, e sim do aperfeiçoamento do Seu Espírito e de toda a Humanidade, e cremos nós que, mesmo traído e pregado em uma cruz, Ele não Se sentiu infeliz, pois Sua consciência tinha alcançado a felicidade suprema de ter gravado na História da Humanidade o bem supremo, o amor e a humildade. Ninguém presenciou Jesus blasfemando contra Deus ou condenando Judas ou Seus algozes. Não, por conhecer o caminho, a verdade e a vida, Ele usou os poderes da razão e soube respeitar os seres do Planeta de expiação e provas, a decisão que tomaram contra Ele, crucificando-O. Ninguém procurou modificar a decisão do Sinédrio, por uma convicção racional, o que deveria ter acontecido, pois Jesus tinha seguidores, mas o homem, o ser humano, ainda é covarde e teme a dor.

Para alguns, a felicidade é a ausência da dor; não é verdade. A felicidade é o homem conhecer Deus e respeitar os Seus estatutos, e quando esta lei aflora na consciência humana, o homem não pratica injustiça. Enquanto o Cristo disse que o Seu reino não era material, o ser humano julga que bombardear, matar, ferir, destruir outros países é demonstração de poder e glória, mas estudando a História da Humanidade vemos que o homem ainda repete o mesmo erro de ontem: o erro da ignorância, quando deveria calçar a sua crença irrestrita nos poderes da razão e analisar as causas das decisões precipitadas. Infelizmente, a cada dia deparamos com a Terra de Jesus, o Planeta azul, sendo bombardeada pelas grandes potências mundiais e o ser humano não se agarrando aos seus núcleos familiares, tornando-os templos de amor, em que pais, filhos, enfim, a família não vive em busca da felicidade plena, mas luta para que toda a Humanidade viva em paz.

— 'O trabalho dos Espíritos mensageiros do Senhor é elucidar, nos núcleos que acreditam que Deus não mata, que a vida continua além vida e que cada ser humano precisa usar a fé raciocinada para buscar a verdade da vida e da morte, e tudo fazer para tornar-se melhor. Se a Doutrina Espírita não melhorar o ser humano, ela perderá sua real tarefa, pois aos espíritas muito foi revelado. O espírita que adentra uma Casa Espírita e não coloca sua crença irrestritamente nos poderes da razão, ignorando sua responsabilidade como filho de Deus que é, não está ainda em condição de receber as revelações do Alto. Ele está brincando com o Espírito Santo e ai dele, pois muito será cobrado daquele que muito recebeu. O verdadeiro espírita respeita todas as religiões e doutrinas, valoriza todos os esforços da prática do bem e deve trabalhar pela paz entre todos os povos e entre todos os homens, independentemente de sua raça, cor, nacionalidade, crença, nível cultural ou social. O espírita verdadeiro não espera receber de Pedro a chave do céu. Estudando a Doutrina, conhece Pedro, e quem foi ele? Foi aquele que falou que o Cristo era o filho de Deus, através de sua gloriosa mediunidade. Portanto, Pedro também teve de lutar para ser digno das revelações do Alto e quando compreendeu melhor a tarefa de Jesus, lutou e, como apóstolo do Cristo, muito honrou o Seu nome. Por que hoje aqueles que se dizem espíritas estão ainda brincando de carrinho de corrida, não parando em nenhuma Casa para construir, dentro do seu próprio coração, um altar de amor a Deus e ao próximo? Ser espírita é muito mais do que a criatura humana imagina. Ser espírita é ter conhecimento de que a morte não existe, que o corpo é um empréstimo de Deus. O plano físico é uma fábrica de roupas alugadas, à qual teremos de devolver um dia a roupa usada com dignidade ou não. Isto não importa para Deus, importa, sim, para nossa consciência, pois nosso Espírito é eterno. Nada, nem uma arma de grande calibre, destrói o ideal do Espírito quando este o possui. O que destrói o Espírito, contudo, é a dor do remorso de não ter, principalmente se foi espírita quando encarnado, procurado modificar sua alma, às vezes até renunciando às facilidades e prazeres do mundo físico. Hoje, bem sabemos que os irmãos que aqui se encontram levarão nossas palavras para o plano físico. Queremos alertar as mulheres, principalmente, para a grande missão que Deus lhes outorgou: a de rainha do lar, onde seus filhos muito precisam do seu colo materno para aprender a amar, pois quem ama vive em paz e é feliz. Quem odeia é covarde e fraco. Está nas mãos dos educadores colocar na época atual, neste novo século, valores reais na alma de seus filhos, de seus alunos, naqueles que Deus nos confiou para elucidar sobre deveres e limites. Sabemos que é um longo caminho, mas, se o caminho da perfeição fosse curto, ele seria chamado de caminho da morte.

— 'Como ainda é grande a ignorância do ser humano! Como Deus pode matar, destruir Sua mais bela obra, o Espírito, principalmente quando já se desenvolveu em moralidade e inteligência? Como destruir os grandes gênios da Humanidade, se eles apenas passaram pouco tempo trancafiados em um corpo que é somente condensação de matéria, chamada corpo físico? Não, mil vezes não, aos materialistas, ou homens da Ciência, que não buscam a verdade da vida e da morte. Isso acontece porque eles não querem usar os poderes da razão. Esses cientistas irresponsáveis mergulham no mar do materialismo e da vaidade. Porém, se esses seres privilegiados, as grandes inteligências, voltassem para Deus, Dele receberiam o que o grande Codificador Allan Kardec recebeu: a Terceira Revelação, a Doutrina "dos Espíritos", e não "do homem encarnado", mas isso é muito para eles. A vaidade é a catarata do ignorante e de que serve tanta inteligência se não para lutar pelo bem da Humanidade? Bem sabemos que um dia depararão com a verdade e aí dirão: "Senhor, como o mundo teria vivido em paz se bem tivéssemos usado a razão, a nossa inteligência, para o bem e o progresso da Terra!" O cientista que descobre as mais poderosas armas químicas para destruir, somente para destruir, é mais ignorante do que aquele que jamais se sentou em um banco escolar, porque de nada valerá a inteligência do homem se ela não andar de mãos dadas com a moralidade, e quem já atingiu este patamar é uma bandeira de paz tremulando de amor e respeito para sua pátria e para toda a Humanidade, ou melhor, sabendo que o homem nada leva do mundo físico quando desencarna, principalmente seus diplomas e suas medalhas de heróis. O maior herói que a Humanidade conheceu foi Jesus. Ele não só nos trouxe a paz, como nos legou Seu grande gesto de humildade, deixando-Se ser pregado numa cruz infamante, quando, olhando o povo, orou a Deus pela grande ignorância que nós, os Seus irmãos, ainda carregamos no coração. O Cristo é o grande vencedor, o herói do amor, e como a Doutrina nos ensina isso! A Doutrina Espírita não pertence somente aos que se dizem espíritas. Ela á a Terceira e última Revelação divina. Ela foi dada por Deus para o crescimento de toda a Humanidade, por isso deve ser estudada, analisada, e não somente em alguns núcleos espíritas. A Doutrina Espírita é a voz dos Espíritos trabalhadores do Senhor trazendo até os encarnados o alerta para que cada filho de Deus busque conhecer a si mesmo e, quando isso acontece, quem encontramos? Deus, o Pai Todo-poderoso, e, ao encontrá-Lo, descobrimos que em cada Espírito munido do livre-arbítrio encontra-se a consciência e nela estão escritas, grafadas as leis morais, leis estas que Moisés tentou passar ao homem, ou melhor, fazê-los recordá-las, porque elas são os estatutos divinos que cada homem tem grafados na consciência. Portanto, aquele que busca a Doutrina para se livrar da ignorância da matéria descobre um novo mundo, mais real, no qual tudo lhe é explicado com palavras simples, pois tudo que é simples vem de Deus.

— 'Encontramos as elucidações sobre a vida e a morte no pentateuco espírita, as obras básicas, e o verdadeiro espírita não se sente seu dono, pois se isso ocorrer ele não as estará compreendendo, porque a Doutrina Espírita, a Terceira Revelação, não pertence a este ou àquele homem nem a esta ou àquela Casa que se diga espírita. A Doutrina é a luz que deve tirar a catarata dos olhos dos orgulhosos, prepotentes e pseudo-sábios, pois ela é o cristianismo redivivo, no qual os seus seguidores não devem ficar trancafiados em seus núcleos de oração, pois na Doutrina não temos sacerdotes nem é necessário vestirem-se de púrpura, tornando-se inquisidores implacáveis, desejando queimar quem com eles não simpatiza, e cobrir de glória os que consideram seus *gurus*. Não, isso não é Doutrina Espírita, pois ela é simples e sopra em todos os lugares, através dos atos nobres dos verdadeiros espíritas. Doutrina Espírita não são os congressos, para os quais somente os idolatrados médiuns são convidados. Isso não é Doutrina Espírita, repetimos. O que estamos vendo é a Terceira Revelação se tornando um núcleo religioso no qual temos papa, sacerdotes, beatas e beatos, e esses seres idolatrados ditam as normas doutrinárias. Não, não terá sido isso o que foi entregue ao Codificador do Espiritismo. A beleza da Doutrina se encontra nas obras básicas, e elas não aconselham ninguém a adorar os Espíritos nem a idolatrar este ou aquele médium, menosprezando esta ou aquela Casa Espírita. O que se torna preciso é que os que estudam a Doutrina jamais julguem tudo saber, pois em cada livro da Codificação existe um universo de ensinamentos que o homem não tem capacidade de compreender em uma só existência, porque só compreenderemos a beleza dos livros doutrinários quando nosso Espírito se tornar humilde, desprovido de vaidade e prepotência. Aí, sim, ao lermos cada questão de *O Livro dos Espíritos*, suas letras serão estrelas brilhantes do universo de Deus. Infelizmente, poucas Casas estão preocupadas em elucidar o homem. Quando dizemos o homem, queremos dizer todos os que desejam se tornar espíritas. Desde o presidente de uma Casa Espírita, todos precisam estar presentes nas palestras públicas e principalmente estudando sempre, pois a cada dia descobrirão o quanto ainda são ignorantes, porque os ensinos do Alto são infinitos. Nenhum encarnado pode dizer que tudo sabe de Doutrina Espírita, pois o Planeta ainda é de provas e expiações e o homem do plano material longe ainda está de se libertar da matéria física. Não é por se dizer espírita ou levantar uma Casa Espírita que ele vira santo. Paulo narra muito bem, em sua *Epístola aos Romanos*, Cap. 7:

1 *(...) ignorais, irmãos — falo para os que entendem das leis —, que a Lei só tem domínio sobre o homem no tempo de sua vida?*
6 *Mas agora, mortos para a Lei, que nos mantinha escravos, estamos mortos para o que nos sujeitava, de maneira que sirvamos em espírito novo e não na letra velha.*

— 'Se o espírita não conhecer a si mesmo, jamais respeitará o seu próximo, porque o homem pode decorar os livros e não sair da letra morta. Quando buscamos as obras básicas elas devem nos tocar a consciência, só assim saberemos respeitar a Lei. E Paulo continua sua epístola:

23 *Mas sinto nos membros outra lei que luta contra a lei do espírito e me prende à lei do pecado que está nos meus membros.*
24 *Infeliz de mim! Quem me livrará deste corpo de morte?*
25 *Graças a Deus, por Jesus Cristo Nosso Senhor. Agora, pois, o meu eu está pelo espírito a serviço da lei de Deus enquanto pela carne serve à lei do pecado.*

— 'Como a Doutrina Espírita bem explica esta passagem do Novo Testamento, quando Paulo fala do Espírito e da matéria! Que religião pode elucidar este domínio da carne sobre o Espírito? Vamos até os versículos 17 a 19 e ver como Paulo tem razão:

17 *Mas então não sou eu que faço e sim o pecado que mora em mim.*
18 *Sei que em mim, isto é, na minha carne, não mora o bem: pois querer o bem está em mim mas não sou capaz de fazê-lo.*
19 *Não faço o bem que quero e sim o mal que não quero.*

— 'O domínio ao qual ele se refere somente a Doutrina Espírita, a Terceira Revelação, bem explica. O Espírito tem grafadas em sua consciência as leis morais e sabe que a lei de Deus é a certa, porém, ao reencarnar, ele traz as marcas dos seus erros no corpo perispiritual e na condensação de matéria se perturba e se vê presa das coisas fúteis. Mesmo sabendo que não está sendo cumpridor das leis de Deus, ele se deixa ser levado pela força do materialismo, da vaidade, da avareza, da luxúria, do ódio, enfim, dos *demônios* que tornam o homem sem Deus. Encontramos, em *O Livro dos Espíritos*, Parte I, Cap. 2:

27. *Há então dois elementos gerais do Universo: a matéria e o Espírito?*

"Sim e acima de tudo Deus, o criador, o pai de todas as coisas. Deus, espírito e matéria constituem o princípio de tudo o que existe, a trindade universal. (...)".

— 'Muito será cobrado do espírita, principalmente se ele estuda as obras básicas, porque, como diz Paulo, o corpo material não deveria ter tanto domínio sobre o Espírito. Infelizmente, endurecido pelo orgulho, o homem é dominado pelas futilidades do mundo materialista e erra conscientemente e quando nos propomos a nos tornar verdadeiramente espíritas, devemos lutar como tentava fazer Paulo. Vamos novamente a este trecho de sua *Epístola aos Romanos*:

18 *Sei que em mim, isto é, na minha carne, <u>não mora o bem</u>: pois querer o bem está em mim mas não sou capaz de fazê-lo.*
19 *Não faço o bem que quero e sim o mal que não quero.*

— 'A Doutrina pode bem elucidar estas palavras de Paulo. O homem encarnado é um ser que se encontra no plano físico porque desrespeitou a lei de Deus. Ele não a desconhece, mas não luta para se livrar das suas tendências perniciosas. Muitas vezes, ele nem conhece Deus, porém, o espírita que estuda a Doutrina para procurar melhorar torna-se uma luz por onde passa e pode ajudar muita gente a encontrar o Deus verdadeiramente justo, não o Deus que até hoje muitos pensam conhecer, um Deus que mata, que tem preferência por este ou aquele país, e um Deus que castiga. Por isso a espiritualidade está preocupada com o Espiritismo, pois muitos julgam que basta levantar uma Casa Espírita, construir um orfanato, um asilo de idosos ou uma creche que já estão tornando-se melhores. São muito válidas as obras assistenciais, pois fora da caridade não há salvação, porém o que mais falta hoje nas fileiras espiritistas é a humildade, é a vontade de cada um que busca a Casa Espírita de se livrar de suas velhas companhias: suas tendências perniciosas. Os dirigentes das Casas Espíritas nas quais se estuda a Doutrina como ela é devem primeiro se educar, para depois educar quem bate às suas portas. Quando dizemos educar, queremos significar fazer o homem enxergar o caminho da perfeição, pois não se concebe um espírita avaro, maledicente, orgulhoso, prepotente, egoísta, pseudo-sábio, sem disciplina. Os presidentes das Casas Espíritas que pregam as divisões, por considerar suas Casas melhores do que as outras, não conhecem a beleza da pureza doutrinária. Presenciamos alguns que se dizem espíritas cometendo excessos, dizendo resguardar a obra do Consolador prometido por Jesus, no entanto, idolatram médiuns, endeusando-os, esquecidos de Jesus e nada fazendo para encontrar Deus; sim, encontrar Deus, pois somente a Doutrina Espírita no-Lo apresenta como Ele é: uno, indivisível, eternamente justo, que não destrói Suas obras, porque Seu amor é eterno, e que jamais precisa perdoar, por nunca sentir-Se ofendido pelos erros dos Seus filhos. Ele apenas espera que cada um encontre a força moral para descobrir a consciência pura do Espírito, onde estão grafadas Suas leis.

— 'Quanto ensinamento encontramos em *O Livro dos Espíritos*! Por que os que se consideram donos da verdade ou donos do Espiritismo não explicam os estudos doutrinários com gráficos fáceis de ser memorizados e com palavras simples? Jesus, mesmo falando por parábolas, fez-Se compreendido. Contudo, essas pessoas combatem médiuns, Casas Espíritas, mas não procuram visitá-las, levar até elas apostilas de fácil compreensão. O Capítulo 4 de *O Livro dos Espíritos* trata do princípio vital, um capítulo com revelações importantes para o homem conhecer o seu corpo e a sua alma. O estudo deve ser feito por irmãos em Cristo e não por professores de Espiritismo, pois se algum espírita se julga professor, mestre de seus companheiros, não tem condição de estudar a Doutrina, muito menos de ajudar alguém. Talvez por isso hoje a espiritualidade esteja preocupada com o rumo do Espiritismo no Brasil, onde as Casas ditas Espíritas desejam apenas desenvolver médiuns. Será que estamos retrocedendo no tempo, quando o mediunismo era tido como Espiritismo? Voltamos a dizer: as Casas Espíritas, tabernáculos do amor, devem se tornar Casas de orações e também escolas onde se estuda a Doutrina Espírita. Só assim o homem conhecerá suas responsabilidades para com Deus e tentará melhorar-se, livrando-se pouco a pouco de suas más tendências. Se ele se tornar somente "médium" e, ainda mais, idolatrado pelos companheiros, não procurando se melhorar, de que servirá ter chegado a uma Casa Espírita se nada conhecer de Espiritismo, se nada estiver fazendo por seu melhoramento, da sua família e dos que compõem sua história como ser encarnado? Irmãos, a Doutrina Espírita é tão rica em ensinamento que o tempo que se perde atrás dos Espíritos, querendo recebê-los, é tempo que seria melhor aproveitado se todos os dias aqueles que desejam se tornar verdadeiros espíritas estudassem os livros doutrinários, principalmente as obras básicas.

— 'No final do Capítulo 4 de *O Livro dos Espíritos*, a questão 75 é de uma riqueza divina, quando mostra o valor do instinto, da razão e da inteligência:

75. *É acertado dizer-se que as faculdades instintivas diminuem à medida que crescem as intelectuais?*

"Não; o instinto existe sempre, mas o homem o despreza. O instinto também pode conduzir ao bem. Ele quase sempre nos guia e algumas vezes com mais segurança do que a razão. Nunca se transvia."

a) — *Por que nem sempre é guia infalível a razão?*

"Seria infalível, se não fosse falseada pela má educação, pelo orgulho e pelo egoísmo. O instinto não raciocina; a razão permite a escolha e dá ao homem o livre-arbítrio."

— 'Que religião, que crença elucida tão bem o homem? Só a Doutrina Espírita, mas infelizmente a diretoria de algumas Casas Espíritas jamais abriu uma obra básica. O homem espiritualizado usa a razão com inteligência e a trindade *instinto*, *razão* e *inteligência* dá ao homem a liberdade, e liberdade quer dizer evolução, encontro com Deus, vontade, ideal, luta para tornar-se puro. O Espiritismo não é uma colcha de retalhos, na qual em cada costura colocamos nossa vaidade, nossa prepotência, nossas próprias idéias, nossa vontade de dominar o próximo, de nos tornar endeusados, isso nunca. O Cristo disse: *não os chamo de servos, sim de amigos. O servo não sabe o que faz o senhor*. Ele tem razão. Enquanto o Espiritismo não se tornar uma doutrina verdadeiramente divina, encontraremos muitos se dizendo espíritas, mas agindo como os mais perversos inimigos de Jesus, pois não conhecem o maior dos mandamentos: *amai-vos uns aos outros, como eu vos amo*. Só quem ama pode colocar a Doutrina Espírita no coração. Ela é o Cristo em ação, abrindo o caminho como o grande pastor de almas, que o Pai bondoso colocou ao nosso lado para nos levar até Ele. Desejamos a todos desta bela cidade muita paz e que os jovens, que logo estarão na matéria, levem até o plano físico tudo o que aqui aprenderam para o progresso da Humanidade, hoje tão necessitada de grandes homens, de verdadeiros homens de bem, e o homem só é bom quando reconhece que é uma obra de Deus e que tem de seguir as leis imutáveis do Criador. Que a paz esteja com todos. Lázaro José.

Nós e nossos amigos fomos os últimos a sair daquele lugar. Nada falamos, pois como seria belo se houvesse essa união entre os espíritas! É certo que existem muitos que combatem médiuns e livros espíritas que consideram anti-doutrinários. Também existem aqueles que, em busca de projeção, escrevem livros e levantam Centros Espíritas apenas por vaidade. Esses são os artistas do Espiritismo. Não estamos aqui para julgar, mas existe cada livro, que pelo amor de Deus! Quanta fantasia! Quantas inverdades!

— Seus livros também são bastante criticados — disse nossa irmã Indará.

— Nossos livros são simples, de fácil leitura, mas ninguém tem capacidade para dizer se são anti-doutrinários, pois sempre alertamos o leitor para o perigo da mediunidade sem Jesus e a falta de estudo. Entretanto, nunca tivemos a pretensão de nos tornar um escritor espírita. O trabalho que tentamos fazer é para a juventude e graças a Deus temos ajudado muitos jovens. Gostaríamos de fazer mais, porém os doutores da lei, isto é, o "sinédrio" é o primeiro a combater nossos livros por tratarem da droga, de sexo e por usarem gíria. Nós apenas escrevemos o que a Espiritualidade permite, e a droga está aí, porém, infelizmente, não é uma fantasia..

— Não se importe, Luiz — disse Atal.

— Não, não nos importamos, mas se tivessem acreditado em nosso pedido de socorro, hoje o Espiritismo do Brasil seria o primeiro a estar recebendo o louro da vitória como o grande combatente contra as drogas e o defensor da criança, do adolescente, do jovem e da família, mas, não. A cada livro nosso que chegava às mãos dos encarnados, os inquisidores relutavam em aceitar seu português fácil, sem palavras que nem o adulto conhece, a não ser com ajuda do dicionário, esquecendo esses senhores que as obras básicas são de fácil leitura, não precisamos da ajuda do dicionário ao manuseá-las. Os espíritas ortodoxos estão cegos para a dura realidade da juventude, principalmente a brasileira. Há vinte e poucos anos já previmos o que hoje está ocorrendo. Nós lutamos e graças a Deus nossos livros ajudaram muitas famílias, mas infelizmente algumas Casas Espíritas, principalmente de Brasília, não permitiram que nossos livros entrassem em suas livrarias, mas os seus dirigentes vivem buscando ajuda financeira na tão combatida Casa de Maria, como se fosse a Casa do Luiz Sérgio. Como estão enganados esses espíritas fanáticos! Na Casa de Maria estuda-se, mas estuda-se mesmo, as obras básicas. Os nossos livros são consultados, mas ninguém é obrigado a lê-los, pois não se adentra o Rema a não ser pela porta chamada estudo das obras básicas. Na Casa de Maria o mediunismo não é Doutrina; a Doutrina educa os médiuns. Se não tivessem levantado campanhas contra nossos livros, hoje a bandeira anti-droga estaria nas mãos do Espiritismo brasileiro e elas, as drogas, não estariam nos lares, desencarnando tantos jovens, até filhos de alguns espíritas ditos filósofos e catedráticos em Espiritismo; mas, não, não encontramos ajuda, somente críticas, mas graças a Deus temos a consciência em paz, estamos cumprindo com a nossa tarefa, e como o grupo do Rayto tem ajudado pais, avós, enfim, a família!

Não gostaríamos que fossem criados grupos mediúnicos de ajuda a Espíritos viciados em drogas ou álcool. Não, não é essa a finalidade dos nossos livros. Também, não queremos que pessoas sem condição levantem sociedades de ajuda a drogados encarnados. Para criar essas sociedades, precisa-se de bons profissionais, com terapeutas capacitados, pois todos os dependentes precisam de muita ajuda. Infelizmente, o tratamento da dependência não fica barato e hoje é às mães que pedimos: ajudem seus filhos, pois está nas mãos dos pais o dever de construir uma trincheira armados de amor, disciplina e limites. Só assim a criança terá um lar, uma família. Sem educação familiar, cada vez mais a sociedade sofrerá nas mãos dos traficantes, que cada dia ficam mais fortalecidos diante de um Estado pobre e sem meios de combatê-los. Sabemos que somos uma gota d'água caindo sobre uma floresta imensa pegando fogo, o fogo destruidor das drogas, mas cada gota que cai do nosso coração vai aplacar alguma consciência e teremos a certeza de que valeu a pena continuar tentando, até que um dia, na História do Espiritismo, apareça alguém para dizer: existiu um Espírito e uma médium, tida como ignorante, grosseira, até burra, que muito lutaram contra as drogas. Também, se não aparecer ninguém para dar valor ao nosso trabalho, saberemos que Ele, o Governador da Terra, e Maria, nossa Mãe amada, sempre nos abençoarão, porque jamais escrevemos uma linha que não fosse verdadeira. Tudo o que pedimos a Deus é que as famílias sejam felizes e que não sofram junto aos mortos-vivos, os dependentes químicos.

— É um trabalho penoso, Luiz, pois ninguém imagina o que sofre uma família na qual a droga tomou conta de um de seus filhos. Quantos assassinatos ainda acontecerão nesses próximos anos, com filhos matando os pais completamente sob o efeito das droga e do álcool?

— Falamos em nosso livro *Mais Além do Meu Olhar*, Atal, sobre a heroína. Muitos riram. Hoje, junto ao *ecstasy* e outras misturas, ela é bomba no cérebro da juventude. O haxixe está tão presente na vida dos jovens quanto a maconha. Alguns universitários são os maiores consumidores da maconha e do haxixe. O pior é que, em quase todas as universidades, a droga corre solta e sem controle. Que será do nosso país? Que profissionais teremos no futuro, se hoje os estudantes fazem apologia das drogas? Os pais lutam para que os filhos passem no vestibular e se eles não forem bem orientados, logo acharão que fumar maconha é ser o tal. Infelizmente, hoje a droga está em todos os lugares. Ela está dominando alguns países e um deles, o Brasil. Brevemente, jornais e revistas terão muito o que contar sobre o domínio dos traficantes. Eles estão bem armados e se escondem não nas favelas, sim em luxuosos palacetes, e freqüentam até a alta sociedade e o mundo político. Porém, culpar governo, sociedade, polícia, é ignorar a responsabilidade da família nisso tudo. Sem a orientação familiar, não há governo que segure a droga, pois os traficantes enriquecem porque existem usuários. No dia em que as mães voltarem a orientar os filhos e os pais tornarem-se presentes em sua educação, o traficante perderá a força. Hoje, a droga está em todos os lugares e o álcool adentra os colégios em garrafas de refrigerantes e a garotada, principalmente as meninas, é que mais o consomem ultimamente. Se alguém desejar saber se estamos falando a verdade, vá aos barzinhos e às choperias das cidades e verão meninos e meninas com garrafas e garrafas de refrigerante, contendo vodka e outras bebidas mais fortes. Porém, eles estão sempre com um comprimidinho para levá-los à loucura e onde se encontra a família? Só nós, os que trabalham contra as drogas, o sabemos. Portanto, espíritas que combatem nossos livros e Casas tidas como defensoras de Kardec, mas que são um poço de vaidade, procurem conhecer mais *O Livro dos Espíritos*, pois o Codificador, que tanto lutou para derrubar a idolatria, deve chorar de tristeza, porquanto os ditos doutores em Espiritismo não respeitam ninguém, pois a vaidade não deixa que tenham consideração pela Doutrina Espírita. Sua vaidade julga que a Doutrina parou em Allan Kardec, o que não é verdade, como não vai parar quando o querido Chico Xavier vier a desencarnar, porque a Doutrina é eterna, é a Terceira Revelação, é como a Primeira, que está na Bíblia, e a segunda, o Evangelho de Jesus, o Novo Testamento. Quando as estudarmos, veremos quanto ainda teremos de aprender, porque nessas três revelações os ensinos são infinitos, como infinito é o amor de Deus por Suas criaturas. Dizer-se catedrático em Bíblia é mentir; em Evangelho, também; em Doutrina, nem se fala. Ela é a última revelação, e seus ensinos, infinitos. Contudo, não vamos dela fazer uma utopia, pois ela é cristalina: amemos a Deus sobre todas as coisas e ao próximo como a nós mesmos. Elitizar uma Casa Espírita por considerá-la a melhor de todas é tirar o Cristo do Espiritismo, pois Ele não escolheu este ou aquele para conhecer o Evangelho. Ao contrário, subiu num monte e falou a uma multidão o que a Humanidade já havia recebido: o decálogo, as leis morais; sim, as leis que temos grafadas na consciência. Ele, Jesus, como grande Mestre, resumiu o decálogo com palavras fáceis, para que fossem compreendidas pelos ignorantes irmãos do Planeta de expiação e provas, a Terra. Ao invés de os espíritas ficarem brigando entre si, deveriam unir-se contra a tempestade das trevas que se aproxima para derrogar aqueles que estão assoberbados de orgulho.

— Você tem razão, Luiz Sérgio. Vemos em algumas Casas Espíritas o fanatismo, a idolatria, a falta de estudos. Não sei o que nos espera.

Nisso, Elvira aproximou-se. Ela estava encarregada de nos levar até outro departamento da Cidade das Crianças. Fomos conversando sobre o Evangelho de Jesus e ela, sorrindo, disse-nos:

— Não sabemos por que estuda-se tão pouco a palavra do Senhor nas Casas Espíritas. Na Bíblia estão todos os fatos espíritas, seja no Antigo ou em o Novo Testamento. A Doutrina Espírita, codificada por Kardec, é ciência pura. Se o homem a levar para um só lado, ela não atingirá o todo, pois esta é sua finalidade: melhorar a Humanidade. Ela não é propriedade de Allan Kardec nem daqueles que dizem segui-lo, como as leis de Deus não são de Jesus, Ele é apenas o verbo que soou em nossos ouvidos e a Sua figura perispirítica imaculada era a imagem da bondade de Deus entre os homens pecadores. Estudar a Doutrina é aureolar a fronte de Allan Kardec com a coroa da vitória. Idolatrá-lo, jogando pedras no próximo, é ignorar a sua bela missão de mensageiro do Alto. Todos os que amam a Deus e usam a palavra para defender as Suas leis devem repudiar os dogmas e a idolatria. Assim também fez o Cristo, quando falou: *bom, só Deus o é*. Jesus tem razão: Deus é uno, eternamente justo e somente a Doutrina Espírita nos ensina a não temermos o castigo divino, pois o Pai, cuja inteligência é infinita, não castiga nenhum de Seus filhos, principalmente os mais rebeldes, e só o Espiritismo nos apresenta Deus como Ele é: bondoso, que não criou um teatro de marionetes o qual somente Ele movimenta, ora para fazer seus personagens sofrer, ora para fazê-los felizes. Esse não é o Deus que tirou da pedra os filhos de Abraão e que criou o homem, o Espírito, outorgando-lhe o direito à vida, vida esta que sofre uma escala evolutiva desde a pedra, que é rocha, até o Alto, chamado perfeição. O homem é uma casa, cujo alicerce podemos dizer seja o reino mineral; as paredes, o reino vegetal; o telhado, o reino animal, mas o morador dessa casa é o Espírito, o homem que Deus criou para ser feliz, e para ele ser feliz precisa saber alegrar sua casa, por isso Deus criou o lar. Ninguém separa aqueles que Deus juntou, portanto, a família é a grande missão do homem. Quando dizemos homem, está incluída a mulher, pois Deus não criou ninguém para ser escravo do outro; Ele criou o macho e a fêmea e os "casou", quando entregou a cada um deles a responsabilidade da lei da reprodução, a responsabilidade do lar, da família, e só a Doutrina nos revela isso tudo. Somente a Doutrina entrega nas mãos do homem a chave do livre-arbítrio. Deus espera por cada filho e ora por todos. Não é Ele que aponta nossos erros na hora do "juízo final", como dizem alguns religiosos. Isso não existe, nós mesmos é que seremos nosso próprio juiz, pois o "disquete" da nossa consciência tem gravados nossos erros e nossos acertos. O espírita ama o Deus verdadeiro, porque conhece Seus atributos e um deles é *não matarás*. Deus não mata; o que assassina e tira a oportunidade do homem são seus próprios erros e a maldade das outras pessoas que ao seu lado caminham. Enquanto os homens estiverem à procura da terra prometida, que é o nosso Planeta regenerado, enquanto estiverem longe de Deus, viverão em conflito, pois não respeitarão as leis morais, os estatutos de Deus.

— Irmã, como é bom conhecer Deus! Desde pequeno aprendemos a amá-Lo, quando nossos pais nos ensinam o Pai-Nosso, mas à medida que vamos crescendo só pensamos em Jesus. Ele parece mais perto de nós do que Deus, que nos é apresentado como um Deus que incentiva as guerras, que ama um país e que odeia o outro, que castiga os pecadores e que criou um céu, um inferno e um purgatório para redimir os pecados do homem. Contudo, confesso para a irmã que jamais procurei glorificar um "novo" Deus, pois nossos pais sempre nos ensinaram a amá-Lo e a respeitá-Lo. Jamais amaria Baal ou outro símbolo que representasse um outro deus. O Deus que sempre amamos é o que hoje tão bem conhecemos: o da Doutrina Espírita, um Deus que ama e espera que Sua família se torne melhor. O Deus tão nosso é aquele que, quando necessitamos, sussurramos baixinho na hora do perigo: ajude-nos, bom Deus, e nos livre da tentação. Nunca procuramos um novo Deus, porque sempre acreditamos em Sua eterna bondade, pois sempre amamos todas as Suas obras. Nunca fomos, irmã, de sair por aí atrás de milagreiros ou de ídolos. Sempre tivemos fé no coração e quem tem fé no coração não corre em busca de um novo Deus, não é mesmo?

— Claro, Luiz. Não existe outro Deus, existem outros deuses, criações da alma imperfeita do homem.

— Que belo lugar, Elvira! Parece o Teatro Municipal do Rio de Janeiro.

— É, Luiz Sérgio, chegamos ao educandário — disse Atal.

Capítulo 12

A FALTA DE LIMITES E SUAS CONSEQÜÊNCIAS

No educandário, fomos bem recebidos por Briantti, que nos levou até a platéia. A irmã também acomodou-se no grande teatro e logo teve início a peça de teatro, se podemos assim chamá-la.

Primeiro, foi-nos mostrado o início da formação do sistema solar; depois, o princípio da Humanidade, a importância dos rios, dos lagos, dos mares, enfim, dos elementos que fabricam o corpo físico, ou melhor, de onde são tirados os elementos que compõem o corpo de carne. No palco, víamos o corpo, depois, a alma. Vários fatos científicos foram ali narrados, os quais somente a Doutrina tem condição de estudar e explicar. Foram-nos exibidos o Espírito, o perispírito e o corpo físico, essa trindade, e sua função: a função do perispírito é a de servir o Espírito, principalmente quando está reencarnado em um corpo físico. A função individualizadora do perispírito faz que cada Espírito seja único em todo o Universo. Todos temos a nossa individualidade, portanto, ninguém é igual a ninguém. Há um ponto de partida e um de chegada. Não importa por onde andam Seus filhos, Deus espera por todos. Infelizmente, os encarnados julgam que não pertencem a Deus, sim ao mundo físico. Em muitos o corpo recusa-se a ser comandado pelo Espírito. Modelado pela erotização do mercado, o corpo a cada dia adquire valor proporcional à sua adequação aos critérios de beleza levados pela propaganda desenfreada da beleza corporal, transformando-se em objeto de consumo. Notamos que o homem moderno não tem uma orientação de vida, pois expulsa Deus dos lares. Cada lar se transformou em um salão de beleza ou em uma academia de ginástica, contudo, quem pensa em "malhar" a alma? Poucos estão preocupados com a própria melhoria, mas como têm de lutar para se tornarem respeitados, às vezes sofrem até agressões físicas para não buscar Deus, ou melhor, o remédio para suas almas. Hoje, parece que os encarnados só têm corpo, porque só nele investem. Eles precisam ficar bonitos, para isso buscam os cosméticos, as cirurgias plásticas, os mais belos vestuários e freqüentam academias, tudo para retardar a velhice. Muito justo, o corpo é o instrumento do Espírito para sua evolução, é sua grande prova, mas infelizmente falta Deus ao homem, principalmente àqueles que têm sob sua tutela um filho de Deus, crianças para serem educadas, o futuro de uma sociedade, esquecendo que acima dos homens existe um Deus bom e justo, cujas leis e estatutos têm de ser respeitados. Se a criança não conhece Jesus, nosso irmão querido, como vai amar a Deus com amor infinito? Isso nunca ocorrerá. Ela viverá em busca de um Deus criado da maneira que desejar, igual aos seus pais, que não lhe impõem limites. Aí é que a vida maltrata as crianças. Elas crescerão e um dia terão de também educar seus filhos, e que educação irão lhes proporcionar? Nenhuma, pois não aprenderam a amar e a respeitar, porque foram criadas prepotentes, avaras, cultivando o próprio corpo, esquecendo de melhorar a alma e aí os tempos são outros, os belos bebês de ontem são os jovens rebeldes de hoje e de amanhã, pois desde a sua aparência já é de revolta.

— 'Muitos pais, cujo materialismo lhes invade a alma, têm a heresia de dizer que Jesus falou que a substância do corpo era a comida e a bebida, o pão e o vinho. Por que esses pais não buscam a verdade para educar e dar limites a seus filhos? Por que eles não param um minuto para orar, pois Jesus sempre dizia que a oração é um encontro com Deus e só o amor nos dá a vida eterna do Espírito, da alma encarnada? Sem amor nada somos, mas hoje muitos acham que amar a Deus é pieguice, é ser antigo. Julgam que sua imagem de poderosos os levará até o "céu". Pobres criaturas! Até quando a ignorância vai ser o alimento de suas almas? Será que faltam dados no Brasil sobre os padrões do consumo de tóxico? O *ecstasy* toma conta das finas festas elitizadas e depois, no Brasil, é comum encontrar falsos "químicos", que têm por hábito tomar outras drogas combinadas, entre elas a maconha, o álcool, o tabaco, seguindo com LSD e cocaína. O *ecstasy* é o "adoçante" de muitas e muitas drogas. E a família, onde está? Não sabemos. Só sabemos que as crianças estão cada vez mais sem Deus e que é comum encontrar jovens completamente loucas, sendo desrespeitadas como mulher.

O teatro era tão real que tínhamos a impressão de estar no plano físico, junto àqueles doidões e às carinhas de anjos das meninas, completamente alucinadas com as misturas mais cruéis. Parecia que aquilo que víamos no palco não era real, assemelhando-se a um conto de horror, e assim foram-nos mostradas muitas e muitas drogas, verdadeiras bombas, que estão sendo criadas em laboratório. Olhamos a platéia: era toda composta de crianças, adolescentes e jovens. Somente eram adultos os instrutores e os carteiros que levam até o plano físico as mensagens. Parece que as autoridades não desejam enxergar. Queremos saber por onde andam, pois é assustador o que acontece nessas festas.

Ali ficamos, recordando as cenas dos adolescentes e dos jovens que, quando adentram um cinema, avião ou teatro, jogam papel e pipoca no chão, derrubam refrigerante e ainda educadamente colocam os pés nas cadeiras do cinema ou do teatro. Pais educados, filhos encaminhados. Será que em casa eles procedem assim? Claro que sim, são vândalos em todos os lugares, até Casas Espíritas eles destroem, porque não aprenderam a respeitar a propriedade alheia, mas graças ao Senhor Jesus a Terra está evoluindo, partindo para a regeneração. Contudo, o homem que permanecer embrutecido não herdará o jardim de Jesus. Ele será deportado para outro mundo, onde sentirá o ranger de dentes. O perispírito, porém, jamais será destruído. O perispírito de Jesus é mais que etéreo; é a própria vida eterna nele refletida: o amor. Porém, Ele nunca rastejou como cobra, picando e matando os sonhos e esperanças do próximo. Jesus representa o Pai e jamais deixou de cumprir uma só letra das leis divinas nem os estatutos de Deus. O Seu perispírito não tem costuras, costuras estas que chamamos de laços, expansões, cicatrizes que ficam nele. Os nossos perispíritos, contudo, contêm as marcas dos nossos atos desonestos e das faltas decorrentes da nossa desobediência às leis de Deus. O Cristo, não. Ele é um Espírito sublimado que jamais traiu o Pai Todo-poderoso. Pensar que o Cristo algum dia não acreditou em Deus é crer na doutrina da metempsicose; é acreditar que Ele, o governador da Terra, rastejou neste mundo de expiação e provas como ser pecador. Continuou o orador:

— 'O espírita tem de estudar para compreender a bondade de Deus e a pureza do Cristo e quando aqueles que se dizem doutores em Espiritismo ou que não crêem nos Espíritos perguntarem: *quem criou Deus?*, não tentem responder. Eles não sabem quem são nem como foram gerados seu corpos, que participação tiveram seus perispíritos na formação dos seu belos e malhados corpos físicos. Coitados, eles ainda perguntarão: *quem criou Deus e como fomos criados, se nossos pais biológicos são apenas nossos pais adotivos, criaturas colocadas ao nosso lado para nos ensinar o caminho da perfeição?* Não respondam, mas digam-lhes: estudando a Doutrina encontramos Deus e ficamos conhecendo o Universo, no qual fomos gerados. O Universo é o ventre divino no qual Deus, o Pai, nos concedeu a vida eterna. Criados por Ele, passamos por Suas mãos; fomos criados pela inteligência infinita de Deus, por isso não existe ser ignorante, pois fomos criados pelo Ser mais inteligente do Universo. Essa inteligência, cada ser a tem latente em si, só precisamos despertar junto à moralidade divina para nos libertar da morte, mas se continuarmos sendo corpo adentrando no Jordão e sendo batizado cada vez que mergulhado em um corpo físico, longe estaremos de compreender esta universidade científica que é a Doutrina Espírita. A Doutrina Espírita não é mediunismo, o que algumas Casas Espíritas vêm fazendo. Os Espíritos precisam dos médiuns para escrever suas cartas de alerta à Humanidade e não para projetar alguém. Médium não é artista de circo nem de televisão, é um simples carteiro que, com os pés chagados pelas pedras pontiagudas dos caminhos, sai a semear a semente do amor nos corações chagados de tristeza.

Nesse momento, um jovem apareceu no palco e falou:

— Doutrina Espírita é ciência e filosofia, contudo, levar a Doutrina para o caminho que algumas crenças tomaram é ir contra o Espírito do Senhor, e desde Moisés os Espíritos já alertavam para o perigo da idolatria. Quem não estuda, não ama a Doutrina e não a respeita. Ela é mais do que um curso superior, ela é a campainha que abre ao homem sério a porta da revelação da espiritualidade, em que estão contidos todos os estatutos divinos. Porém, ao ficar apegados à letra morta cometemos o mesmo erro das outras seitas religiosas, que dizem amar o Cristo, mas só ódio e calúnia têm no coração. A Doutrina Espírita ainda não é religião porque ainda não há religião no mundo físico. Existem seitas e crenças, porque ainda não há união e amor entre todas as criaturas criadas por Deus. Nossa Cidade das Crianças prepara o homem do amanhã. Esperamos que os que nos visitam levem até a juventude da esfera física o nosso alerta: sem um bom plantio não existe boa colheita. O jovem que não estuda, que não busca Deus e que só diz aproveitar a vida logo sentirá como é triste a ignorância das coisas de Deus. Muitos de nós aqui crescemos, mas logo teremos de deixar a cidade. Entretanto, dela levaremos a face de Deus plasmada em nossos corações, pois aqui aprendemos quem somos e como fomos criados, o que é o corpo do Espírito, o que é sua veste, com que veste teremos de voltar quando encarnarmos de novo em algumas das inúmeras casas do Pai. Esperamos que os espíritas comecem a estudar mais para conhecer a responsabilidade do Espírito, saber o que é o Espírito, o que é o corpo espiritual, o que é a veste do Espírito, o perispírito, compreender os corpos, chamados formas diferenciadas de acordo com as vibrações magnéticas de cada planeta para onde seremos mandados, de acordo com nosso merecimento. Portanto, quem bate à porta de uma Casa Espírita tem por obrigação conhecer sua origem, de onde veio, para onde irá e fazer de Deus a sua meta de chegada. Se não for assim, ele jamais será espírita, porque o verdadeiro espírita estuda para se auto-conhecer e não para virar caçador de Espíritos, doutor em Espiritismo ou doutrinador de Espírito menor, sem evolução. Doutrina não é isso, Doutrina é conhecimento. Disse Jesus: *conhecereis a verdade, e a verdade vos libertará*. Enquanto ficarmos em busca dos Espíritos e correndo atrás dos fenômenos, deixaremos uma grande oportunidade para trás: a de estudar as obras básicas e descobrir a beleza da bondade de Deus. Jamais corram atrás de ídolos, porque Deus é único e todos os Seus filhos têm por dever conhecê-Lo. Os idólatras é que buscam novos deuses e até hoje estão perdidos no deserto, construindo altares, praticando a idolatria e a mentira, mas aquele que jamais duvidou do Pai Todo-poderoso O tem gravado em sua consciência, que são as leis morais, tesouro do homem, filho de Deus. Quem procura novos deuses estará sempre no caminho largo do materialismo, da avareza, do orgulho e da vaidade. O espírita verdadeiro não idolatra Deus nem Jesus, ele Os respeita e tem por Eles uma gratidão chamada amor eterno. Idolatria chama-se interesse. Os idólatras não sabem amar, e sim pedir. Quem não conhece a Doutrina se diz o dono da verdade e não sai à rua para semear o amor, latente em todas as criaturas. Aquele que só deseja apoderar-se do que a outro pertence não tem coragem de cavar com as próprias mãos a cova onde plantará a árvore frondosa do amor e da verdade. A Doutrina Espírita não é deste ou daquele. Ela é a Terceira Revelação de Deus, por isso não podemos desprezar a Bíblia, na qual os fatos espíritas perfumam cada versículo, dando ao homem a certeza de que ele é eterno, pois foi criado por Deus. A finalidade da Doutrina Espírita é fortalecer a alma do homem, e não retê-lo no Centro Espírita, à espera das melhoras materiais, que não virão. O iniciante terá de ser guiado com nosso exemplo.

Descortinaram-se, então, à nossa frente vários fatos sobre o que hoje ocorre no mundo físico e os pais são os primeiros a jogar seus bebês nas valas da morte. É assustadora a falta de limites das crianças, dos adolescentes e dos jovens. Eles se julgam os donos do mundo. Parece que as meninas não pensam em outra coisa, a não ser em sexo. Os garotos são atacados de todos os lados pelos traficantes e pelas jovens, enfim, pelas orgias da vida. Parecia que estávamos vivendo em outro planeta. As cenas que se desenrolavam à nossa frente eram inacreditáveis. Em casas respeitáveis da classe média alta as crianças, ou melhor, bebês ainda, de sete e oito anos, praticando sexo, como se isso fosse natural; "brincadeirinha de crianças", dizem os pais, completamente ausentes de casa, deixando seus filhos entregues à própria sorte e tendo uma "grande" professora: a Internet. E lembrar que as crianças de hoje serão os pais de amanhã!...

Dali fomos convidados para outro ambiente, onde, naquele momento, vários Espíritos assistiam, em um imenso telão, a uma das inúmeras festas eletrônicas, chamadas de festas demoníacas, pois são várias pistas montadas para levar a garotada ao delírio. O som é som do umbral. Haja ouvido para ouvir! E o pior é que nessas ditas festas o que mais se vê são jovens, ou melhor, crianças ainda, mal saindo das mamadeiras. Essas festas têm mais de doze mil pessoas. Você, leitor, pode imaginar o que ali ocorre? E não acontece mais porque a droga às vezes os leva para o hospital. Parecem as zonas umbralinas, cores fosforescentes, muita luz negra, esculturas e pinturas típicas do gênero.

No chão, víamos algumas pessoas extenuadas, outras praticando sexo livremente, como se nada estivesse acontecendo ao seu lado, ou melhor, "chapadas". Coitados dos músicos! Aquela multidão embriagada nem queria saber quem estava tocando, tamanha era a loucura de cada um. A faixa etária é que intrigava por demais. Será que não existe fiscalização? E como, sendo menores, eles adentram essas festas? Crianças de seus doze, treze, quinze, dezesseis, dezessete anos eram as mais enlouquecidas, e ali ficavam muitas horas, naquele embalo. Uns agüentaram pouco, chegando a desmaiar, outros suportaram até o final. Uma garotinha contava que já estava há doze horas dançando sem parar.

Olhando aquelas cenas, perguntávamos a nós mesmos: "como pode uma mãe dormir em paz, sabendo que sua menina ou menino está em uma festa dessas? Quase todos ali estavam ou alcoolizados ou dando trabalho ao posto médico. Sim, havia um posto médico, mas infelizmente poucos policiais, e ela, a "sementinha", corria solta.

Aquela garotinha dava trabalho ao posto médico. O *ecstasy* é que animava, junto ao álcool, essa festa, chamada "festa do amor". Será que essa menina, menina mesmo, gente, tem família? Achamos que não. Essas crianças moram em prisões ou albergues, onde pais omissos, fracos e covardes não querem se defrontar com a responsabilidade de educar seus filhos. Essa festa não termina cedo e será que os pais estão dormindo na hora em que essas crianças voltam para casa? Claro que também devem ter ido a outras festas, que existem para pais sem equilíbrio se divertirem também. Quando escrevemos o livro *Mais Além do Meu Olhar*, muitos não conheciam essas festas e nos criticaram. Hoje elas estão piores e as drogas sintéticas a cada dia aumentam mais.

Olhamos a platéia de Espíritos adolescentes e jovens, vendo aquelas cenas na tela, e perguntamos a Indará:

— Não é perigoso eles assistirem a esse horror?

— Não, é bom que vejam o que está acontecendo no plano físico.

— Então, seria bom se os pais levassem seus filhos a essas festas também?

— Não acreditamos que os filhos levassem seus pais a esses lugares e não se engane, Luiz Sérgio, pois os pais desses jovens não têm autoridade alguma sobre eles, são verdadeiros patetas diante dos "direitos dos filhos". Porém, como impor limites se não souberam educá-los desde pequenos?

— Sabe, Indará, às vezes pensamos que não há jeito, que o Brasil não poderá ser a pátria do futuro, pois quase todas as cidades brasileiras estão nas mãos dos traficantes. As crianças são educadas pelos jogos eletrônicos, a Internet, o computador, as novelas, em que ser digno é ser tolo. Tudo mostra às crianças que o mundo é dos "espertos".

— Deus nos outorgou a liberdade, Luiz, e como Pai bondoso que é, deixa-nos fazer o que desejamos, porém, cada filho de Deus, mesmo não tendo religião, ou melhor, fé, sabe o que é certo e o que é errado. A escolha é dele, ninguém vai para um corpo de carne na ignorância. Ele conhece o que são deveres e limites. Se se faz de tolo, é porque não deseja ser feliz. Olhe essas meninas semi-nuas. O que as espera no futuro? Só em uma noite como esta, ficam com uns dez ou vinte parceiros. Deus criou o Espírito do homem simples e ignorante e os espíritas sabem que o Espírito precisa passar pelos três reinos da Natureza, sempre resguardados pelos Espíritos do Senhor. Quando homem, ele recebe a carta de alforria, a liberdade, pois está apto a trilhar o caminho do bem e do mal, contudo os pais são apenas cooperadores de Deus, mas um dia terão de prestar contas, pois Deus vai-lhes perguntar: "que fizeram com a semente que lhes dei para plantar em seu lar, a fim de tornar-se melhor?" E os pais, indiferentes, responderão: "mas não sabíamos que pesava sobre nossos ombros tamanha responsabilidade, caso contrário não os teríamos aceitado como filhos." E Deus lhes dirá: "mostram o quanto são ainda seres materialistas, pois esquecem de cuidar de uma flor que só precisava se perfumar de amor."

— Gostaria, Indará, até de ver a cara de pau desses pais omissos. Tenho a certeza de que com o maior descaramento, responderão: "Senhor, somos tão pequenos, por que logo nos escolheu para tamanha tarefa?"

Todos riram, mas nós continuamos:

— Aí, Deus vai dizer a esses covardes pais: "passem para minha esquerda, peguem o vôo tal, hora tal, e boa viagem. O "chupão"[9] os espera."

— Chega, Luiz, de conversa, e vamos saindo, por hoje é só. Acho que já vimos o suficiente.

Gostaria de segurar cada criança nos braços, principalmente as meninas, e dizer-lhes: "esperem pelo beija-flor que com carinho as tornará mulher. Não deixem que o bicho-homem lhes desfolhe as pétalas da inocência com a mão forte de selvageria, de desequilíbrio e desamor."

Pensando nisso, falei com Atal:

— Confesso, se eu fosse mulher escutaria bem; se fosse, porque eu sou homem, homem com H maiúsculo.

Ele enlaçou meus ombros e disse:

---

[9] N.E. — Para melhor compreensão deste trecho, consultar a obra *Mais Além do Meu Olhar*, 21° volume da *Série Luiz Sérgio*, Cap. 12 — *Na Universidade da Ciência Universal*, pág. 160.

— Gosto muito de você, bem como de todos os do Recanto. Um dia, fomos escolhidos para viajar com alguns deles e desfrutamos da companhia de pessoas nobres, desprendidas e principalmente que se amavam umas às outras.

— É verdade, Atal, você já viajou com eles?

— Sim, mas acho que este ano faremos uma viagem mais longa.

— E eles não brigam?

— Não, só gastam muito, compram tudo o que vêem e gostam. Desembolsam tudo para o Bazar de Maria.

— Um dia você nos leva junto à caravana?

— Não somos nós que o decidimos, mas acho que o irmão tem outros afazeres. A juventude precisa do seu trabalho.

— E a caravana não é de jovens?

— Sim, Luiz, mas de jovens verdadeiramente espíritas, equilibrados.

— Quer dizer que minha tarefa é só conviver com doidões, malucos e desesperados?

— Não, você é um copo de água do riacho de Maria, tentando apagar o incêndio do tóxico, que queima sem piedade o futuro de uma juventude sem Deus.

Abracei-o bem forte. Os outros dois amigos também o fizeram. Confesso que choramos mais do que as Verônicas do Rema, eles sabem de quem falo.

Nisso, uma garota me ofereceu seu lencinho perfumado de amor e tão bem bordado:

— Irmão, por que chora?

— Porque somos feliz, temos grandes amigos. O homem sem amigo é um deserto sem água e sem flores. Como a linda princesa se chama?

— Ellen — respondeu.

— O meu era Luiz Sérgio, depois, pensei assinar nossos livros como "Irmão L", depois imaginei colocar "o anônimo Espírito", depois pretendi usar "o morto", depois pensei colocar "mataram-me finalmente".

— Não entendo o que o irmão está dizendo.

Abracei-a, pedindo desculpa:

— Sou meio apatetado, Ellen, não ligue para minhas brincadeiras.

— Olhe, gostei de você — respondeu.

Rimos, chamando os outros, Atal, Nady e Indará, e Ellen falou:

— Que Deus Pai, infinitamente justo, sempre esteja ao lado dos servos de Maria.

Olhei aquela menina para me certificar de que não era anã, pois falou bonito. Ela sorriu:

— Luiz Sérgio, eles sempre cuidam de todos nós, aqui, na Cidade das Crianças.

— Verdade, Ellen? Sabe que hoje eles cuidam do papai aqui?

— Acredito, por isso você é um amor de jovem.

"Jovem, nós?" pensamos. E aí buscamos nossa idade e perguntamos a nós mesmos: "quantos anos temos agora?" Depois da conta, dissemos a nós mesmos: "é melhor esquecer o tempo, pois o tempo é a gente que faz, e o meu tempo é hoje, nesta bela cidade que podemos chamar amor, Cidade do Amor."

Ellen avisou Atal de que éramos esperados em uma das casas-lares, a de número 80, e para lá ela nos conduziu. Os dois Lanceiros fizeram cadeirinha e Ellen foi levada em seus braços. Ofereci-me para levar a Lanceira, mas ela não o quis, dizendo:

— Você não me agüenta. Minhas imperfeições pesam demais.

— Verdade? E nós nem as notamos.

Ela segurou com carinho minhas mãos e aí nós a puxamos e saímos correndo, rindo e cantando esta canção:

Que saudade que tenho
Do meu violão
Tocando baixinho
Esta canção
Dizendo: eu te amo
Hoje e amanhã.
És a estrela do meu caminho
Que, com carinho,
Me estendes as mãos.
Quando escrevo para os amigos
Estás sempre comigo,
Queridinha, és meu abrigo
O universo dos meus versos
A realidade, a verdade da Doutrina
Que tanto me ensinas
Te amo, te amo demais.

Capítulo 13

A VESTE DO ESPÍRITO

Logo chegamos à casa-lar, onde fomos recebidos por Anna, que gentilmente nos acolheu. Ellen pediu licença e se retirou. O ambiente era simples, mas decorado com muito bom gosto. Uma casa com belos adornos. Anna Vitória nos mostrou a casa-lar. Nós entramos e ela nos falou que ali moravam dez meninas.

— Por que não moram também meninos? perguntamos.

— Porque torna-se melhor educá-los separadamente. Aqui as jovens aprendem música e artesanato, principalmente etiqueta.

— Etiqueta?

— Sim, a sociedade está sem educação e a etiqueta torna-se necessária para inserir o homem na sociedade. Quem não tem modos para se sentar a uma mesa para se alimentar, dificilmente terá educação no trabalho, na escola, enfim, na sociedade. Aqui as meninas aprendem boas-maneiras, como cumprimentar ao acordar, manter a casa arrumada, dobrar as suas roupas, cuidar delas, enfim, o homem foi criado para desenvolver suas aptidões.

— Então aqui não há domésticas?

— Não, aqui o Espírito trabalha e testa o seu potencial, tudo fazendo para se libertar da preguiça.

Logo fomos apresentados às outras meninas, que estavam cuidando umas dos jardins, outras fazendo artesanato e afazeres, só Ellen se encontrava dentro da casa, preparando um suco de flores, que com prazer foi tomado por todos nós.

— A Ellen é a cozinheira? perguntamos.

Anna, sorrindo, elucidou:

— Não, ela, como todas nós, é culinarista, cada uma tem seu dia de trabalho.

— Irmã, depois de educarem essas meninas, elas vão para o corpo físico e lá viram o diabo de saia, sem educação, sem modos, vivem correndo atrás dos garotos, quase sem roupas. O que a irmã sente quando presencia tudo isso?

— Luiz Sérgio, temos a felicidade de não presenciar os tristes fatos que o irmão está narrando. As meninas que partirem daqui nunca esquecerão o que aqui aprenderam: o respeito a si mesmas, o valor do seu corpo, pois o corpo físico deve ser um altar de dignidade, porque é a fotografia da alma. Ele é uma réplica da veste do Espírito, assim como o perispírito é a réplica do corpo espiritual, que é o templo sagrado da vida, pois saiu das mãos abençoadas do Criador.

— O corpo espiritual não é o perispírito?

— Vamos recordar a questão 88 de *O Livro dos Espíritos*:

88. *Os Espíritos têm forma determinada, limitada e constante?*
"Para vós, não; <u>para nós, sim</u> (...)."

— Esta questão não se refere ao perispírito, mas ao corpo espiritual. O perispírito é a veste do Espírito, mas antes dele existe o corpo espiritual. Sendo o perispírito a veste do Espírito, ele retroage, mas o corpo espiritual, não; ele foi criado junto ao Espírito e jamais se deforma.

— Meu Deus, Anna! Explique melhor. Minha cabeça deu um nó.

— Muito simples: Deus é inteligência e amor, o Criador incriado de todo o Universo. Quando Ele criou o Espírito, concebeu-o simples e ignorante. Imaginemos um óvulo colocado no útero materno. Deus criou o Espírito do homem a partir do fluido mais puro do Universo, portanto, Deus é o Pai e o Universo é o ventre divino, no qual fomos gerados; nossa mãe é a Natureza, pois dela foi retirada a essência fluídica dos filhos de Deus, e o Pai, sendo perfeito, não iria criar algo disforme. Ele criou o Espírito e seu corpo espiritual, mas deu ao Espírito o encargo de ele mesmo ir, à medida de sua própria evolução, confeccionando sua veste eterna: o perispírito. Não devemos esquecer que Deus dá o material, mas o alfaiate é que terá de trabalhar sua veste perispiritual, e esta tem de se tornar a veste nupcial do Espírito. Deus, sendo eterno e justo, jamais destrói Suas obras. Ele outorgou essa responsabilidade a todos os Seus filhos, portanto, o perispírito, a veste do Espírito, é confeccionada por cada Espírito com os elementos do corpo espiritual e também do local onde se encontra, por isso o perispírito não é destruído, ele acompanhará o homem eternamente. O homem jamais será capaz de destruir o seu perispírito, mas sendo uma criação do Espírito do homem, ele tem de cuidar dele, pois é sua veste eterna. Contudo, o perispírito pode deformar-se, é maleável, conforme a evolução do Espírito, pois está ligado ao cérebro e ao coração do Espírito criado por Deus. Vamos lembrar este trecho da mensagem de *O Espírito da Verdade*, constante de *O Evangelho Segundo o Espiritismo*, Cap. 6, item 6:

"(...) Bebei na fonte viva do amor e preparai-vos, cativos da vida, a lançar-vos um dia, livres e alegres, no seio dAquele que vos criou fracos para vos tornar perfectíveis e que quer modeleis vós mesmos a vossa maleável argila, a fim de serdes os artífices da vossa imortalidade."

— Pode explicar-nos melhor, irmã Anna?

— Sim. Deus é tão bondoso que não quis prender o Espírito ao Seu lado, como fazem os colecionadores de obras de arte, porque Ele é o pai do Espírito do homem e este é a Sua semelhança, porém, sendo justo, Ele não aprisionou, concedendo aos Seus filhos a liberdade, mas também a responsabilidade de cada um lutar pelo próprio crescimento espiritual e isto o homem não compreendeu, ou melhor, alguns Espíritos não compreenderam e escolheram o caminho largo da perdição.

— Irmã, cada Espírito é o arquiteto da sua vida, não é mesmo?

— Não o arquiteto, mas ele tem a responsabilidade de cuidar de algo que Deus criou junto ao seu Espírito, só que essa veste, como podemos chamá-la, é o perispírito, que vai-se moldando nos reinos pelos quais passa o Espírito em formação. Vamos imaginar que Deus criou o Espírito do homem já completo, junto ao corpo espiritual. Entretanto, deu de presente ao Espírito criado um corte da mais fina seda e o modelo para o Espírito ir moldando como sua veste eterna, a *maleável argila*, no dizer de o Espírito da Verdade. É por esta veste que o Espírito tem trânsito livre nos mundos pelos quais tem de passar.

— É obrigatório todos os Espíritos passarem pelos três reinos da Natureza?

— Claro que sim, por todos eles o Espírito, o seu corpo espiritual e seu perispírito, ainda em formação, necessitam transitar, pois a obra pertence ao Espírito e é ele quem deve trabalhar para embelezar seu corte perispiritual, a veste nupcial que teremos de tornar branca e translúcida no dia em que comparecermos às bodas do Senhor Jesus. Ai daqueles que, por negligência, a deformarem.

Estávamos perplexo.

— Tudo isso, irmã, se aprende aqui, na escola-lar? Você, Atal, sabe tudo sobre o Espírito, o corpo espiritual e a veste perispiritual?

Muito gentilmente, não querendo demonstrar que é um Espírito de grande conhecimento, Atal nos respondeu:

— Hoje a aula é sua, tire bom proveito.

Olhei aquele querido amigo. Quanto humildade os encarnados têm de aprender com os Espíritos que trabalham no plano físico, pois muitos espíritas julgam que tudo sabem e sentem-se os doutores da lei, só atirando pedras, não naqueles que atacam a Doutrina, mas nos próprios companheiros de crença!

— Luiz Sérgio, não sabemos quando Deus criou o Espírito, só podemos passar para o irmão o que aprendemos na Universidade Maria de Nazaré: disciplina, disciplina, amor à verdade, mas a irmã Anna pode nos dizer algo que o irmão não entendeu.

Anna continuou a conversação, narrando que, já na pedra, o Espírito já tem o seu corpo espiritual em tamanho diminuto, mas quando dizemos diminuto, queremos significar difícil de alguém ver, talvez só Deus e Seus prepostos. A irmã continuou:

— Dali ele passa para o reino vegetal e depois o animal. O seu *mapa genético* ali está, como um esboço, só o Espírito que tem vida e, assim como uma semente, ele vai caminhando na longa estrada da evolução e lutando para plasmar em sua veste perispiritual, sua roupa, a forma humana, latente no Espírito e no seu corpo espiritual. Vamos imaginar que em cada reino ele, o Espírito, recebe um adorno em sua veste em formação. Em cada parada, que são os mundos *ad-hoc*, onde o Espírito, ou melhor, o perispírito sofre a transformação, o Espírito terá de lutar para ir adiante, até chegar à condição de homem. Aí, a veste do Espírito, que é o perispírito, já está formada com a configuração humana. Quem trabalhou para que isso viesse a acontecer foi o próprio Espírito do homem, e não Deus. O Pai apenas não deixou nenhum filho órfão, colocando ao lado de cada um Espíritos que muito o ajudaram no caminho da evolução. O homem não teria mérito se Deus já o criasse homem feito. Não, como Deus é um Espírito imortal, Ele também desejou que cada filho Seu tivesse capacidade de criar algo que jamais seria destruído: o perispírito. Contudo, infelizmente, até hoje o homem brinca com ele, deforma-o, fere-o, mas um dia o alfaiate da veste perispiritual, o Espírito, vai lutar para transformá-la em um belo traje nupcial, quando ele, o homem, terá de comparecer às bodas, ocasião em que o Cristo receberá o Planeta regenerado.

— É por isso, irmã, que os mansos herdarão a Terra, como disse Jesus?

— Quem está deformando o perispírito, ou melhor, sua veste perispiritual, abusando do seu livre-arbítrio, odiando, vivendo na ganância, não respeitando a vida, estes serão deportados para um outro planeta, para tentar de novo. Terão de conviver com as dificuldades, mas também deterão a incumbência de fazer progredir o planeta atrasado. É como se o Espírito errado fosse um péssimo costureiro, não fazendo jus à confiança que Deus depositou nele, oferecendo um belo trabalho: o de usar a inteligência e com humildade ouvir dos seus protetores os conselhos, pois Deus sempre dá ao Espírito em evolução excelentes mestres, mas, infelizmente, nós nunca escutamos os que desejam a nossa evolução, e a cada dia retardamos o momento de nossa formatura, quando receberemos o diploma pelo mérito de ter lutado para dar alegria a Deus, nosso amado Pai.

— Até lá, ficaremos estragando o pano que Deus nos deu, não é mesmo, irmã?

Ela sorriu.

— Você tem razão. Ainda se conhece muito pouco as obras kardequianas. Se os espíritas estudassem mais, não estariam tão desunidos e desinformados. Muitos só se preocupam com o mundo espiritual, e ele obedece a uma disciplina divina. Eles, os encarnados, devem preocupar-se com suas ações, pois o perispírito é o "disquete" do Espírito, no qual tudo fica gravado. Até hoje, Luiz Sérgio, alguns espíritas, não sabendo explicar sobre reencarnação, ficam fantasiando e levando a Doutrina ao ridículo. A reencarnação não é uma utopia, é uma realidade que obedece às leis da Natureza. A reencarnação é a oportunidade que o Espírito tem para saldar suas dívidas, não com Deus, pois o Pai Todo-poderoso jamais cobrará de um de Seus filhos, castigando-o. O que acontece é que, como já lhe falamos, o homem é que busca a alegria, a dor e o desespero. Se ele, o Espírito, for doce e obediente às leis morais, sua veste não se deformará e ele ocupará as melhores moradas da Casa do Pai.

— Sabe, irmã, sentimo-nos como um daqueles irmãos que perambulam pelas ruelas da vida, barbados e cobertos de andrajos, morando debaixo dos viadutos.

— Tem razão, Luiz Sérgio, e como um desses mendigos pode adentrar uma casa limpa e perfumada? Poderá fazê-lo, se trocar de roupa e for banhado, mas logo voltará para os viadutos, porque acha que ali é o seu lugar. Assim somos nós. Não é Deus que nos leva para aqui e para acolá, são as vibrações que carregamos, a atração magnética e os fluidos do nosso perispírito, veste dos nossos Espíritos.

— Irmã, só conhecemos Deus, a Sua bondade infinita, estudando a Doutrina Espírita. Só ela, a Doutrina, tem como dar explicação sobre tudo o que acontece. E coitado de Deus, pois os que dizem amá-Lo sempre falam: cuidado com o castigo de Deus! Ele não castiga, porque é bom e justo, e jamais irá julgar um de Seus filhos, porque a cada um deu um tribunal e um juiz implacável: a consciência e o Espírito. Quando o Espírito buscar sua consciência, descobrirá Deus e tudo fará pela própria reforma íntima. Onde, irmã, as provas reencarnatórias estão grafadas no Espírito? Na memória, na consciência ou no perispírito?

— Todas as ações praticadas pelo Espírito ficam marcadas na veste perispiritual e, tendo sua veste suja, o Espírito terá de buscar uma *lavanderia* para limpá-la, e esta lavanderia é o arrependimento, a expiação e a reparação.

— Também é para lavar o perispírito que o Espírito terá de mergulhar no "rio Jordão", chamado corpo físico. Estou certo?

— Sim, a reencarnação é algo natural, e não castigo ou perdão de Deus. Ele deu ao homem a carta da liberdade: o livre-arbítrio. Todos temos a liberdade de fazer tudo o que desejamos, o que bem entendemos, porém, temos sempre de lembrar que devemos, antes de tudo, respeitar as leis divinas e seus estatutos. A reencarnação não é castigo. Os espíritas precisam respeitar o Criador quando falarem sobre reencarnação. Ela não é castigo, repetimos, é oportunidade de consertar o que destruímos. Nem Deus nem Jesus possuem um tribunal onde vários juízes julgarão o erro de cada encarnado, não existe isso. O único tribunal que julgará os nossos erros é a nossa consciência plena. Só ela nos julga e nos leva a Deus; e a veste perispiritual, que jamais será destruída, é o troféu do Espírito, pertence a ele, foi ele quem a esculpiu, Deus apenas lhe ofereceu o material. Portanto, cada boa ação reflete luz no perispírito e cada má ação o destrói, ou melhor, mancha-o. O perispírito marca, registra todos os nossos atos. O perispírito é o "disquete" do Espírito e nele fica gravado tudo o que fazemos de bom e de mal e com a veste deformada o Espírito não tem como enxergar Deus.

— Então Moisés não via a face de Deus, irmã?

— Não, porque, mesmo sendo um Espírito missionário, manso e doce, ele cometeu um assassinato, e só os Espíritos puros vêem a Deus.

Atal e os outros companheiros permaneciam calados. Naquele jardim, as jovens recebiam aulas e faziam artesanato e nós continuamos perguntando:

— Ficando no perispírito tudo o que fazemos, depois de desencarnados não teremos como esconder nossos defeitos. Estou certo, irmã?

— Certíssimo, mas para uma melhor explicação sobre reencarnação, por favor, vamos até o Auditório 101.

— Obrigado, muito obrigado — falamos, já correndo para o local.

Já estávamos longe quando Nady nos chamou:

— Luiz, aonde vai?

Quando olhamos para trás, que vergonha! Paramos e pedimos desculpas. Nossa irmã despediu-se e Atal nos levou até o auditório, onde várias meninas de seus doze a dezesseis anos ali estavam. Sentamo-nos. Tudo era silêncio, só uma suave música invadia todo o auditório. Paramos para orar:

"Deus, Todo-poderoso, tenha piedade da nossa ignorância, mas não nos deixe perdidos no caminho do medo e da tristeza. Consinta que os amigos que conquistamos nesses dois mundos em que vivemos estejam sempre nos empurrando para frente e se algum valor têm os nossos livros, faça que eles cheguem até as mãos de todos os que precisam entender as Suas leis. Porém, se nossos livros forem apenas folhas voando de mão em mão, sem nenhum conteúdo, sem condição de aplacar a dor e o desespero, e principalmente de dignificar todas as obras kardequianas, único mapa que tão bem nos elucida o caminho para a terra prometida, ajude-nos, Senhor, e por favor, dê-nos também paciência para aceitar os doentes de vaidade que teimam em destruir nosso caminho evolutivo. Obrigado, Senhor, nós O amamos demais, pois nossos pais sempre nos ensinaram a respeitá-Lo. Nunca tivemos em nossos coração outros deuses, só cremos no Senhor, sempre buscamos Seu coração para nos abrigar eternamente. Assim seja."

Capítulo 14

O ESPIRITISMO NAS ESCOLAS

Um irmão deu entrada no recinto e com voz melodiosa iniciou uma preleção sobre a responsabilidade do Espírito por ter sido criado por Deus:

— Irmãos, Deus é o Criador incriado de todo o Universo e nós somos frutos do Seu sublime amor. Como Pai perfeito que é, Ele é único, e com que amor espera que cada obra Sua prospere para a eternidade! Ele não interfere em nossas vidas; desde que atingimos a maioridade, respeita os nossos atos, mesmo não estando de acordo com alguns deles, porém, como inteligência máxima do Universo, Ele trabalha intensamente em prol da vida, pois Ele é a própria vida que se manifesta sobre todo o Universo. Contudo, imaginar Deus como um ser comum, munido de amor e ódio, é desconhecer os Seus atributos e, infelizmente, quando somos idólatras O vemos como um Senhor que mata, causa dor, lágrimas e castiga, o que não é verdade. Por isso, os espíritas deveriam estudar a Bíblia, tirando das suas entrelinhas os preceitos espíritas, pois nenhum livro da Humanidade confirma mais as verdades contidas em *O Livro dos Espíritos*. Quando lemos a Bíblia, encontramos na letra que mata um Deus injusto, que comanda guerras e que tortura quem não O ama, mas se encontramos o Espírito que vivifica, certificamo-nos de que Ele, o Pai justo, jamais deu preferência por esta ou por aquela nação, por este ou por aquele filho. Na Bíblia, encontramos muitos fatos espíritas e a reencarnação é tão palpável que é até covardia ir contra os fatos reais das vidas sucessivas. Os grandes missionários que compuseram a História da Humanidade nela estão, dando-nos grandes exemplos de humildade e de obediência, apenas julgando que tudo provinha de Deus, as vitórias e os fracassos, o que não é verdade. O Cristo veio para elucidar os homens sobre o real valor de cada um lutar pela própria perfeição. Quando subiu no monte para recitar o belo poema de amor, que é o sermão do monte, quis Ele, como grande Mestre que é, simplificar as leis de Deus de modo didático. Assim, foi explicando para a Humanidade o que vêm a ser as leis morais e que cada ser deve procurar vivê-las para ter uma sociedade mais justa, mas os homens preferiram crucificá-Lo. Ele é um Espírito que jamais desobedeceu um J da lei divina, por isso tinha autoridade, ou melhor, capacidade de passar para a Humanidade tão belo estatuto, e como o fez, não com palavras, porém ainda mais através do exemplo, pois acreditando Nele o caminho do homem imperfeito é mais fácil de ser percorrido. O Mestre bem ensinou a Humanidade, pena que ela não guardou Seus ensinamentos, preferindo lembrar-se Dele como o salvador, o que carrega a cruz de cada um, o que "morreu" pelos nossos "pecados". Que pecados? Ele foi crucificado pela ignorância e maldade de alguns homens, não de toda a Humanidade. Jesus veio até o plano físico nos mostrar o caminho, a verdade e a vida, e como nos ensinou! Ele não fundou nenhuma religião, pois jamais praticaria qualquer injustiça, e os fundadores de religiões procuram separar e não entrelaçar as mãos dos filhos de Deus. Quando Se deixou levar até o calvário, Jesus quis ensinar os homens a não fraquejar na hora do sofrimento, porque cada ser tem latente em si a coragem, pois Deus os criou para amar e ter fé, e quem tem fé não se acovarda, principalmente diante da chamada "morte". Nenhuma palavra dura saiu dos lábios de Jesus. Ele não disse aos que O maltrataram: *eu vos perdôo*, pois quem é perfeito como Jesus não se sente ofendido com as injustiças praticadas por almas doentes e ricas de orgulho. Não, Ele jamais caiu em contradição. Por todos o Cristo orou a Deus e continua orando até hoje por essas almas ainda violentas. Tudo o que Jesus falou ficou gravado no livro da História da Humanidade com as letras da verdade, porque Ele é a semelhança de Deus, um Espírito sublimado que jamais faliu, por isso é o Governador do nosso Planeta. Muitos O chamam de Deus, porque Ele é o filho obediente que jamais desobedeceu ao pai, pois nunca Se desviou do caminho da perfeição. Até no momento em que

O pregaram na cruz, Ele manteve a serenidade que só possuem os Espíritos sublimados, e depois deixou a cada homem mortal a lição de que ninguém morre, porque Deus não vai contra Suas próprias leis. Se Deus disse: *não matarás*, como Ele tem o direito de destruir Sua própria obra, de matá-la? Não, Ele nunca fará isso, e Jesus jamais morreu, porque só morrem os que se suicidam no mar dos erros e das iniqüidades.

— 'Estamos falando de Jesus primeiro, para depois falar sobre a reencarnação, porque nos meios espíritas ainda existem aqueles que a desconhecem, e ela faz parte das leis da Natureza. Por que da Natureza? Porque aquele que erra tem de prestar contas dos seus erros no tribunal de sua própria consciência e a reencarnação é uma realidade. O Espírito que fracassa marca a sua veste perispiritual e esta tem de ser lavada no *rio Jordão*, em busca de um novo corpo, chamado físico. Estão na veste perispiritual do Espírito as suas faltas, portanto, não é Deus nem Jesus que castigam o ser errado, falido. Mesmo com seu perispírito marcado, o Espírito terá de tudo fazer para limpá-lo, e nada melhor para isso do que a reencarnação. Os departamentos reencarnatórios têm sob sua responsabilidade os fichários dos Espíritos errantes e todo o seu trajeto, seu plano de vida, e o Espírito, ao freqüentar esses departamentos, fica ciente dos seus erros e de tudo o que deve fazer para não cometer as mesmas faltas. Ficam grafados no perispírito os pontos fracos do Espírito, porém, quando de retorno ao corpo físico, ele se esquece da sua tarefa evolutiva e vai brincando com a vida. É um estudante relapso, sem responsabilidade, desejando passar de ano, mas nada querendo aprender na escola da vida. Não que Deus aja como fazem os que encenam teatrinhos de fantoche. Não, Ele está ocupado com todo o Universo, não tem tempo de ficar catalogando os erros e acertos de todos os Seus filhos. Ele tudo vê, tudo sente, mas Sua justiça não Lhe permite intervir na liberdade que outorgou a todos os Seus filhos munidos de inteligência.

— 'O espírita ainda não pode dizer-se religioso, porque a religião é uma só: a de Deus e se chama amor e justiça, e que religião hoje, no plano físico, pratica o amor e a justiça? Ao contrário, apoderaram-se de Jesus, pregaram-No não em uma cruz, mas O trancafiaram em suas igrejas e, dizendo defendê-Lo, atacam umas às outras. Não, a Doutrina Espírita é dos Espíritos, é universal. Ela é o terceiro chamado de Deus para as bodas do nosso amado Mestre Jesus Cristo. Ela veio para elucidar o homem, fazê-lo conhecer a si mesmo. A Doutrina é filosófica, científica e religiosa, porque, quando amamos, tornamo-nos caridosos, pois aprendemos a respeitar as leis de Deus e começamos a amar o nosso próximo. Infelizmente, mesmo os que se dizem espíritas não podem se dizer religiosos, por ainda desconhecer Deus; a ciência, eles não a buscam, é muito para alguns; a parte filosófica, nem pensar. O que hoje tornou-se bandeira do Espiritismo é a antiga idolatria, tão combatida por Moisés, por todos os juízes, anciãos e reis de Israel, e o Cristo é a presença viva da não-idolatria, pois Ele disse "bom, só o Pai o é". Por que a Doutrina Espírita, que tem tudo para o homem se auto-conhecer, está-se perdendo no caminho largo da vaidade e da idolatria? Sim, o espírita tem por dever estudar a Codificação, conhecer Jesus e Kardec. Quem deseja tirar Jesus da Doutrina, também vai tirar Deus, e quem desejar tirar Kardec, perder-se-á no mundo da fantasia, e infelizmente é o que hoje mais vemos: Centros Espíritas sem estudo, "desenvolvendo" mediunidade, como se isso fosse a finalidade da Doutrina. Dizemos: não, a tarefa da Doutrina Espírita é a de melhorar o homem, torná-lo bom para viver em uma sociedade mais justa e não a de criar médiuns como se fossem os salvadores do Planeta. A obrigação de cada núcleo espírita é estudar a Doutrina e quando um freqüentador da Casa for levado a uma mesa mediúnica, ele deve estar preparado para bem servir aos dois planos, não lhe despertando a vaidade nem o orgulho. Aquele que se diz médium deve aprender a ética do Espiritismo, que é lutar pela verdade. Infelizmente, hoje temos Casas Espíritas que criam grupos mediúnicos como se estivessem em uma olimpíada espírita: a Casa que possui mais médiuns é considerada a melhor. Não, meus irmãos, isso não é Doutrina. Estudem a Bíblia e verão que isso é mediunismo e desequilíbrio.

— 'O verdadeiro espírita não pode considerar-se um intelectual da Doutrina, pois Doutrina não é curso acadêmico, é conhecimento das leis morais. Sem moralidade divina não existe Doutrina, ela veio para transformar o homem, torná-lo melhor e dar-lhe conhecimento primeiro do seu próprio corpo. Sendo a mediunidade inerente a todos os seres humanos, ele precisa conhecer o seu corpo, como ele foi formado, só assim compreenderá o que quer dizer esta frase: todos os seres humanos possuem mediunidade. Se não estudar, ele ficará indo de Centro em Centro, correndo atrás dos Espíritos, em busca da sua tão "esplendorosa" mediunidade. Doutrina não é isso. Os que assim pensam estão mal informados. A Doutrina é o conhecimento que cada um busca nos livros doutrinários, neles descobrindo de onde viemos, quem somos, o que vêm a ser as doenças, para dessa forma "matarmos" a morte. Porém, ao chegar à Casa Espírita em busca dos milagres, fazendo oferendas, sacrifícios e depois praticando a idolatria, os médiuns viram santos e seus adoradores nada conhecem da Codificação. O que precisam aqueles que estudam de verdade as obras básicas é, em vez de consultar livros de auto-ajuda, que cada vez mais aparecem, tirar trechos e questões importantes de *O Livro dos Espíritos*, de *O Livro dos Médiuns* e de *O Evangelho Segundo o Espiritismo* e distribuir como mensagens avulsas, talvez assim os freqüentadores das Casas Espíritas iniciem a gostar da Terceira Revelação, das obras doutrinárias. Quando dizemos doutrinárias, queremos dizer que elas nos apresentam Deus e, quando encontramos o Pai, O descobrimos e tiramos a teia da ignorância que cobre a consciência pura criada por Deus, na qual estão contidas as leis morais. Sem essa aproximação do homem com ele mesmo, jamais alguém entenderá o Espiritismo como ele realmente é: o Cristo redivivo em nós, levando-nos até Deus — a vida plena. Com o perispírito limpo pelo arrependimento, pela expiação e pela reparação, teremos mais empenho em conhecer esse caminho estreito da perfeição. Porém, se alguns espíritas não sabem o que é reencarnação, como podemos ensinar a Doutrina? A Doutrina não se ensina, estuda-se. Não temos doutores em Espiritismo nem instrutores, somos todos alunos do Cristo. É Ele que, junto a uma plêiade de Espíritos superiores, leva até os encarnados a verdade que os libertará. Ministrar passe, tomar passe, freqüentar grupos de desobsessão, grupos de cura, grupos disso e daquilo, tudo isso é válido, mas será que os médiuns que os freqüentam têm moralidade, são cidadãos nobres da sociedade, humildes soldados do Cristo, representantes da Doutrina, ou são os doutores da lei que só vão ao templo como fez Pilatos, para lavar as mãos e julgar? Será que os doutores em Espiritismo, que desejam expulsar o Cristo da Doutrina, sabem o que é a humildade, ou eles estão construindo um novo Sinédrio ou uma nova Inquisição, em que só eles são os ditadores de uma nova constituição espírita, criada pela vaidade de cada um? Imploramos a todos desta sala, principalmente aos jovens, que ao chegarem ao corpo físico recordem que a Terra será dos justos e quem nos falou isso foi o seu Governador, Jesus Cristo. E quem é justo, com o coração repleto de orgulho e vaidade? A Doutrina Espírita ensina o homem a tornar-se bondoso e a não correr atrás do misticismo e da idolatria e estes ditos espíritas são verdadeiros místicos, pois criam fantasias e mentem, dizendo-se defensores de Allan Kardec, como se Allan Kardec precisasse de defensores. Se o Cristo não convocou Seus exércitos, chamados de amor, para defendê-Lo da turba enfurecida, quem são esses defensores de Allan Kardec para jogar pedras na Doutrina Espírita codificada por ele? Ao criarem núcleos de idólatras, eles, sim, são os traidores de Kardec, pois ele nunca idolatrou esse ou aquele médium, porque lutava pela verdade e não pelo fanatismo. Kardec pagava as despesas de suas viagens e quantos defensores e médiuns ditos representantes da Doutrina só viajam se alguma organização espírita pagar suas passagens e ainda exigem hotéis de luxo!... Outros tiram dinheiro das editoras dos livros psicografados por eles. Que Doutrina Espírita é essa? Um verdadeiro médium de Jesus é fiel à pureza doutrinária e não usufrui de sua mediunidade para tirar proveito de sua popularidade. Isso mesmo, quem assim procede está traindo Jesus, que nos presenteou com o Consolador, a Doutrina Espírita abençoada por Deus, o último chamado. Depois dela, nenhum mais ocorrerá. Ela, a Doutrina Espírita, é eterna, ela liga os dois mundos, é o grande intercâmbio, graças aos simples carteiros que devem vestir a túnica da humildade e realizar em silêncio a sua tarefa, porque disse o Cristo: o que faz a mão direita não deve saber a esquerda. E por que alguns espíritas desejam a fama, como se fossem artistas de teatro ou cinema? Por causa do seu orgulho? Achamos que sim.

— 'É necessário que cada Casa Espírita se torne um lar com irmãos amigos que se amem e se respeitem e que ajudem uns aos outros. Na Casa Espírita em que não há diferença social todos são irmãos, uns ajudando os que têm menos, e fardas, medalhas e títulos superiores não existem, porque em uma Casa onde se pratica a caridade, que é o amor duplo, ninguém está preocupado em ser idolatrado, paparicado ou é tido como intelectual. O Cristo é o Espírito mais perfeito que andou nos caminhos do plano físico e ninguém O chamou de doutor, sim de mestre, de irmão, como Ele bem disse: *não os chamo de servos, sim de amigos, porque o servo não sabe o que faz o senhor*. Alguns instrutores da Doutrina olham as pessoas como se fossem ignorantes, porque a Doutrina não adentrou seus corações. Eles são os túmulos caiados por fora, mas por dentro a podridão da vaidade os domina. Despertem, homens que se dizem espíritas. Atravessamos momentos difíceis. O Brasil sofrerá grandes reformas e estas virão duras, quando o povo presenciará a decadência da moralidade, e a família que não segurar bem forte as mãos de Jesus e de Maria sentirá a dor e o desespero. E onde estará o Consolador prometido por Jesus? Estará realizando congressos para divulgar o Espiritismo. Espiritismo não se divulga, estuda-se e pratica-se. Onde estará o Consolador prometido por Jesus? Ele não está onde tocam violão ou fazem encontros alegres e festivos, enquanto a dor, a falta de pudor, a gravidez precoce e os vícios matam os sonhos de crianças e jovens, muitos praticando assassinatos frios e covardes, muitos matando os próprios pais, ou os pais os matando. E algumas Casas dizendo que obsessores é que estão levando as crianças ou os adolescentes e os jovens à falta de limites, à falta de presença dos pais, à educação errada e materialista, aos filhos sem limites e sem deveres, repletos de direitos, direitos esses de destruir, de agredir, de matar, verdadeiros vândalos, párias que odeiam a sociedade, porque não conhecem as leis morais!... A família não existe, porque a casa que seus componentes habitam não pode ser chamada de lar. E o Consolador prometido por Jesus, onde está? Que fazem dele os falsos espíritas, os vaidosos, os maledicentes, os doutores da lei, os defensores de Allan Kardec? Sabemos onde está: nas Casas realmente sérias, onde ninguém está preocupado em aparecer, onde a Doutrina é límpida, sem idolatria a este ou àquele médium, onde o médium adorado é Jesus, o médium de Deus somente. O Consolador está onde se pratica o amor e a verdade e como as pessoas estão precisando se amar e se respeitar! Somente a Doutrina nos apresenta Deus com Seus reais atributos, e a justiça é um deles, e quem é justo não julga, não mata, não manda para os umbrais; quem é justo está sempre com os braços abertos, como faz até hoje Aquele que muitos julgam ser Deus: Jesus Cristo. Deus está eternamente à espera dos filhos pródigos, aguardando-nos sem pressa, porém, como o coração de um verdadeiro pai, só deseja que todos os Seus filhos sejam felizes. Essa é a finalidade da Doutrina: apresentar Deus à Humanidade, dizendo-lhe: quem não limpar sua veste perispiritual não ficará nas bodas do Cristo, será deportado para outro planeta, de acordo com o campo magnético de sua veste perispiritual.

— 'A reencarnação não é castigo, porque Deus não castiga. Não é "carma", porque Deus não criou os "intocáveis". Os ímpios é que fizeram com que na sociedade existissem os miseráveis, os desvalidos, os injustiçados, e não Deus, e isso só nos ensinam os livros doutrinários, lidos e relidos muitas e muitas vezes. O homem que não se tornar melhor não é digno de se dizer espírita, porque Espiritismo não é diversão, não é idolatria, não é utopia, não são aplausos. Doutrina é conhecimento, que todo homem deve buscar para compreender suas dores e lutar por suas vitórias, as quais somente serão conquistadas quando praticarmos boas ações e nos tornarmos humildes filhos de Deus, obedientes às Suas leis. Todos devem ler o prefácio de *O Evangelho Segundo o Espiritismo* e buscar se tornar um músico da imensa orquestra do Senhor, tentando tocar a mais bela melodia que a Humanidade necessita: a paz entre os homens de boa vontade. Palavra sem evangelho é árvore sem raiz. Preparem-se, todos que desejam se tornar espíritas, a buscar não os médiuns ou os dirigentes das Casas Espíritas, mas a procurar a verdade na Doutrina, e ela está nos livros doutrinários, que tão bem elucidam o homem a descobrir quem ele é, o que faz e o que precisa saber para se tornar bom. Se os espíritas não se unirem, carregando uma única bandeira, a do amor, dificilmente o Brasil continuará abrigando a árvore do Espiritismo, porque hoje o que mais se vê são os espetáculos circenses: médiuns vaidosos brincando com a Doutrina, dando autógrafo, abençoando este ou aquele, ressuscitando mortos e contando piadinhas engraçadas em suas palestras, algumas até bem fortes. Doutrina Espírita é cultura, e não podemos elitizá-la. O Cristo é o Mestre da grande Universidade Científica do Universo e não fez platéia alguma rir das Suas pregações. Ele apenas nos apresentou a Deus, prometendo levar-nos até o Pai. Quem vive viajando com o dinheiro da sua Casa Espírita ou da sua editora deveria ler a passagem na qual Jesus mandou que os Seus discípulos viajassem apenas com suas poucas coisas, em *Mateus*, Cap. 4:

9 *Não leveis no cinto moedas de ouro, nem de prata, nem de cobre;*

10 *nem sacola para o caminho, nem duas túnicas, nem calçados, nem bastão, porque o operário é digno de seu sustento.*

— 'Por que estão falando em nome do Cristo mas não estão agindo como Ele recomendou? E depois, neste século em que estamos, a propaganda do Espiritismo não é das melhores, pois só vemos na mídia médiuns fazendo previsões em nome do Espiritismo, e os verdadeiros espíritas, onde estão? Combatem os próprios espíritas, querendo apoderar-se dos Espíritos, como se todos fôssemos nos salvar pela caridade deles em nos receber em suas Casas, ditas Espíritas, como obsessores para sermos doutrinados, porque quase não mais existem grupos sérios, nos quais se respeita os Espíritos, em que os bons Espíritos se manifestam para orientar a Humanidade, como ocorreu na época da Codificação. Esses grupos precisam de médiuns e Espíritos humildes para bem analisar as mensagens e jamais adulterá-las. Podemos levar a Doutrina a sério, se a cada dia levantam-se Casas e mais Casas sem qualquer critério? A tarefa de todos os espíritas é a de lutar pela própria melhoria e orar por toda a Humanidade para que haja paz. Que todas as Casas Espíritas descolem as letras de suas portas, nas quais se lê "Casa Espírita tal", e coloquem apenas "Casa Espírita", onde se estuda a origem da vida e o porquê da desencarnação, só assim os homens compreenderão seu dever para com Seu criador. Enquanto houver divisões, continuarão as rivalidades entre os ditos espíritas, que com esse proceder expulsarão os bons Espíritos de junto deles. Todas as Casas Espíritas precisam se unir para estudar a

Doutrina como ela foi entregue aos homens, pura e cristalina, sem adereços, sem preconceitos de raça, de povos, sociais ou culturais, verdadeira fonte de águas puras, e todos os que a buscarem não terão os lábios ressequidos da ignorância. Conhecerão Deus, Seus reais atributos, bem como a si próprios e os corpos que compõem sua individualidade, e verão quão importante é o Espiritismo, pois graças a ele ocorre a transformação moral de cada filho de Deus. Só com o respeito de cada espírita para com o outro teremos um verdadeiro exército de amor ajudando, fazendo serenar as águas turbulentas do mar da vida física, dando ao homem nem que seja uma lanterna para ele enxergar além da matéria. Só assim ele buscará a verdade e só ela o salvará. De que adianta nos dizermos espíritas se somos inquisidores, se somos adúlteros, se desejamos nos apoderar das tarefas do próximo querendo projeção, usando nomes respeitáveis da Doutrina para alimentar nossa vaidade? O Espiritismo está em crise e os culpados não são as outras crenças, sim os próprios espíritas, os quais, desinformados ou longe da humildade, julgam que tudo já sabem de Espiritismo, ignorando o que disse Allan Kardec: que a Doutrina é progressiva, que ela acompanha a ciência. Se ela acompanha a ciência, temos de tirar da bíblia espírita, *O Livro dos Espíritos*, as grandes revelações que ainda estão em suas entrelinhas, porque poucos espíritas lêem, ou mesmo nunca leram, *O Livro dos Espíritos* ou *O Livro dos Médiuns*. Se fossem estudo obrigatório em todas as Casas Espíritas, talvez tivéssemos menos idolatria e fanatismo, que tanto mal causam a Deus e ao próximo.

— 'Que saiam de seus lares os que estudam com afinco, mas com humildade vivem e reverenciam os postulados espíritas, e deixem de contar os anos que têm de idade, ou os que estão na Doutrina, ou quantas horas tem um dia ou quantas perderam de sono, e busquem trabalhar nas Casas Espíritas, dando às crianças, aos adolescentes, aos jovens, aos iniciantes espíritas, exemplos de fé, de humildade, de conhecimento. Apresentem-lhes Deus para que não vivam colocando a luz debaixo do desculpismo: não tenho idade para sair à noite, já trabalhei demais pela Doutrina, estou já velho para ter compromissos espirituais. Não, pelo amor de Deus, não façam isso. Muito será cobrado daqueles que muito receberam e aqueles que tantos anos estudaram *O Livro dos Espíritos* deveriam voltar a estudá-lo, pois verão que nada entendem de Espiritismo, de reencarnação, de ciência espírita, de sua filosofia, porque "aposentaram-se" ou julgaram que tudo sabiam, e terão vergonha e buscarão de novo os bancos das escolas e junto a crianças, jovens e adolescentes usarão os números para somar as horas gratificantes que terão em sua vida novamente, sentindo-se capazes de caminhar, mesmo não tendo mais o vigor dos anos de juventude. Se Deus e Jesus ficassem presos aos números, já teriam desistido de esperar os homens evoluírem.

— 'Vamos, espíritas, amar-nos e instruir-nos, só assim a Doutrina se tornará mesmo o Consolador prometido por Jesus. Se não existir amor e ética divina nas fileiras espíritas, seremos apenas uma seita repleta de idólatras e fanáticos, sem Deus, sem respeito a nós mesmos, pois chegamos até o barco, mas não tivemos coragem e paciência de ir remando, remando, mesmo em mar bravio, recebendo as águas da humildade para ir tirando pouco a pouco as letras mortas de tudo que lemos, mas não colocamos em prática. Quando o mar da vida adentrar cada coração, o homem verá Deus, não no oceano, não no riacho, não nos pássaros, não nas Casas e nos templos religiosos, mas dentro do seu coração. Jovens que estão se preparando para reencarnar e irmãos operários do Senhor, que levem até os encarnados as notícias deste mundo onde vivemos, que todos lutem por um mundo melhor, com mais justiça, com mais amor. E que cada criatura, ao buscar o Espiritismo, o faça não à procura dos fenômenos das almas do outro mundo, mas como um aluno que se matricula em um colégio no qual pouco a pouco vai mudando de grau, porém sem nunca chegar ao ápice do conhecimento espiritual, porque a Doutrina é progressiva, infinita, a cada dia tem algo a nos revelar. Ela não parou no tempo, mas tudo o que os Espíritos codificadores falaram está contido na Bíblia e nas obras básicas, só é necessário que os homens saiam da letra que mata e busquem o Espírito que vivifica. Os ditos espíritas ainda não conhecem a Doutrina como ela é, realista; entrelaçada com a Bíblia, temos várias confirmações de que a verdade espírita é uma luz que ninguém apaga. Não são os falsos espíritas que abalarão o alicerce desta grande obra nos legada por Deus, o Consolador prometido por Jesus. Que Ele nos abençoe.

Todos ali ficamos, meditando. Nosso coração estava disparado de tanta emoção e pensamos em alguém: que bom seria se ela pudesse aqui estar para ouvir tão belos ensinamentos! Talvez compreendesse melhor a fidelidade, o amor e a gratidão que deve ter no coração quem se diz espírita.

No instante em que íamos saindo, Romana, aproximando-se, perguntou-nos:

— Como foi, gostaram da conversa com nosso amigo?

— Conversa, irmã? Recebemos foi um banho da grande cascata de luz que é a Doutrina Espírita. Obrigado a todos que têm a felicidade de aqui trabalhar.

— Estaremos sempre aqui, esperando por todos os que desejarem estudar a origem da vida e da morte.

Despedimo-nos e logo estávamos em uma bela praça, composta de um lindo jardim florido e de riachos com águas cristalinas, em cujas pontes cobertas de heras víamos belas trepadeiras floridas. As crianças e os jovens brincavam e conversavam até sobre política. Não pudemos deixar de buscar um grupo de adolescentes.

— Oi, como estão as coisas?

Todos nos cumprimentaram.

— Oi, tudo ótimo, graças ao Senhor.

Apresentamo-nos:

— Somos Luiz Sérgio, um carteiro da Espiritualidade.

Um adolescente parou e, olhando-nos firmemente, disse:

— Sabemos que você é um ex-doidão, ou melhor, ex-dependente químico.

— Desculpe-nos, mas, primeiro, como se chama?

— Chamo-me Dantes.

— Dantes, não somos "ex" nada, nem doidão, nem dependente químico. Somos, antes de tudo, um irmão em Cristo.

— Desculpe, mas sabemos que os drogados não gostam de assumir sua dependência.

Outro jovem que estava ao seu lado apresentou-se, dizendo chamar-se Cristiano, e nos cumprimentou:

— Como vai, amigo? Desculpe o Dantes, ele é assim mesmo. Conhecemos o seu trabalho e sabemos que o irmão nunca foi dependente químico. Desejamos que seja sempre bem-vindo na cidade que nos abriga.

— Obrigado, Cristiano. Você tem razão, graças a Deus nunca precisamos de uma bengala para correr em busca dos nossos sonhos. Jamais buscamos encontrar nos vícios o que não tínhamos capacidade para realizar. Fomos e ainda somos um jovem limpo, lutando apenas para nos livrar de nossas imperfeições.

Dantes aproximou-se, pedindo desculpas, e logo estávamos rodeados de jovens, adolescentes e crianças naquela maravilhosa praça das flores. Cristiano perguntou-nos:

— É verdade que o irmão leva informações aos jovens sobre fatos que aqui acontecem, no plano espiritual?

— Alguma coisa podemos revelar aos irmãos do plano físico, mas nossa grande preocupação é com as crianças, os adolescentes e os jovens, enfim, com a família e com a Doutrina Espírita, o seu real valor.

— Como o irmão aborda esse assunto?

— Com cautela, porque não temos capacidade reconhecida de pretender nos tornar um mensageiro, tratando somente do que se refere à beleza contida na fonte de luz que é a Doutrina Espírita. Entretanto, podemos informar o que nos é permitido e o fazemos com plena confiança nos instrutores encarregados, que tudo analisam para que nada venha a abalar o firme alicerce da pureza doutrinária. Uns não gostam do nosso modo simples de tratar os fatos, outros não gostam dos livros porque falam de droga. Estes, temos certeza, são os que não enxergam um palmo à frente do nariz, pois desconhecem o que se passa no Planeta no momento. Mesmo dizendo-se espírita, eles estão preocupados com o filho desempregado, com a filha vivendo com excessiva liberdade, enfim, não são espíritas, porque desconhecem o que se passa dentro dos lares do plano físico, principalmente do nosso Brasil, e os nossos livros são bisturis que cortam suas almas repletas de vaidade por se considerarem os donos da Doutrina Espírita. Os homens passam, mas ela é eterna, pairando acima da matéria, porque é a Terceira Revelação divina.

Dantes e outros encontravam-se curiosos e uma garota, chamada Samara, nos falou:

— Ficamos felizes porque sabemos o quanto luta para estudar a Doutrina como ela é, sem fantasia, sem dogma, sem idolatria. O que mais se estuda aqui é o reconhecimento de que esses dois mundos, o físico e o espiritual, se fundem em um só. Não existe separação nem barreiras entre eles e infelizmente os que nada sabem de Doutrina julgam que existe um mundo intermediário separando os encarnados dos desencarnados; mesmo existindo essa coligação, os dois se respeitam e seus habitantes precisam respeitar suas fronteiras vibratórias, não podendo influenciar, ou melhor, desejar interferir nas vidas dos habitantes de um plano ou do outro.

— Muito bem, querida. Quantos anos você tem?

— Doze anos.

— E conhece tão bem a Doutrina?

— Luiz Sérgio, em nossa cidade estudamos a vida, e a Doutrina é o caminho para a vida eterna.

— Sabe, irmã, que temos uma Casa Espírita no plano físico na qual crianças de cinco anos já conhecem a Doutrina Espírita e estudam as obras básicas?

— Aqui também, Luiz, os pequeninos estudam o que é a vida e que somos Espíritos errantes, vivendo em eterno intercâmbio entre o mundo físico e o mundo espiritual. Como desconhecer ou tentar esquecer um ou outro, quando em um deles vivemos?

— Você tem razão. O que mais nos entristece é presenciar os que freqüentam Casas Espíritas colocarem o mundo espiritual tão distante, julgando-se incapazes de prestar auxílio àqueles que aqui chegam. É vergonhoso assistir a uma reunião mediúnica sem Doutrina, prestando auxílio aos desencarnados, dizendo estar fazendo caridade, encaminhando-os para as colônias redentoras, quando bem sabemos que o plano em que vivemos nós, os Espíritos, é composto de uma organização divina, na qual os filhos de Deus não estão à mercê da sorte, pois todos são amparados. Se uns buscam as zonas umbralinas, é porque aqui também se respeita o livre-arbítrio, mas quem não conhece a organização do mundo espiritual julga que aqui não existem leis, que cada um mora onde quer e faz o que bem entende, que vai até o plano físico beber, se drogar e obsidiar quem ele bem deseja, e não é bem assim. Isso acontece, mas os que agem dessa forma pertencem às falanges das trevas e moram aonde os seus corpos magnéticos os levaram. Eles vivem onde podem viver, mas basta o arrependimento para serem socorridos, não no plano físico, sim pelo belo e sublime exército do Cristo, os bons Espíritos, que não gritam, não doutrinam, só amam e ensinam o caminho do amor, que é a paz. Contudo, é mais forte o orgulho munido de vaidade convocar criaturas inexperientes em uma mesa mediúnica e dizer-lhes que estão fazendo caridade, prestando ajuda aos Espíritos inferiores que vagam nos umbrais, o que não é verdade. Se os umbrais tivessem as portas abertas, eles não existiriam. Tudo obedece a uma atração magnética. Muito bem, agora queremos saber algo de vocês, crianças.

— Vocês chamam todos de crianças? perguntou um deles.

Todos riram.

— Que deseja saber de nós, Luiz? perguntou um garoto de seus dez anos, chamado João Paulo.

— Queremos perguntar a vocês, João, o que mais os aborrecia quando seus pais tentavam educá-los.

— Por que está nos perguntando isso?

— Simplesmente, João, porque hoje os pais estão criando verdadeiros selvagens. As crianças estão crescendo sem Deus, sem a mínima educação. Gostaria que todos aqui narrassem o que aborrece uma criança, um adolescente ou um jovem.

Janine, uma menina de seus nove anos, falou-nos:

— Os pais são os primeiros professores dos filhos, e quando eles não são educados, dificilmente os filhos conhecem as regras da educação. Primeira coisa: os pais têm de estabelecer limites para a criança, que aprende o que pode e o que não pode fazer. Muitas vezes éramos repreendidos por algo que ainda não sabíamos que não podíamos fazer. Não são os gritos histéricos dos pais que educam uma criança. Ao contrário, isso tira delas a auto-estima e as deixa rebeldes e sem educação. A criança precisa saber a diferença entre o sim e o não e ela terá de escolher, mas para isso os pais têm de dialogar, sem jamais agredir ou gritar. Eles nunca devem dizer um "não" sem explicar o porquê do não, caso contrário a criança se julgará reprimida. Os pais não olham as crianças como gente, sim como alguém sem condição ainda de decidir o que deseja. Julgam-nas sem cérebro ou com um cérebro pequeno demais, e não é isso. A criança está reaprendendo o que pode ou não fazer. Às vezes os pais a reprimem, mas eles mesmos praticam coisas erradas que não querem que as crianças façam. Só os pais podem compreender melhor os próprios filhos, procurando se relacionar com eles, conhecer um pouco que seja do mundo da criança. Se não for assim, infelizmente acontecerá aos seus filhos o que hoje está ocorrendo: a distância afetiva dos filhos com os pais.

— Muito bem, gostamos do seu depoimento. Como você tem razão! Muitos pais estragam os filhos, desde bebês, tratando-os como se fossem bonecos ou brinquedos, só para exibirem aos amigos. Se são crianças lindas, os pais carregam seus bebês até as festas para mostrar sua "obra de arte". Se são feias, deixam-nas em casa, porque sentem vergonha de mostrar os próprios filhos.

— Luiz, quanto mais paciência os pais tiverem para educar, maiores serão os resultados. Muitas vezes as crianças não gostam de ser mandadas e quem ama não ordena, pede, e infelizmente muitos pais só mandam, ou são mandados pelos filhos.

— O adolescente — falou-nos Dantes — tem de descobrir nele próprio o que é certo ou errado, e para isso tem de receber dos pais a orientação, e não lá fora, mas muitas mães sentem-se fracas diante dos filhos e colocam os pais na frente para educá-los, e estes muitas vezes chegam cansados em casa e usam da violência. Essas mães não estavam preparadas para a maternidade, porque a mãe não precisa buscar o pai para o que ela mesma tem condição de resolver. Quando encarnado, quando saía com meus pais, eu não respeitava o próximo. Era inconveniente, furava filas, tirava outras crianças do balanço, chorando e pedindo para minha mãe, e ela conseguia tirá-las para me satisfazer e me ver feliz. Isso foi-se tornando corriqueiro. Eu não tinha limites. Tudo podia. Parecia que meus pais tinham medo de me contrariar, e como me fizeram mal com isso! Se íamos ao cinema ou ao teatro, eu colocava os pés na cadeira, jogava papel, pipoca e garrafas vazias no chão, enfim, não tinha educação social. Desrespeitava o espaço, as pessoas, agia como animal, fazendo tudo o que me dava prazer. Se assim eu agia, era porque meus pais não tiveram tempo de me preparar para viver em sociedade e hoje é o que mais acontece: jovens destruindo a propriedade pública, esquecendo que quando picham um lugar público é como se estivessem pichando sua alma, pois ela não conhece o certo e o errado. Ele precisa começar a compreender que os prejuízos e o mal-estar que causam ao próximo com esse seu comportamento traz conseqüências, e que conseqüências!

— Você tem razão, amigo. Hoje, dá desespero a todos nós, Espíritos que trabalhamos no plano físico, os Raiozinhos de Sol, a juventude estar sem limites, sem valores. As meninas de sete anos já estão vivendo de maneira errada, pois são estimuladas pelas mães para o culto ao corpo, que virou material de propaganda. Quanto mais belo, bronzeado e malhado, mais mostrado e cobiçado. O menino ou a menina, desde tenra idade, estão de brincos, com roupas estranhas, tudo com a permissão de pais desequilibrados, que julgam que o modernismo tornará seus filhos felizes. Não sabem eles que neste século, que ora começa, as crianças, os adolescentes e os jovens terão de voltar aos lares, à educação familiar, aos conceitos morais de família, porque o mercado de trabalho ficará cada vez mais difícil e um vândalo, um ébrio ou um viciado jamais terá condição de ajudar o Brasil a crescer, e essa juventude de *shoppings*, de boates e de festas eletrônicas não chegará ao topo da montanha, porque não tem base familiar, chamada direitos e deveres. Eles não têm autoestima, porque nunca gostaram de ninguém, nem deles mesmos, porque quem tem a alma repleta de egoísmo não conhece o amor, não sabe amar nem respeitar o seu próprio espaço, principalmente o do próximo.

— E você, amigo, que tem a nos dizer sobre a educação no lar? perguntamos a um jovem de seus quatorze anos, chamado Lair.

— Acho apenas, Luiz Sérgio, que toda família deveria ter mais cuidado com o uso da televisão, pois muitas deixam as crianças entregues a ela. A televisão é a babá eletrônica e como se grava nas mentes o que passa diante dos olhos! Infelizmente, nessas mentes fica gravado muito lixo, principalmente sobre sexo e violência, e como os pais adoram dar aos filhos *videogames* repletos de violência! O sangue que corre do corpo dos personagens é como a água que corre nas torneiras, tudo torna-se natural. É esse o mundo em que hoje estão vivendo as crianças, os adolescentes e os jovens. Se tudo é passageiro e o tempo da criança passa tão ligeiro, por que o Espiritismo não se torna matéria obrigatória em todos os colégios, como filosofia, como ciência? Talvez só assim, diante da ética espírita, a juventude se educasse, porque infelizmente os pais de hoje estão por demais cegos e impotentes diante da educação familiar. Eles não param para pensar na "morte", é como se ela só existisse nas casas religiosas. Se todos os homens estudassem a Doutrina Espírita, eles estariam mais com os pés no chão, não viveriam de sonhos e fantasias e saberiam se tornar educados, para educar seus filhos, mas os pais são os primeiros a incentivar os filhos a se tornarem párias da sociedade.

— Em nossos livros, sempre falamos na educação da família, mas eles são uma gota de água que tentamos jogar no oceano para que banhe muitas consciências, porém, infelizmente são poucos os jardins de terra fértil em que ela encontra abrigo. Sempre falamos que não adianta colocar culpa no governo, na polícia, na sociedade. Só o lar bem orientado pode se tornar a trincheira na grande guerra do tráfico. Se os pais colocam os filhos nas escolas, na sociedade e desejam que elas as eduquem, estão totalmente enganados. Seria bom se o lar, a escola e a sociedade se dessem as mãos para educar a criança. Muitos pais não comparecem às reuniões das escolas por não encontrar tempo, e quando informados de que os filhos estão indo mal, culpam os professores, chamando-os de incompetentes. Pais responsáveis orientam os filhos sobre o valor da educação e que eles têm de estudar para o bem deles mesmos, e não para felicidade dos pais. Existem pais que negociam com os filhos: se tirarem boas notas, ganham um presente. Nada disso deve ser feito. O filho tem o dever de freqüentar a escola. Ali, ele aprenderá a conviver com o próximo e a saber respeitar a propriedade alheia, o espaço que pertence a muitos. Ele precisa saber que educação é qualidade de vida e hoje quem não investir em si mesmo não terá chance de se tornar um vitorioso. Foi-se o tempo em que o aluno só passava de ano ou era repetente. Hoje, infeliz dele, porque na era atual, com o progresso tecnológico, quem ficar parado perderá o lugar, e quando acabar a mordomia da família, coitado do jovem que não aproveitou o tempo que teve para se tornar um intelectual, um homem atualizado! O pobre muitas vezes luta para estudar e os jovens ricos, alguns deles, nada querem, por julgar que o dinheiro compra tudo. De que vale um diploma na mão de um ser incapaz? E quando somos incapazes, podemos possuir muitos diplomas, mas nos faltará um deles: o da ética divina, a sabedoria, o estudo constante, leitura obrigatória para caminhar até Deus.

Um dos garotos, aproximando-se, perguntou-nos:

— Você, Luiz, que vai ao plano físico, como anda a droga por lá?

— Gostaria de lhe dizer que não existem dependentes, mas infelizmente se eles existem é porque o tráfico é forte e está dominando cada vez mais, e o pior é que não estamos vendo resultados positivos no combate às drogas. Hoje, não só as drogas estão matando as crianças, os adolescentes e os jovens, pois o álcool também está assustadoramente dominando todos os lugares, principalmente os colégios, mas essa juventude sem limites, sem disciplina familiar, inicia a beber em casa, junto aos pais, pois existe lar em que tudo é liberado. Esses jovens, principalmente as meninas de doze anos, levam em suas mochilas, naquelas garrafas usadas por ciclistas, as suas bebidas. A mochila é pendurada nas costas e tem uma pequena mangueira para sugar a bomba, bomba sim, porque elas fazem tantas misturas que nem a polícia imagina. Ultimamente, as crianças, os adolescentes e os jovens estão consumindo, muito além da cerveja, o chamado *suco gummy*, uma mistura de vodka com suco em pó e outras coisas mais. Ele é o coquetel dos fracos, dos tímidos, dos de baixa estima. Com o *camelback*, nome da mochila, eles adentram as escolas, enfim, onde desejam, e o pior é que os pais não são contra o consumo do álcool. Eles dizem que é preferível o álcool às drogas e que o álcool é apenas uma droguinha lícita, mas é droga, ainda mais com as misturas que eles fazem. E cada vez mais precocemente ela entra na vida das crianças, dos adolescentes e dos jovens. Hoje, encontramos crianças, filhas de gente das classes rica, média e pobre, de nove anos, já viciadas em álcool.

O garoto nos olhava assustado e perguntou:

— O que faz o Estatuto da Criança e do Adolescente?

— Por favor, não posso responder. Também não sabemos, achamos que as autoridades não têm meios de combater um exército infelizmente comandado pelos próprios familiares desses jovens. Muitas vezes essas crianças já saem de casa bêbadas e as mães e os pais adoram beber também, pois é chique carregar nas mãos um copo, seja de cerveja ou de qualquer bebida. Se os homens não obedecem aos estatutos divinos, imagine ao estatuto dos homens. Quando esses jovens são detidos e chamam os pais, estes ainda se zangam, dizendo: "por que pegaram nosso filho? Ele não fez nada de mais. Por que vocês não prendem os bandidos, os assassinos?" Não sei se a polícia responde, mas nós o fazemos: porque eles se tornaram bandidos, porque não foram educados para fazer parte de uma sociedade feliz e nós estamos tentando fazer do seu filho um homem de bem, um homem digno. Não existe dignidade em uma criatura que se droga e se embebeda diante da família, da escola, da sociedade. Quantas famílias são destruídas pela embriaguez! Filhos, pais e avós são torturados pelos alcoólatras, que muitas vezes nem os deixam entrar em casa. Essa é a nossa preocupação. Que será do amanhã com crianças, adolescentes e jovens tatuados, sujos, fantasiados, drogados, embriagados, enfim, sem limites? Quando vemos esses vândalos nos lugares de diversão, pensamos: que será deles no dia em que a verdade brilhar diante de seus olhos, a verdade de Deus, as leis divinas, que deu a cada filho para estudar, evoluir, praticar, para chegar até Ele?

— E as festas eletrônicas, Luiz, as festas *rave*? Como estão indo, já foram proibidas?

— Neste país se proíbe alguma coisa? Acho que não. Aqui escrevemos e afirmamos: as autoridades estão de olhos fechados e de braços cruzados, pois não ignoram o que acontece nessas festas. Sodoma e Gomorra estão se sentindo envergonhadas e traídas, pois o que acontecia lá nada era, comparado ao que estamos vendo hoje. É deprimente ver meninas, meninas mesmo, de doze anos, caídas no chão, completamente impregnadas de *ecstasy*, principalmente o coquetel químico, as grandes misturas. As mulheres estão decaindo tanto que não sabemos o meio que Deus usará para trazer os Espíritos para o mundo físico. Essas crianças estão brincando com a vida e o que nos assusta é uma criança de doze anos só voltar para casa no outro dia, lá pelas onze horas da manhã, e seus pais dormirem tranqüilos. Que será dessa menina? Um dia será mãe? É assim que os Raiozinhos de Sol estão trabalhando sem cessar. Cada dia os traficantes fecham lojas, matam, e ninguém faz nada, porque não é na favela que se encontram os grandes figurões dos comandos trevosos. Não, é mais ali, local que não podemos revelar. E as festas prosseguem e a família continua sem tempo para olhar seus filhos, que a cada dia estão ficando mais longe dos pais, dos avós e da família, porque para eles só existe algo importante: o tóxico, que os tira da realidade do mundo físico, no qual não tiveram ninguém para mostrar como é lindo o mundo da criança: brinquedos, filmes, parques, abraços apertados dos pais, dos avós, dos padrinhos, dos amigos, a adolescência, a descoberta da sociedade, o respeito ao próximo, os limites e os deveres, a luta pelos direitos, mas sempre respeitando os direitos do próximo. A adolescência deveria ser de risos, brincadeiras inocentes, os primeiros olhares, um mundo de sonhos e esperanças, a descoberta da Internet nas salas de aula, o lado bom dela, a informação, enfim, a adolescência com Deus, o conhecimento da vida, da morte, o princípio do desprendimento ao corpo físico, o contágio com as doenças sexualmente transmissíveis, tudo isso o jovem bem orientado deveria aprender. Ele deveria também aprender o estudo sério, a descoberta dos valores morais, o respeito ao lar, à sociedade, a busca de trabalho, a diferenciar o certo do errado e ter força para não cometer faltas irreparáveis. Jovem é aquele que não está preocupado se o amigo tem um belo carro; está preocupado, sim, com o seu curso, com o seu aprimoramento moral e intelectual, está buscando conhecer a ciência, a filosofia, enfim, adentrar o mundo adulto com uma vasta reserva de conhecimento. É só isso o que a espiritualidade maior deseja para todas as crianças, adolescentes e jovens, enfim, para todos aqueles que buscam o conhecimento, para que nesse dia encontrem mesmo a verdadeira paz.

Quando terminamos, todos bateram palmas, vieram nos abraçar e as lágrimas caíram do nosso coração. Eram lágrimas de sonhos, de esperança em ver principalmente no Brasil uma juventude normal, feliz e digna. Uma juventude vestida de branco, tirando as crostas do corpo, com jovens respeitando-se e sendo respeitados como filhos de Deus.

— Quando você voltará à nossa cidade, Luiz Sérgio?

— Sempre. Agora, que já sabemos o caminho, sempre aqui viremos, para ficar sempre jovem, porque aqui é a sede da eterna juventude.

Nisso, em que falávamos de juventude, quem chega? Ele, o nosso irmão-sorriso. Ao vê-lo, todos pararam, como se deslumbrados, e nós o abraçamos:

— Como vai, irmão?

E todo o grupo cantou a música do Rayto:

— Eu sou, eu sou, eu sou, eu sou Rayto de Sol...

Só assim aquele grupo se descontraiu, porque ao vê-lo eles nos pareceram deslumbrados, acreditamos que seja pelo muito que o amam. Ali, na Cidade das Crianças, Rayto é um sol de alegria. Logo foi abraçando todos nós e, olhando-me firmemente, disse:

— Que tristeza, não o educamos para vê-lo correndo nos momentos difíceis, principalmente quando está sobre nós o dever de dar informações sobre a Doutrina Espírita, mas não a Doutrina Espírita de doutores, de cardeais, de donos de Allan Kardec e deste e daquele médium famoso. Somos educados na Universidade Maria de Nazaré para ensinar o amor entre as criaturas de Deus e sem verdade e humildade não existe amor nem Doutrina. Quando vemos os nossos nomes em livros ditos seus, não temos piedade de quem os escreve, temos uma grande preocupação com o Espiritismo em terras brasileiras, pois um verdadeiro estudioso da Doutrina não compra livro pelo nome do Espírito, sim pelo seu conteúdo, e os Espíritos que trabalham com você, Luiz Sérgio, ninguém os conhecia, pela leitura dos seus livros é que os leitores passaram a conviver com eles. Portanto, não adianta este ou aquele médium falar que trabalha com os Raiozinhos de Sol, com Samita, com Sadu, se não os conhece pessoalmente, como o fazem os irmãos do barco de Maria. Os seus livros não vão até o plano físico para tornar médium conhecido nem para dar dinheiro, porque Doutrina Espírita não é isso.

Nesse momento, Atal falou:

— Você tem razão, Rayto. Os livros do Sérgio são alertas para todas as famílias, espíritas ou não. Não compreendemos por que não se faz um trabalho de confirmações dos fatos por eles preditos. Infelizmente, tudo o que foi escrito em seus livros se concretizou e o irmão bem sabe disso. A droga, que ontem era uma ameaça, amanhã estará dominando não somente este país, como muitos outros.

— Quando começamos este trabalho, muitos não acreditavam no perigo das drogas, que o tráfico ficaria tão perigoso quanto está. Os livros sobre drogas são guias para a família, porque está comprovado que a prevenção é o melhor dos caminhos, mas quando pedíamos ajuda a todas as Casas Espíritas e a outras casas ditas religiosas, era para ajudar os usuários e dependentes e suas famílias, para que pudessem sair da marginalização, restringindo-se à comunidade. Contudo, muitas Casas abriram grupos mediúnicos para atender Espíritos desencarnados, porém o mundo espiritual é que tem de cuidar deles, pois possuem meios para tal. O tratamento de dependentes é composto de médicos, terapeutas, psicólogos, porque é um tratamento sério, que requer muito cuidado. Só pessoas capacitadas têm condição de prestar auxílio aos dependentes e às suas famílias. Porém, infelizmente, faltam ainda no plano físico instituições apropriadas para tratamento dos dependentes e as que existem são muito caras. Achamos mais fácil alertar o jovem para o perigo dessa doença quase incurável, do que depois ter de curá-lo. O melhor é prevenir, evitar a doença, porque muitas vezes ela deixa seqüelas graves não só nos corpos físico e perispiritual, como em toda a família, pois o dependente mata, rouba, estupra, destrói ou comete outras coisas impossíveis de uma pessoa normal compreender ou imaginar que alguém possa fazer. É muito fácil os pais evitarem que seus filhos adentrem o inferno das drogas e hoje está comum encontrarmos crianças, principalmente as mulheres, meninas de dez anos, fumando maconha e ingerindo o *ecstasy*, droga extremamente perigosa, por hoje estar cada vez mais alucinatória, pelas várias misturas a ela acrescentadas. Esses jovens não são meninos de favelas, sim filhos de autoridades e de grandes empresários, para os quais o dinheiro é farto. Antes, era comum os garotos buscarem a droga; hoje, o que mais nos assusta é que as mulheres estão tão dependentes quanto os homens e o organismo da mulher, sendo mais frágil ao impacto das drogas, sofre alterações hormonais que acarretam doenças graves, principalmente alterações nos ciclos menstruais. A gravidez das adolescentes, ou melhor, meninas ainda, é alarmante, principalmente se elas usam cocaína ou *ecstasy*. Uma parcela das mulheres dependentes se engaja na prostituição como forma de obtenção de droga. Essas meninas iniciam no álcool e para nós os pais são os maiores culpados, pois meninas, ainda, voltam para casa alta madrugada completamente embriagadas. Quantas dessas crianças já estão completamente destruídas, não só espiritualmente, como fisicamente? Antes, era o HIV; hoje, ninguém pode imaginar, nem a classe médica encarnada. Querendo aproveitar a vida e julgando-se donas dos seus belos corpos, as meninas vivem trocando de parceiros, não tendo meios de evitar relações sexuais sem a prevenção adequada, pois uma pessoa embriagada ou drogada esquece até que é humana.

— E além do perigo que as drogas em si representam para a saúde, os viciados ainda têm de conviver com o risco das misturas, não é mesmo, Rayto?

— Sim, Atal. Há muito alertamos em nossos livros sobre as substâncias químicas que estão sendo misturadas às drogas, principalmente à cocaína e ao *ecstasy*. A droga "batizada", como é chamada pelos traficantes, é uma mistura de produtos químicos, a maioria importada de indústrias do exterior, e se torna mais rentável para o traficante. Se ontem a cocaína era misturada com talco, maisena, fermento em pó, bicarbonato de sódio e até pó de vidro, hoje os clientes tornaram-se mais exigentes, pois com o uso da cocaína sabem diferenciar a droga pura da "batizada", adulterada. Para ter maior lucro, os traficantes buscaram os produtos químicos, que são verdadeiras bombas no organismo humano. Como os Espíritos trevosos também ajudam os traficantes, estes, junto a alguns químicos encarnados, começaram a fazer misturas. A xilocaína e a procaína, quando usadas pelos viciados, produzem o mesmo efeito de dormência dos lábios da cocaína pura. A lidocaína, a cafeína e a benzocaína são substâncias estimulantes e provocam o efeito da euforia e da agitação. Os usuários de drogas são as maiores vítimas dessas quadrilhas gananciosas. O *ecstasy*, hoje, também já está "batizado", para isso os falsificadores gostam muito dos comprimidos de rohypnol, e como abusam deles! A xilocaína, aspirada ou injetada, pode causar taquicardia e diminuição da pressão arterial em hipertensos, constipação intestinal e convulsão. A procaína é um anestésico local do grupo químico dos ésteres e é usada em pastilhas para inflamações da garganta. Aspirada ou injetada, pode levar a um choque anafilático. Todas essas substâncias, misturadas à cocaína pura, aumentam por demais o lucro das bestas do Apocalipse: os traficantes, e até quando a espiritualidade estará lutando sozinha, infelizmente, sem a ajuda dos pais, da escola e da sociedade?

— Estas substâncias — completou Atal — são mais do que drogas, são explosivos, pois vêm destruindo o homem, principalmente as crianças. Contudo, adolescentes, jovens, adultos, todos são vítimas suas.

— Rayto, hoje estamos vendo jovens, antes limpos, estudiosos, bons filhos, começarem a utilizar cocaína durante o período acadêmico, quando adentram as universidades. Por que isso ocorre?

— Muitas vezes, Luiz, eles já consumiam as drogas; outros o fazem pela influência da nova vida, pois se sentem importantes em cursar uma universidade e logo se juntam a turmas da pesada. No Brasil, a situação merece cuidados especiais. Como pode um país ter grandes e bons professores, se esses estão destruindo os seus cérebros e não estão-se preparando para se tornar bons profissionais, principalmente aqueles que têm acesso aos componentes que podem levá-los à dependência?

— Hoje é comum encontrar crianças, adolescentes e jovens com garrafas de bebidas. Eles as compram em supermercados, em qualquer lugar, e depois, se nos churrascos da família todos bebem, por que as crianças também não beberão?

— É isso, Luiz Sérgio, o exemplo ainda é o melhor preventivo para a não-dependência dos filhos. Infelizmente, muitos pais acham normal a modernidade dos seus filhos e é com pesar que a espiritualidade enfrenta tais fatos. Quantas mães não deixam suas filhas viverem a infância, pois desde cedo já lhes oferecem o mundo do consumismo, fazendo que elas ostentem um desejo que ainda não têm e que posem como modelos, como se fossem só corpos, sem vida interior, de modo a não se incomodar com os olhares dos homens que as consomem! Elas não possuem mais um corpo, o corpo é que tem uma alma, fútil, frágil, morando dentro dele, e as mães, mulheres muitas vezes frustradas por não possuírem beleza, querem se realizar nas pobres crianças. Que prometem para a sociedade essas mulheres-crianças? Elas sabem adentrar um lar, amar e educar uma criança? Claro que não. Para elas, só existirá o mundo fútil da vaidade. Essas meninas crescem inseguras e pensam que são espertas, mas são tolas, porque o tempo passa para todos os encarnados e elas não foram educadas para amar. Hoje, infelizmente, parece demérito a mulher amar o marido e ser por ele amada, ou aspirar namoros ternos, com lirismo e respeito. Atualmente, a mídia produz um estranho e falso mercado da liberdade sexual; esse mercado é perigoso e infelizmente muitas famílias ainda não sabem que ele rouba os sonhos e a felicidade de seus filhos, principalmente das suas meninas.

— É por isso, Rayto, que nossos livros não são aceitos em muitos lugares, principalmente porque muitas famílias ainda não querem acreditar em que mundo seus filhos estão vivendo. Não existe este ou aquele colégio que esteja resguardado, em todos o tráfico está de plantão. Muitas vezes, é uma bela menina, muito bem vestida, que está tentando conquistar o seu filho, ou vice-versa, como também pode ser o garoto santinho, bem vestido, que está ao lado da sua menina para levá-la a esse mundo sujo do tóxico e do sexo, e os doutores da lei aí estão, escondidos em suas salas, desconhecendo as noites sangrentas em que a juventude morre a cada minuto. Não sabemos até quando todos estarão de braços cruzados, nada fazendo para salvar a sociedade futura. Hoje, até os colégios fazem suas festas de formatura em boates, depois das vinte e duas horas, e ninguém reclama, pois "estamos vivendo em um novo século", contudo, as leis divinas são imutáveis e quem não tem limites, não tem moral, e quem não tem moral, está indo contra as leis de Deus.

Os que escutavam o Rayto nada perguntavam. É tão bom ouvi-lo, pena que ultimamente ele viva correndo, lutando desesperadamente aqui e ali contra o mundo tão terrível da droga, que por onde passa deixa rastro de sangue, dor e lágrimas.

— Rayto — perguntou a Lanceira Indará —, por que hoje está ficando cada vez mais comum pais matarem filhos e filhos assassinarem pais?

Rayto parou e demorou a responder, fazendo-o com um semblante preocupado, coisa difícil de ver estampado em seu belo rosto juvenil.

— Daqui a alguns anos, infelizmente, esses fatos se tornarão comuns. Hoje as crianças não sabem o que é o amor e a obediência e, da forma como estão sendo criadas, não podem ser contrariadas, e quando isso acontece, partem para a agressão e isso está aumentando cada vez mais. São pais matando filhos ou filhos matando toda a família. A dependência das drogas é algo muito sério, sério demais, por isso começamos essa campanha há mais de vinte anos e naquele tempo as organizações ainda não eram tão atuantes. Hoje, elas estão dominando cada vez mais e quem mais as ajuda são as famílias materialistas e sem Deus. Estamos aqui só para abraçá-lo, Luiz, e aos nossos queridos amigos Lanceiros, porque hoje temos um trabalho nesta cidade, com um grupo que está-se preparando para reencarnar. Esse grupo ocasionará, no plano físico, a volta dos antigos conceitos morais da família, porque se a mulher não voltar a se preocupar mais com sua família, assumindo sua missão de mãe, não adiantarão as campanhas contra as drogas, pois é do lar que devem sair os soldados do Cristo, jovens sãos, limpos, estudiosos e sabendo o que são deveres e limites. Sem a ajuda dos pais não existe governo, escola ou exército para combater o tráfico. Teremos de manter a família sadia e forte, pois assim os traficantes não terão nos usuários verdadeiros escravos, porque todos habitarão um templo seguro construído com amor, chamado lar. Só a base de um lar digno pode tornar-se uma arma poderosa contra o tráfico, porém, infelizmente, não é o que estamos vendo, pois a cada dia os pais levam os filhos a um mundo de fantasias, iludindo-os com o materialismo, no qual a juventude vive distante das verdades divinas. Os jovens se julgam poderosos, ricos e eternos, pisam nos menores e destroem propriedades alheias, porque não conhecem o que vem a ser o respeito às leis dos homens, quanto mais às leis de Deus.

— Não vejo como ajudar essa juventude, Rayto.

— Há, sim, um meio: apresentar Deus à família, mostrar a beleza da Doutrina Espírita, ensinando a essa juventude que todos os homens são imortais, pois o Espírito não morre nunca, contudo, cada ser, quando reencarna, leva para o mundo no qual irá viver, grafada na consciência, a responsabilidade para se tornar um puro Espírito e lutar para não deixar aflorar suas más tendências, que estão impressas em sua veste perispiritual. E a verdade é que todos nós temos contas a pagar, não com Deus nem com Jesus, sim conosco mesmos. Cada ser tem o compromisso de se tornar melhor. Estão errados aqueles que julgam que Deus é que determina tudo o que terão de passar os que reencarnam. Não, Deus não é um juiz, assim como Jesus também não o é. O juiz que nos julga é a nossa própria consciência e ela é implacável, porque nela estão escritas as leis morais. É preciso que cada Casa Espírita ensine mais seus jovens sobre reencarnação, um tema sério que não deve ser tratado por instrutores imaturos e incapazes, pois a reencarnação é uma ciência universal da grande universidade divina. A reencarnação é a grande oportunidade que o Espírito recebe para retomar do ponto onde parou e de onde terá de andar sempre para frente, procurando apagar as pegadas erradas do passado. As culpas do homem não estão escritas em nenhum tribunal divino, pois não existe tribunal no universo de Deus, porque Ele é Pai, e os pais não julgam seus filhos. Ele apenas criou o homem para ser bom e feliz, concebendo Suas obras para tornarem-se vitoriosas. Contudo, se somos árvores más seremos cortados e jogados no fogo das reencarnações sucessivas, em que teremos de pagar as nossas dívidas não para Deus, pois Ele não será atingido pelo fracasso de Suas obras. Teremos de pagá-las para o Planeta, o qual temos por obrigação fazer progredir. Se nada fizermos para o lar que nos abriga, a nossa casa, o planeta Terra, teremos de ir ficando por aqui, até o dia da grande separação do joio e do trigo, quando os mansos herdarão a Terra. Não é Deus nem Jesus que irão carimbar o nosso passaporte para outro planeta em evolução, sim o nosso mundo interior, que estará ligado magneticamente ao outro planeta que espera aqueles que não forem dignos de permanecer na Terra regenerada, o planeta azul, coberto pelas bênçãos do seu Governador, Jesus Cristo. Cada homem é o dono da sua história, e não serão Deus, Jesus ou os nossos mentores que nos deportarão para um planeta onde há o ranger de dentes, o remorso das oportunidades perdidas. Não, o homem errado é que terá direito a viver de conformidade com as vibrações perispirituais do seu Espírito. O planeta chamado de *chupão* tem um nome bem propício, porque irá sugar os que com ele se assemelharão, mas os bons gozarão da companhia do mestre Jesus, tendo a felicidade de viver na Terra prometida, que é o Planeta regenerado. Contudo, como se processará tudo isso? Muito fácil: estudando a Doutrina Espírita o homem compreenderá por que a reencarnação é uma lei da Natureza que não pode ser ignorada. Se estudarmos bem a Doutrina, saindo da letra que mata e assimilando o espírito que vivifica, veremos que na veste perispiritual estão grafadas as nossas boas e más ações. O perispírito é o "disquete" no qual o Espírito, sem saber, vai arquivando, graças à consciência na qual estão gravadas as leis divinas, tudo o que a alma fez quando encarnada. Muitas vezes, nem a alma sabe, mas a consciência nunca dorme, ela está sempre atenta a tudo; como diz Agostinho, ela é o altar de Deus, o palácio da memória, no qual o Espírito, no dia em que toma consciência dela, conhece Deus e jamais deixa de amá-Lo e de respeitá-Lo. Porém, até lá chegar, o Espírito errante é uma alma penada, indo e vindo, e muitos deles não desejam largar as ligações inúteis que tanto atrasam o Espírito no longo caminho da evolução. A reencarnação não é o castigo nem o perdão de Deus. Castigo não é, porque é um prêmio reencarnatório a oportunidade de consertar o que estragamos. Deus é a inteligência suprema do Universo, uno e justo, e apenas espera que cada filho Seu retorne ao paraíso do qual jamais deveria ter saído, o paraíso do amor, da humildade e da obediência às Suas leis imutáveis. Quando o Espírito reencarna, ele tem por dever lutar para apagar do quadro negro do seu perispírito os pontos errados dos seus atos praticados. E ele bem os conhece pelo seu modo de proceder diante da família e da sociedade. A reencarnação deve ser mais estudada pelos encarnados, pois nela está a chave do tesouro; ao encontrá-lo, lutaremos para nos tornar bons e justos. Se não acreditarmos na reencarnação, não acreditaremos também na vida além vida e ficaremos presos a um corpo de carne, apegados a ele, esquecidos de embelezar a alma, que é o Espírito eterno. Cada homem tem um plano de Deus para ser cumprido e ninguém tem o direito de fracassar. Mesmo quando as trevas tentarem escurecer nosso caminho, devemos ter força para buscar a luz e ela não está longe: é a nossa consciência, bússola que pode nos dar a direção certa a tomar. A vida física passa, mas nunca deixaremos de fazer o que nos propusemos a realizar, portanto, adiar é o mesmo que fracassar, o que jamais deixaríamos que o irmão fizesse. Continue levando suas cartinhas. Se elas não são aceitas por aqueles que acham que a droga não faz mal, não se importe, só devemos pensar que nada de mal estamos fazendo, sim apresentando as crianças, os adolescentes e os jovens a Jesus e a Maria.

— Querido Rayto, que seria de mim sem você?

— O Luiz Sérgio de sempre, pois não se esqueça de que não somos nós, os seus amigos, que vamos fazer a sua obra, sim você, pois você foi o escolhido para essa tarefa. Se todos os tarefeiros deixassem de realizar suas missões não teriam seus nomes escritos na História. Coragem, amigo irmão. O importante é estarmos juntos e nunca se esqueça de que os frutos da árvore da vida eterna só serão colhidos por aqueles que perseverarem.

Nisso, chegou até nós Estefânia, chamando o Rayto, pois muitos o esperavam. Abraçamo-lo com carinho e choramos junto a ele.

— Coragem, frade, não sabemos por que as lágrimas, alguém morreu? — falou sorrindo e assim se foi, deixando-nos seu perfume de eterna alegria.

— Às vezes, Atal, sinto uma enorme vontade de sair atrás do Rayto e de não o deixar mais.

— É natural, meu amigo, que isso aconteça, ele é um raiozinho de sol não só no seu caminho, mas no de todos nós. Agora, vamos andando, queremos levá-lo até um colégio de crianças onde o irmão muito aprenderá.

— Onde ele fica?

— Calma, logo estaremos lá.

— Acho tão difícil falar sobre reencarnação, Atal...

— Tem razão, se os espíritas não buscarem estudar a Bíblia, não saberão explicar melhor o que é a reencarnação. Dizem que alguns espíritas não aceitam a reencarnação.

— É verdade. E você, Atal, como a vê?

— Menino Luiz, somos apenas um Lanceiro de Maria, um estudante que busca carregar um novo coração e desesperadamente ter disciplina, obediência e amor. Só sabemos que à medida que o Espírito se depura pela evolução, insere-se em formas menos densas da matéria. É o que não ocorre com os que o chupão está esperando.

— Cruzes, amigo, queremos ficar longe desse *chupão*.

Eles sorriram e Atal continuou:

— O homem tem de aprender que, nessas condições de Espírito em evolução, o cérebro físico é um simples veículo de expressão do Espírito e não a causa. É uma fôrma, um instrumento através do qual o Espírito entretém relações com a matéria mais grosseira do mundo físico. O corpo físico é um aparelho ou máquina temporária, por meio do qual ele sente, vê, ouve, apalpa, mas o Espírito, quando reencarna em um corpo de carne, torna-se dependente do organismo provisório e fica como se desejasse, de um momento para o outro, esquecer os seus compromissos com Deus. Parece que, ao se ver encarnado no corpo físico, ele quer ficar longe do seu passado. Ele não pode esquecer que sua alma habita, desde que reencarna, os dois mundos; logo, é preciso urgentemente que os colégios ensinem a criança desde cedo o que é a morte, só assim ela respeitará a vida física e não procurará ir contra as leis. Ela precisa saber que, como encarnada, está presa a um corpo que será desatado do seu organismo físico com a morte, será desligado do seu cadáver, que o seu Espírito tinha habitado, vitalizado. Desprendida sua inserção material, ela voltará ao mundo dos Espíritos, pois tem uma veste adequada às vibrações desse ambiente no qual, dali em diante, terá de viver. Essa veste, chamada pelos encarnados de perispírito, tem um organismo adequado às vibrações desse ambiente que o Espírito no começo julgara novo, mas que reaprenderá a manejá-lo, conscientemente, com auto-determinação, com vontade pessoal, pois é seu eterno companheiro. Eles jamais se separarão; mesmo quando encarnado ele inconscientemente já o fazia, já o dominava. O Espírito, quando encarnado, não está distante da sua veste perispiritual, ao contrário, ela está bem atuante, junto ao duplo e ao físico, mas o dono dessa veste é o Espírito. Essa veste não precisa e não depende desse corpo físico depois de se separarem, só o corpo físico é que precisa dela enquanto o Espírito está encarnado, pois ela é o intermediário entre o Espírito e o corpo físico. O perispírito registra o que lhe manda o Espírito e também o que acontece no corpo físico e grande é a sua importância, pois liga o cérebro físico com o cérebro do Espírito. A veste perispiritual varia conforme o mundo em que o Espírito está encarnado.

— Como seria proveitosa a reencarnação dos Espíritos, Atal, se todos os colégios ensinassem às crianças a valorizar a alma, que a educação da alma é o seu passaporte para o progresso do nosso Planeta, mas infelizmente, desde bebê, os pais ignoram que seus filhos não lhes pertencem, que eles têm por dever lutar pela própria evolução, que os pais são apenas cooperadores do Senhor e quão grande é a sua responsabilidade para com a evolução dos filhos. Coitados dos pais, Atal, eles também não aprenderam o quanto é importante a educação dos seus filhos, porque também não foram educados para servir à sociedade, tornando-a mais justa.

— Tem razão, Luiz, por isso sempre repetimos que a Doutrina Espírita deveria ser matéria obrigatória em todas as escolas. Por que ignorar que existem doenças e "mortes"; negar, portanto, que o homem encarnado tem uma veste fraca e perecível? Por que não se estuda a alma, de onde ela vem, como ocorre a sua chegada até o corpo carnal? Infelizmente, a ciência ainda não se preocupou em descobrir a verdade que interliga esses dois mundos inseparáveis, o físico e o espiritual. Aprender Doutrina Espírita não quer dizer que quem estudar a Doutrina dos Espíritos vai-se tornar médium ou espírita. Se ele estudar com a vontade de se auto-conhecer, aí, sim, compreenderá que o homem encarnado é um viajor em busca da perfeição e nada melhor do que a convivência do homem ainda imperfeito, com os seus irmãos que também se encontram na escola física, em busca da terra prometida por Deus a todos os que aqui se encontram no Planeta de expiação e provas. E só o Espiritismo verdadeiro, sem idolatria, símbolos, utopia ou rituais, o Espiritismo científico e filosófico, pode dar ao homem encarnado o conhecimento de sua origem e de suas obrigações com o Alto. A cada dia a juventude está mais insatisfeita, principalmente a da classe rica e a dos miseráveis; quanto à classe média, achamos que esteja em extinção. Culpam governo, escola, enfim, ninguém deseja assumir os próprios erros. As crianças ricas são criadas como se fossem as donas do mundo, consumistas e frias. Educação, nem pensar. Agem como se fossem vândalos. Por onde passam, vão deixando suas marcas: papel no chão, pés sobre as mesas, sentam-se para almoçar de bonés nas cabeças, enfim, quem as educa? O modernismo, o que a televisão ou o computador lhes oferece. E quem educa os pobres? O pobre abnegado é educado pela mãe operária, que leva para casa as roupas já velhas dos seus patrões. Hoje, porém, até a criança, o adolescente e o jovem pobres estão sendo também atingidos pelo apelo do consumismo, que torna todos hedonistas, consumistas e narcisistas, e como o pobre pode comprar o que a TV lhe mostra, se mora em um lar humilde? Daí é que nasce a revolta, indagando a criança: por que Deus é tão injusto, dando tanto ao rico e nada a nós, carentes? Infelizmente, diariamente aumenta o número dos miseráveis e veremos muitos mais. A cada dia surgem as grandes descobertas, dando ao homem o conforto, porque o Planeta está obedecendo à lei do progresso, enquanto os homens teimam em viver sem moralidade e longe de Deus. Uma nação ou um planeta só terão paz quando se tornarem cultos e soberanos; quando os lares voltarem a ser escolas educadoras, nas quais as crianças serão criadas para viver em sociedade, porque hoje muitas delas são mais ferozes do que animais, destruindo e matando sem piedade, levadas pela falta de limites e de amor a Deus e ao próximo. Uma escola onde todos estudem a Doutrina Espírita não deve visar o lucro, sim educar o homem a ser bom e justo, trabalhador, honesto, pois tudo é progresso, contudo, a dignidade é a coroa de vitória daqueles que buscam viver de acordo com o que ganham, não querendo jamais levar vantagem em nada. O que mais deseja o justo é que no mundo floresça o amor a Deus. Queridos amigos, infelizmente muitos que se dizem espíritas não estudam a Doutrina como ela é e julgam como os que pensam que o Espiritismo é um hospício de loucos, em que se invocam Espíritos para torná-los escravos dos encarnados, fazendo deles almas que tanto mal causam ao próximo. Pena que poucos encontram na Doutrina um universo de informações precisas, que tornam o homem mais consciente das suas responsabilidades para com Deus e o próximo. Agora, Luiz, vamos conhecer mais um setor desta bela cidade.

Atal calou-se e aproveitamos para meditar sobre tudo o que escutáramos.

Capítulo 15

ORIENTAÇÃO ÀS CASAS ESPÍRITAS

Fomos chegando a um belo lugar que mais parecia uma cidade moderna, muito moderna. Fixamos o olhar. Ela nos pareceu uma faculdade científica. O que se pode pensar de mais moderno ali estava diante dos nossos olhos.

— Não estamos mais na Cidade das Crianças? interrogamos aos amigos.

— Sim, ainda estamos nela, mas esta parte da cidade é uma das mais modernas, é aqui que encontramos os futuros cientistas, que logo reencarnarão, levando até o plano físico a tecnologia mais avançada, visando o progresso da Humanidade.

Estávamos tão deslumbrado que nossa voz nem saía. Ficamos olhando aquele fascinante lugar, onde tudo era movido a botões. As construções, por fora, pareciam metálicas, mas era o reflexo da luz divina que dava à cidade aquele brilho diferente. O grande Instituto de Tecnologia ficava no centro de uma enorme praça. Ele tinha linhas difíceis de descrever, até seus elevadores eram diferentes. O que mais nos chamou a atenção foi o grande movimento de adolescentes e jovens que por ali transitavam.

— Aqui não há crianças? perguntamos ao Atal.

— Não, esses adolescentes e jovens aqui se encontram para estudar e aprender a composição dos novos corpos humanos, como eles estarão menos frágeis às doenças existentes e a outras que surgirão, mas menos cruéis do que as que hoje consomem o corpo físico.

Logo Tenry nos recebeu e fomos encaminhados até o imenso auditório, onde todas as projeções eram em terceira dimensão. Primeiro, mostrou os novos aparelhos elétricos e como eles funcionarão. Os adolescentes e os jovens estavam deslumbrados com o que viam. Tudo era mostrado em imagens tridimensionais, parecia que as peças de cada aparelho chegavam até as mãos daqueles que iriam no futuro criá-lo para o progresso da Terra. Na era da informática, era impressionante o Planeta, pareceu-nos que diminuía cada vez mais, ficando tudo mais perto. As distâncias diminuirão, tamanha a velocidade dos transportes futuros. Pensamos: "será que é por isso que hoje no mundo todo há crise na aviação; que estão ficando sucateadas as aeronaves de hoje?"

Como o homem encarnado ainda vive na ignorância, julgando-se o dono do mundo, procurando ignorar de onde vêm para o plano físico as grandes descobertas científicas! Ele não procura nem por um momento imaginar como os cientistas encarnados criam o que até ontem ninguém supunha existir. Será que o homem não pensa que Deus seria injusto, ao criar somente alguns seres com tamanha inteligência? Só a Doutrina nos esclarece que toda descoberta científica no mundo físico parte da espiritualidade. Infelizmente, essas inteligências privilegiadas julgam-se as tais e não procuram descobrir Deus. Será que em uma só encarnação o Espírito pode inventar por conta própria, sem ajuda divina, tantos aparelhos os quais hoje o homem encarnado não sabe viver sem eles?

Estávamos na ala das futuras descobertas científicas e com que alegria vimos minúsculos aparelhos que no futuro farão o mapeamento de todo o corpo humano, monitorados apenas por controle remoto! Divisamos o avanço dos laboratórios de análises clínicas, nos quais em segundos o paciente receberá o resultado do que precisa o seu corpo. Vimos aparelhos, como se fossem pequenas antenas parabólicas, que retirarão substâncias dos raios solares e que serão manipulados por capacitados médicos, dando vitalidade e proporcionando ao encarnado uma excelente qualidade de vida.

— Essas emissões são raios laser? perguntamos.

— Não deixam de ser, porém são nutrientes mais etéreos. Eles cauterizam e desbloqueiam os lugares comprometidos do corpo humano.

Logo aqueles adolescentes e jovens teriam em suas mãos, graças à tecnologia dos novos aparelhos, meios de descobrir as células causadoras do câncer e reativá-las, tornando-as sadias, pois são latentes no corpo humano. Esses aparelhos chegam até elas, ativando-as, levando-as até a cooperar com a máquina física. Antes, os médicos não faziam especialização nesta ou naquela doença; no futuro, o médico vai-se tornar novamente um todo. Ele terá de conhecer cada célula do corpo humano e também chegar até a alma, porque sem isso a cura da alma torna-se mais difícil, pois o Espírito, depois de preparado, volta ao corpo físico (máquina) e ainda no ventre ele inicia a confeccionar, junto à costureira contratada por Deus — a sua mãe —, sua nova veste, chamada corpo físico. Sem o conhecimento da alma do encarnado, a Medicina continuará de mãos atadas, pois muitas vezes não é o corpo que está doente, e sim a alma, que envenena os órgãos de tal maneira que dificilmente os médicos descobrem a doença. A progressão do Planeta obedece a uma lei divina, porém, poucos homens estão acompanhando essa ascensão. A Medicina é um sacerdócio e não uma profissão, pois os médicos são os enfermeiros de Jesus para dar à alma o conforto, mantendo com saúde sua veste física. Coitados dos médicos que não buscarem se atualizar, estudando, indo a congressos e tudo fazendo para tornar-se não só um famoso profissional, mas um mensageiro da saúde, seguindo em busca do doente, não se importando onde está nem quem é, somente reconhecendo que o dom da Medicina vem de Deus; que, como Deus escolheu a mulher para transportar os Espíritos no seu ventre materno para o plano físico, Ele escolheu aqueles que buscariam a Medicina para auxiliar os seus irmãos, fazendo da sua profissão um sacerdócio, prestando socorro a todos que o buscam, mesmo aquele paciente que nada tem para lhe ofertar, mas lembrando sempre que o conhecimento que o médico tem sobre o corpo físico é um dom que vem de Deus e seu nome é responsabilidade e amor.

Fomos convidados a sair, mas a turma ali continuou. Apenas nós, os carteiros do mundo espiritual, tivemos de ir para outro auditório. Ainda olhamos aquele imenso salão e com grande alegria constatamos que logo será levado até o mundo físico um método menos dolorido para os pacientes de câncer. Será um tratamento muito simples, sem nenhuma agressão ao corpo humano. Esse novo método logo estará no mundo físico e os doentes viverão uma vida normal, sem o sofrimento de altas doses de remédios que não só destroem o corpo físico, porém ainda mais adoecem a alma de tristeza.

Fomos o último a sair. Aquele método de tratamento contra o câncer nos pareceu gotinhas de amor das flores do jardim de Maria.

— Por que tivemos de sair do auditório, Atal? Estávamos deslumbrado com o bem que o progresso logo levará aos encarnados.

— Não é nossa área, Luiz. Só nos deixaram ver alguma coisa porque o irmão é muito querido neste instituto.

— Verdade? Somos querido, mas por quê?

— Perdoe-nos, mas há gosto para tudo. Não podemos revelar, interrogue os médicos, o Márcio está logo ali. Não deseja perguntar alguma coisa ao nosso querido irmão?

Olhamos o nosso querido amigo Wilhelm, ou Márcio, como é chamado, e desejamos abraçá-lo.

"Não, coitado do irmão Márcio, ele é tão ocupado!...", pensei.

Indará, sorrindo, falou:

— Luiz, mas você é tão curioso!... Está com medo de atrapalhar o querido médico?

— Medo o papai aqui nunca teve, medo de nada, ainda mais de alguém que amamos muito.

Nisso, ele aproximou-se, sorrindo, e nos cumprimentou:

— Sejam bem-vindos ao nosso Laboratório de Ciência Universal, de onde saem as mais modernas descobertas científicas, não só na área da saúde, como também os avanços tecnológicos do Planeta.

— Irmão Márcio, ficamos feliz em saber que graças ao seu Espírito humilde é que chegaram até o plano físico aparelhos que até hoje possibilitam um diagnóstico mais preciso. Pelo que nós presenciamos, o irmão ainda continua pesquisando novos aparelhos para diagnosticar com maior precisão todo tipo de doença.

Ele nada respondeu. Foi saindo devagar e, logo parando, nos disse:

— Cuide de nossa irmã, ela é por demais valiosa para aqueles que desejam buscar o caminho que nos levará até Deus. Vocês dois têm pela frente uma grande tarefa, não se importem com as pessoas de mãos vazias de amor. Ninguém tem o poder de destruir uma obra divina, principalmente quando os seareiros se entregam de corpo e alma ao Senhor do Universo. Um abraço.

E foi caminhando. Seu porte de Espírito bom dava a todos nós a certeza de que todos os humildes escrevem os seus nomes no livro que está guardado no coração de Jesus, e Márcio é um deles. Ninguém pode imaginar, nem a Medicina do mundo físico, o que ele faz para facilitar os diagnósticos dos médicos. Ele é o companheiro de cada médico que faz do seu trabalho uma tarefa de amor ao próximo, e não uma profissão, correndo atrás dos bens materiais, não importando que esse dinheiro chegue às suas mãos muitas vezes repleto de dor e lágrimas.

— Gosta muito dele? perguntou-me Atal.

— Adoro! Quem não gosta?

Nisso, chegamos a outro auditório, no qual um instrutor ministrava uma aula sobre reencarnação:

— Como é importante o homem conhecer a reencarnação! Aqui, vamos aprender que ela é uma bênção de Deus; é o Pai amado dando novas e novas oportunidades a Seus filhos, por amá-los demais. Deus, como Pai, espera pacientemente que cada filho que se comprometeu por demais, indo contra Suas leis, se conscientize de seus erros e O busque. Como filhos pródigos, Ele nos está esperando eternamente, de coração aberto. O Deus que a Doutrina nos apresenta é justo e bom, por isso o verdadeiro espírita tudo deve fazer para respeitar Suas leis e estatutos. O

Espiritismo não pode cometer os mesmos erros das outras crenças, ficando preso à letra morta, porque Deus não deseja de ninguém sacrifícios, e sim renúncia. Se o Espírito falido não reencarna ele não se torna melhor, e não se tornando melhor, continua desconhecendo Deus e desobedecendo às Suas leis. O Deus que Jesus apresentou à Humanidade está perto de cada filho Seu, não importando a cor que tenha, sua crença, sua posição social, sua moralidade. Sim, o Cristo é o verdadeiro filho de Deus que está junto aos homens encarnados, refletindo em cada gesto Seu as leis e os estatutos do Pai. Tamanha é a semelhança de Jesus com o Seu Criador, que muitas crenças O julgam Deus e alguns teólogos ainda criaram a trindade "divina", e essa trindade são as três revelações: primeiro Moisés, o precursor do Cristo; depois, Ele, o Governador do Planeta, que veio colocar em prática as leis que Deus O incumbiu de transmitir a Moisés. Depois, Jesus prometeu o Consolador, que é o *Espírito Santo*. Muitos ditos religiosos afirmam que Jesus representa três pessoas, que Ele é Deus, é o Filho e o Espírito Santo. Como podemos contestar tal fato? Muito simples, basta sair da letra que mata, e que tanto mal faz ainda à Humanidade, porque, se lermos a Bíblia, veremos o quanto os profetas, os missionários, os Espíritos do Senhor combateram a idolatria e o fanatismo religioso. A Doutrina dos Espíritos nos apresenta Deus como o Criador do Universo e o Cristo como o Filho que nunca foi contra as leis divinas, pois, junto ao Seu precursor Moisés, Ele trouxe ao plano físico os primeiros acordes do poema divino que o homem reluta em aceitar, tudo fazendo para não tê-lo despertado na consciência, onde está grafado, o que tão bem nos ensinam os Espíritos codificadores. Quantas vezes o Cristo afirmou que Ele não era Deus? Muitas e muitas vezes, principalmente quando disse: "bom, só Deus o é." Sim, Ele tem razão. A bondade de Deus é infinita, e mais adiante o Cristo promete àquele que tudo renunciar no mundo o Consolador, que vem a ser uma plêiade de Espíritos superiores, trazendo aos encarnados as informações que o Cristo nos prometeu, pois não era época ainda de serem reveladas. Esses Espíritos buscaram homens respeitáveis para transmitir ao povo a grande revelação da vida e da morte e foram tirando a venda dos olhos daqueles que desejavam ver e sentir a verdade: Deus, Filho e Espírito Santo, a trindade tão conhecida, porém ainda mal interpretada. O Consolador é a última revelação e, por ser a última, seus ensinos são infinitos. Ninguém pode dizer que a revelação parou em Kardec ou nesse ou naquele homem, que tudo já foi dito. Quem não é fanático recorda que o Cristo sempre respeitou o Antigo Testamento, dizendo: "está escrito..." A Doutrina Espírita também tem de fazer o mesmo, dizer "está escrito", mas onde está escrito? Na Bíblia, nas obras básicas? Sim, na Bíblia e nas obras básicas, entretanto, para compreender o que veio revelar o Consolador, o homem precisa tornar-se humilde e buscar a verdade, e não se tornar fanático, julgando que os livros da Doutrina já disseram tudo. Eles são grandes revelações, mas no meio espírita eles são ainda pouco lidos e compreendidos, e o próprio Kardec afirmou que ainda tinha muito a ser revelado. De fato, seria muita pretensão se Kardec se julgasse o grande revelador, se nem o Cristo o fez. Vamos recordar o que Ele disse em Seus últimos momentos no plano material, no *Evangelho de João*, Cap. 8:

12 *Muitas coisas ainda tenho para dizer-vos, mas não as podeis compreender agora.*

13 *Quando vier o Espírito da verdade, ele vos guiará em toda a verdade, porque não falará de si mesmo, mas do que ouvir, e vos anunciará as coisas futuras.*

— 'E depois, que disse Kardec? Que a Doutrina ainda tinha muita coisa a ser revelada, quando, no Capítulo I de *A Gênese*, item 183, anunciou: "(...)a Doutrina não foi ditada completa". Contudo, não é tornando o Espiritismo uma "religião" igual às crenças existentes que o homem se tornará melhor. Não, o Espiritismo não pode combater ninguém, pois o Cristo não o fez quando disse, em *Mateus*, Cap. 5:

17 *Não penseis que eu tenha vindo destruir a lei ou os profetas. Não os vim destruir, mas cumpri-los.*

— 'Não acham que é pretensão demais crer que a Doutrina Espírita estacionou; que nada mais existe a ser revelado; que Kardec recebeu todos os ensinamentos? Claro que isso não ocorreu. Se o Planeta está progredindo, o homem tem de também melhorar o seu conhecimento e nada melhor para isso do que estudar e analisar as revelações do Alto. Por isso os espíritas têm de se conscientizar de que Doutrina Espírita não é fábrica de médiuns, sim uma universidade, na qual se deve estudar a alma encarnada, o corpo físico, o Espírito, e o porquê da desigualdade social, intelectual, moral e física, e não somente criar grupos com iniciantes sem conhecimento doutrinário, julgando que os Espíritos precisam deles para evoluir, quando sabemos que ninguém tem o poder de fazer outra pessoa evoluir. Se isso fosse possível, Deus não deixaria nenhuma criatura adentrar o charco da degradação moral. Ele, como Pai justo e bom, transformaria a alma, que deixaria de errar e de ir contra as Suas leis. Não, a responsabilidade da Doutrina Espírita, isto é, do Consolador prometido por Jesus, é fazer do homem encarnado um novo homem, tirando a venda da ignorância de seus olhos, revelando que a morte é perder a oportunidade de se tornar melhor e que a vida é eterna, pois o homem recebeu de Deus o sopro da eternidade. Ele é amor, paz e Inteligência suprema. Ninguém morre, porque Deus não vai contra Suas próprias leis; Ele apenas criou o homem para ser feliz e não é o culpado das nossas quedas, pois apenas acredita nas Suas criaturas, principalmente quando estas O buscam humildemente. Com atenção, Ele ouve o tilintar das leis saindo da consciência do homem e este se tornando melhor, porque quando conhecemos Deus, respeitamo-nos como filhos Dele que somos e procuramos nos amar uns aos outros como uma grande família, na qual o respeito e a disciplina da alma que rende obediência às leis de Deus saboreiam com amor e agradecimento cada gota de água cristalina que os bons Espíritos levam até o mundo físico, tentando matar o medo e a covardia de alguns homens que, mesmo dizendo conhecer bem a Bíblia, ou *O Livro dos Espíritos*, vivem em busca dos milagres e fogem da responsabilidade que pesa sobre cada ombro de um filho de Deus. Encontramos a reencarnação e a Doutrina Espírita em toda a Bíblia e não compreendemos por que poucos espíritas lêem as obras básicas. Não vem a ser negligência da diretoria da Casa Espírita? Também, ao estudar as obras básicas, devemos lê-las como fazemos com o Antigo e o Novo Testamentos, sem fanatismo nem idolatria. Contudo, é fácil discernir o certo do errado, quando as três revelações não se completam. Se ficarmos presos à letra morta, voltaremos a queimar os profetas, a ignorar as leis de Deus e a crucificar o Cristo novamente. Quanto ao Consolador, aquele que veio tirar o medo do coração dos homens, o medo da morte, do purgatório e do inferno, ele vai ser apenas citado por alguns dos conhecidos pregadores e tribunos espíritas. Mas não é só isso que a Doutrina deseja de cada um dos seus adeptos. Ela nos convida a mergulhar no Universo de Deus e descobrir de onde viemos, quem somos e qual vem a ser nossa responsabilidade com o Espírito, a alma, e o corpo físico.

— 'Os dirigentes de um núcleo espírita devem sentar-se a uma mesa com os iniciantes na Doutrina e junto a eles estudar com seriedade, nunca deixando médiuns iniciantes serem dirigidos por irmãos inexperientes, com pouco conhecimento das obras básicas. Caso contrário, dificilmente teremos verdadeiros espíritas como o Cristo espera: humildes, caridosos, amantes da verdade, desprendidos e ainda mais, uma enciclopédia de conhecimentos espíritas, sempre oferecendo o que têm de melhor aos que batem às portas da Casa Espírita. Infelizmente, estamos até assustados, pois alguns oradores espíritas apresentam a Doutrina de uma maneira que chega a assustar aqueles que a buscam, principalmente aqueles que chegam à Casa Espírita precisando de consolo, pois estão passando por momentos difíceis. Nada como o exemplo e o amor para apresentar a Doutrina como ela realmente é, mas para isso o verdadeiro espírita deve sentar-se nos últimos lugares e não falar de Doutrina a todo momento. Não, o verdadeiro espírita já venceu as barreiras da vaidade e agora navega nas águas humildes do seu corpo interior, em que conhecerá a sua fragilidade, o porquê de estar reencarnado e quais são as conseqüências para aqueles que brincam com tão sublime Doutrina, que não pára de nos informar tudo sobre Deus e a Sua bondade. Sem amor a Deus e às Suas criaturas somos um barquinho frágil de papel, levado pelos ventos, navegando sem remo, sem condição nenhuma de remar, e temos de fazê-lo, por amor a Jesus, e cantar de alegria, porque enquanto estamos apenas orando, sentimo-nos incapazes de falar o que a Doutrina tão bem ensina aos homens e de nos descobrir, porque ao descobrir a si mesmo o homem vai amar a Deus e ao seu próximo e não sentirá o medo da vida e da morte. Está muito errado uma Casa Espírita encaminhar o iniciante sem estudo, sem conhecimentos doutrinários para sentar-se a uma mesa mediúnica. É como entregar um carro veloz nas mãos de alguém que não sabe dirigir. A mediunidade não pode ser transformada em mediunismo. Quando dizemos mediunismo, queremos dizer um meio de comunicação sem proveito algum, no qual o médium apenas diz que tem um Espírito ao seu lado, mas este não faz bem ao próximo nem ao crescimento moral do próprio médium. E todos os dias ou semanas o médium ali está, dizendo coisas ou gemendo como se sentisse dor, e o dirigente que não estuda acha que ele está ajudando um Espírito desencarnado, quando o mundo físico é que está precisando de ajuda. A violência, as drogas e a miséria aniquilam os seres criados por Deus e algumas Casas Espíritas estão somente preocupadas em ajudar o plano espiritual. Esses irmãos pouco conhecem de Doutrina, porque a Doutrina, como o Cristo e como Moisés, não veio para ajudar o mundo espiritual, sim para auxiliar o progresso moral e intelectual dos encarnados. Formar grupos só de médiuns para doutrinar Espíritos sofredores é um sonho, uma utopia. Será que com tantos livros esclarecedores o homem não sabe que no mundo espiritual ninguém fica na rua do abandono; que somente no mundo físico é que se vêem crianças, velhos e pessoas famintas de pão e de amor? O mundo espiritual tem uma rígida disciplina e ninguém fica sem socorro, contudo, a finalidade da Doutrina é evangelizar o homem para que ele não venha a dar trabalho nas enfermarias, nos hospitais, enfim, que ele tenha dignidade ao desencarnar. O estudo da Doutrina fortalece o homem e deve conscientizá-lo de que a Doutrina não precisa dos homens, os homens é que precisam dela. Levantar Centros Espírita sem o mínimo conhecimento doutrinário é como um leigo pegar o bisturi e desejar fazer uma operação delicada em um paciente. Em vez de curá-lo, com certeza irá matá-lo. Hoje, o Espiritismo passa por momentos difíceis, porque infelizmente os que estudam a Doutrina *colocam a candeia debaixo do alqueire* e não saem de seus lares para que seu modesto conhecimento venha ajudar aqueles que desejam conhecer o Espiritismo. É preciso urgentemente que aqueles que muito estudam a Doutrina se unam, não em congressos pagos, isso não é Doutrina, pois muitos que gostariam de participar não o fazem porque não têm dinheiro. Seus organizadores dizem que são cobradas taxas para cobrir as despesas dos participantes. O melhor seria que cada um participasse não de congressos, sim de encontros, para tratar de assuntos doutrinários, fazendo ver que sem estudo e amor não existe progresso para o Espiritismo em terras brasileiras.

— 'O que a espiritualidade deseja é que cada espírita se eduque, tornando-se um ser diferente em uma sociedade materialista quase sem sentimento de lealdade e de gratidão. Não basta dizer "sou um espírita", sim tornar-se verdadeiramente um espírita, levando a bandeira de Jesus, pois foi Ele que a entregou ao Codificador, e este não a maculou em momento algum. Contudo, por que não querem estudar a Doutrina e descobrir em *O Livro dos Espíritos* a razão da vida no corpo físico, como se deu a reencarnação e quando a alma tem de deixar o corpo físico? Mas não, muitos dirigentes de núcleos espíritas estão preocupados se a fila do passe tem muita gente, se o auditório está repleto. Irmãos, Doutrina não é isso, é um estudo sério, no qual desde a criança de tenra idade tem de receber da diretoria da Casa as regras de educação, regras essas básicas de como se comportar, sentadas em um auditório para ouvir uma palestra ou em qualquer acontecimento social. Infelizmente, em pouquíssimos locais o palestrante é respeitado e recebido pela diretoria, que deveria freqüentar a Casa todos os dias, porque se o jardineiro não cuidar do jardim, logo ele estará repleto de ervas daninhas, e é mais fácil cuidar antes do que ter de cortar o mal muito depois. Desde a evangelização infantil devem os diretores, ou melhor, toda a diretoria, estar junto aos educandos, para sentir como estão assimilando os estudos doutrinários, mas em muitas Casas Espíritas infelizmente acha-se normal seus freqüentadores adentrarem-nas de bermudas, as mulheres semi-nuas ou de shorts, pois dizem que a Doutrina não pode reprimir. Reprimir não podemos, mas educar é o lema da Doutrina e uma Casa cujas jovens adentram-na semi-nuas, cujos garotos adornam-se de brincos, *piercings* e tatuagens, dificilmente fará que eles tenham a conscientização de que a Doutrina é a transformação moral que deve operar na alma. Casais se beijando e se abraçando devem ser advertidos de que existem lugares apropriados para esses afagos, pois às vezes deixam muitas pessoas constrangidas, mas poucas Casas Espíritas estão cuidando realmente da educação dos seus freqüentadores. É comum presenciarmos crianças, adolescentes e jovens jogando papel e copos descartáveis pelo chão, enfim, sem o mínimo respeito ao patrimônio público. A Casa Espírita é não só um hospital de almas, como também uma escola redentora. Esses gestos de vandalismo não devem ser permitidos em uma Casa que diz acreditar na reencarnação, pois cada alma se encontra no corpo físico para progredir. Se sabemos de tudo isso, por que não educamos os freqüentadores da nossa Casa? Por medo de vê-la vazia?

O auditório estava atento e indagamos a nós mesmos: quando será que ele falará sobre a reencarnação? Parece que o irmão nos ouviu, pois logo disse:

— Hoje iremos tratar de um assunto muito sério e infelizmente ainda pouco estudado no meio espírita: a reencarnação. Espero que todos compreendam, mas o irmão que agora viria teve de adiar para amanhã sua palestra sobre reencarnação. No momento, uma plêiade de Espíritos reúne-se para orar pelo Planeta, pois algo muito grave ameaça a Humanidade. Nós agora oraremos pela paz mundial. Amanhã voltaremos e nosso irmão falará sobre reencarnação. Que Jesus vele por todos nós.

— E agora, Atal, não queria perder a palestra, pois é um assunto muito sério. Como gostaria de escutar o querido irmão!...

— Sim, Luiz, amanhã aqui estaremos e queira Deus seu livro chegue às mãos do leitor como o remédio para aplicar em seus filhos, principalmente as meninas, que hoje preocupam muito mais a espiritualidade. O governo brasileiro, Luiz, tem de procurar investir mais no Ministério de Relações Exteriores, pois a propaganda do Brasil no exterior é a pior possível. O país é conhecido pelo carnaval, no qual a promiscuidade é algo muito sério, quando grupos se deslocam para o

Brasil pela grande propaganda sexual que é feita em muitas nações. Se há condição de fazer tamanha propaganda de algo tão deprimente como a imoralidade do ser humano, a degradação da mulher, por que não podem falar do que existe de belo nas terras brasileiras? A mulher brasileira é conhecidas no exterior como o "corpo", devido às suas formas esculturais e a pouca roupa que as cobre. Por que não se fala das meninas que lutam para trabalhar e estudar e dos grandes professores que no Brasil existem? Se o Brasil é divulgado pelos brasileiros que visitam outros países, por que eles não fazem uma propaganda positiva da pátria do Evangelho? Simplesmente, porque muitos que vão para lá levam a má educação que recebem em casa. São jovens que julgam que por possuírem dinheiro tudo podem fazer e não põem limites nos seus atos. É vergonhosa a propaganda da mulher brasileira no exterior e a culpa é dos pais, que colocam suas crianças ainda, principalmente as meninas, que deveriam estar brincando de bonecas, a se despirem nas passarelas de moda para se tornarem conhecidas. São mães fracassadas, que por não terem talento, beleza e sucesso na mídia hoje desejam se projetar nas filhas, e com tristeza vemos essas crianças envelhecidas antes do tempo, e os pais com um sorriso nos lábios, com o coração repleto de vaidade, não percebem que isso também é exploração do menor, é trabalho escravo imposto a uma criança, mas infelizmente as autoridades não pensam assim. Essas meninas exploradas pelos pais não são defendidas pela sociedade nem pelas autoridades, porém, às vezes o menor tem de sustentar a casa, pois os pais são pobres, e estes são tidos como marginais que exploram os filhos. O mundo está precisando conhecer a justiça para a sociedade tornar-se mais justa. O direito da criança, do adolescente, do jovem e do adulto deve ser um só, pois todos são humildes filhos de Deus.

— Você tem razão, hoje os meios de comunicação divulgam meninas cheirando a leite em poses sensuais, mas ninguém as defende, pois os pais são pessoas importantes e conhecidas na sociedade. Infelizmente, essas meninas deveriam estar estudando e sendo preparadas para o futuro, pois envelhecerão mais cedo, porque vivem com o rosto infantil repleto de produtos fortes e tóxicos para suas peles ainda tão frágeis, e o corpo nu exposto como se adornando as vitrines da moda. E o pior é que elas fazem uma grande propaganda, pois existem muitas mulheres fúteis que, ao verem essas meninas expostas nas capas das revistas, perguntam: "por que minhas filhas também não podem fazer o mesmo, pois são tão lindas?" E o pior é que nenhuma autoridade competente coloca um freio nessa exploração infantil que existe e que está crescendo, principalmente no Brasil, onde cada vez mais se diminui a idade das mulheres-objeto. E os pais, ou melhor, as mães a todo momento vão ao mercado oferecer suas crianças para esse comércio tão materialista, em que as meninas não conhecem Deus, educação e dever.

— Trabalho escravo não é só o colono fazer seu filho cortar a cana, pois é também muito grave crianças, adolescentes e jovens serem explorados pela beleza que possuem, sem o direito de viverem de conformidade com a idade que têm. Não vemos, ou se existe é uma minoria, meninas nas passarelas da moda nos países ditos ricos. Isso está acontecendo por demais no Brasil ou em países extremamente pobres.

— Sabe, Atal, que não tinha pensado nisso ainda? Como você tem razão! Fala-se tanto da exploração de menores e ninguém defende essas crianças que hoje estão em muitas revistas do mundo todo, exibindo suas formas quase nuas, de criancinhas ainda, para ser admiradas. Os pais é que devem educar seus filhos, contudo, as autoridades têm autonomia para autuar esses pais quando eles estão negligenciando a educação e expondo seus filhos como se fossem objetos em leilão.

— Irmão, hoje deparamos com crianças de até quatro anos com os cabelos pintados de várias cores, e quem faz isso? As mães. Será que as crianças usam *piercings* e tatuagens apenas por modernismo? Creio que seja por falta de orientação familiar, de direitos e deveres, esquecidos, infelizmente, por muitos chefes de família.

— O encarnado, Atal, muitas vezes atrapalha por demais o plano de Deus, sendo a reencarnação uma grande oportunidade no caminho da perfeição.

— É porque muitas crianças ainda são criadas como se não tivessem alma.

— Há dias conversamos sobre as creches, hoje tão cobradas, principalmente pelas instituições espíritas. Seus freqüentadores desejam porque desejam que suas Casas criem creches, asilos de idosos ou orfanatos, e falamos o que a espiritualidade pensa disso. A irmã Francisca sempre nos orienta que o importante não é os pais estarem vinte e quatro horas ao lado da criança. O que importa é a criança sentir o quanto é amada e que pode contar a qualquer hora com a proteção e o amor dos pais. Assim, a criança se sente protegida, amada e segura. Infelizmente, hoje, em muitos lares, as crianças são apenas visitas ou hóspedes em seu próprio lar. Se nos lares as crianças estão-se sentindo abandonadas, imagine em algumas creches ou orfanatos. Todos os que pretendem levantar creches devem conscientizar-se de que é preciso que as pessoas que trabalham em creches estejam cientes do valor que as crianças merecem de todos, que elas são almas, com Espíritos velhos em corpos novos. O problema é conscientizar que quem cuida de filhos alheios maior compromisso tem, pois essas pessoas não estão substituindo os pais, sim assumindo uma grande tarefa, a de educar, e o educador não só cuida de crianças, como deve educar-se para educar. Talvez o seu compromisso seja maior do que o dos pais, que a eles confiaram seus filhos. Infelizmente, o que o espiritualidade está vendo são pessoas mal preparadas. Quantas crianças estão em creches, precisando de amor e proteção, que se chama respeito! Os responsáveis pelas crianças necessitam mais de amor do que as próprias crianças, pois as pessoas mal amadas não sabem amar, muito menos educar alguém. Claro que se a pessoa responsável não tem amor para dar, ela deixa dessa forma uma grande lacuna em relação a um atendimento adequado, cristão, divino, verdadeiramente espírita, numa escola espírita, onde a educação se chama amor. Alguns desses abrigos, não podemos chamá-los nem de casas, pois são apenas neurotizantes, deixando as crianças realmente desequilibradas. A creche espírita não pode ser apenas um galpão abrigando seres humanos, como hoje as cadeias confinam os prisioneiros; não, mil vezes não. Quem deseja abrigar crianças deve aprender o verbo amar e tornar-se a menor das criaturas, para saber educá-las. Como pessoas que não sabem educar os próprios filhos podem pretender educar os filhos dos outros?

— 'Ao chegar à Doutrina, aprendemos que a caridade é o único caminho da salvação e aí é que mora o perigo, pois achamos que devemos sair pela rua ministrando passes, gritando para todos ouvirem que somos espíritas, aos que gostam de bebidas para jogar os copos no lixo, a pregar que todos devem deixar de comer a carne dos animais, mas ao mesmo tempo estamos correndo e fugindo do compromisso espírita ou dos nossos próprios familiares. Logo queremos levantar Centros Espíritas para desenvolver mediunidade ou ajudar os Espíritos. Quanta pretensão! Os Espíritos são protegidos por Deus. No mundo espiritual existe hospital com pessoas preparadas para prestar auxílio aos recém-desencarnados. É muita presunção de um espírita julgar que sua "mediunidade" é que vai salvar os Espíritos sofredores. É falta de estudo doutrinário. Se todos estudassem a Doutrina Espírita não estaríamos vendo tantos absurdos, um deles as Casas criando creches mal orientadas, nas quais a criança não recebe uma educação espírita, pois quem conhece a Doutrina, ensina a criança com amor, e quem ama, dá o próprio sangue, sangue este chamado renúncia, para que a criança não se torne neurótica por falta de amor e de conhecimento do que sejam limites e deveres. Não bastam as boas intenções. O que hoje a sociedade exige de cada educador, principalmente do educador espírita, é a noção de que ele não vai mudar o ser humano, pois nem Deus tem essa pretensão, porque deu a cada filho o livre-arbítrio, porém, podemos, como educadores espíritas, ensinar às crianças o que é educação e pessoas despreparadas não têm como educar, pois tornamos a repetir: para educar precisamos, antes, educar-nos. Hoje, basta pegar alguma família, entregar-lhes as pobres crianças e os donos das "creches" batem no peito e apresentam ao governo relatório dizendo que prestam auxílio à comunidade. A espiritualidade não deseja isso, não. A espiritualidade exige de cada um que se diz espírita que estude a Doutrina. Só estudando-a é que adquirimos o conhecimento da alma e quando deparamos com a verdade curvamo-nos diante de Deus e prometemos a Ele que, como Jesus carregou a cruz de Barrabás, podemos auxiliar o próximo só um pouquinho a carregar sua cruz, mas não temos autoridade moral para transferir de outros ombros para os nossos a cruz que eles mesmos têm de carregar. Podemos indicar o meio mais fácil de tornar sua própria cruz mais leve, transmitindo o conhecimento da Doutrina Espírita, pois só ela pode dar força a cada criatura humana para caminhar em direção a Deus. Contudo, quem não conhece a Doutrina pensa que por tornar-se espírita tem de carregar a cruz de todo mundo nas suas costas. Quem nutre essa idéia entra numa neurose, porque superestimou sua capacidade. Vamos aprender a levantar Casas Espíritas, creches, orfanatos e asilos dentro da nossa limitação, porque tirar o pobre de baixo da ponte e confiná-lo em uma casa sem estrutura é o mesmo que transferir o preso de uma penitenciária para outra. De boa intenção o mundo está cheio, porém, reais trabalhadores do Cristo são poucos. Quem levanta uma Casa Espírita tem de viver nela todos os dias, caso contrário ela poderá ruir, porque sem orientação e amor não existe educandário e a Casa Espírita tem de ser um educandário de cultura espírita. A espiritualidade visita sempre as instituições espíritas e fica desolada, pois muitos julgam que humildade é sujeira, é miséria, enquanto Deus é o Criador do belo e trabalha sempre. Quem não sabe trabalhar, também não sabe ensinar ninguém a ter compromisso e disciplina.

Enquanto conversávamos, alguém chegou até nós: nossa querida Cecília, que é a orientadora da Evangelização da Casa Espírita Recanto de Maria. Cecília foi logo nos dizendo:

— Têm razão, meus irmãos, o mestre verdadeiro não é o que apenas transmite conhecimento, mas aquele que plasma o caráter e ilumina a inteligência com a luz dos princípios éticos.

Abraçamos a querida irmã e ela contou-nos sobre a grande dificuldade em evangelizar as crianças, pois apesar de adorarem estudar a Doutrina e a Bíblia, os pais dificultam seu acesso à Casa Espírita, porque preferem levá-las ao clube ou às festinhas de aniversário. Quanto à parte do ensino do artesanato, eles julgam que é serviço escravo, enquanto isso, suas crianças vivem na noite e muitas já viciadas no álcool.

— Temos crianças que nos contam fatos os quais os pais jamais imaginariam acontecer nos seus colégios. A educação hoje é falha, porque o educador não conhece as bases fundamentais do ensino. Não são os contracheques do educador que devem preocupá-lo, sim como ele está-se portando diante dos seus alunos, se tem o perfil de educador, se procede com dignidade no seu trajar, no modo que conduz sua aula. O educador não pode aceitar o modismo, o seu aluno adentrando uma sala de aula "fantasiado", sem uniforme. Hoje é comum alguns jovens sentarem-se em suas cadeiras com bonés na cabeça e os professores também darem aula de boné. Que educação é essa? O mundo modernizou-se? Não, pois progresso é uma coisa, modismo é falta de educação, é falta de personalidade. Um homem educado transfere sua educação aos pequenos gestos de gentileza. Hoje, verdadeiras quadrilhas de jovens destroem o patrimônio público, não respeitam pais, não amam a pátria e ainda são ignoradas pelas autoridades, que não investem na segurança, na educação e na saúde. Sem esse tripé não teremos uma sociedade verdadeira. Vivemos em conflitos, conflitos esses que logo estarão em muitos jornais: pais e filhos sendo assassinados, pois a família está sem limites, e quem não tem limites é como um carro sem freio: por onde passa mata e aleija.

— Cecília, não vemos condição de o Brasil melhorar, pois a cada dia as crianças estão mais sem educação. Vemos bebê batendo no rosto dos pais e estes rindo; presenciamos mães completamente nuas junto às suas filhas, como se fossem da mesma idade; o *piercing* e as tatuagens ganham propaganda gratuita em toda a mídia. Há jeito, Cecília?

— Sim, amigos, acreditamos na educação, mas torna-se preciso que voltem os tradicionais institutos de educação para os educadores, pois quem não se educa, jamais saberá educar. A didática torna-se necessária e hoje infelizmente os alunos defrontam com alguns mestres completamente alcoolizados ou drogados em lugares onde se reúne a juventude. Que respeito pode exigir um educador? Que moral ele tem para educar?

Quando reparamos, tínhamos ao nosso lado muitas crianças para ouvir a nossa Cecy, que continuou:

— Será que as autoridades não sabem que o que ontem era proibido hoje não o é? Mesmo assim, bebidas alcoólicas são vendidas nas universidades, até alguns colégios já o fazem. Como uma criança ou um jovem podem estudar se estiverem alcoolizados? Muitos dizem que o alcoolismo é hereditário. Não é verdade. O que leva alguém ao vício é o meio, são as facilidades que hoje a criança, o adolescente e o jovem estão encontrando e quando alguns mestres verdadeiros, que assumiram a profissão de educar por vocação e não em busca de emprego, se levantam em defesa da criatura humana, da criança, do adolescente e do jovem, eles são discriminados como antiquados, quadrados ou fanáticos religiosos. Hoje está ficando corriqueiro o jovem levar até as salas de aula sua garrafa de bebida alcoólica, principalmente as meninas, que estão consumindo álcool cada vez mais. Muitos pais não querem acreditar que a droga está em todos os lugares e muitas vezes o seu filho, que não sai de casa, tem acesso a ela de várias maneiras. Como isso ocorre? Quem oferece? Onde tem mais? Se alguém perguntar aos jovens se é fácil encontrar a droga, todos responderão: sim, direto, a toda hora. Todos sabem de meninos e meninas que usam a droga dentro mesmo do colégio, escondidos, principalmente nos banheiros. Em muitas escolas as pessoas a consomem no pátio. Às vezes, é tanta gente fumando que quem não fuma acaba respirando maconha junto. Os meninos influenciam as meninas, mas também existem meninas treinadas para viciar os meninos. Procuramos alertar as crianças e os pais para o perigo não só das drogas, como do álcool. Falamos das festas onde o lança-perfume é comum, principalmente nas festas de quinze anos, nas quais os pais, às vezes presentes, não percebem que ele corre solto. Basta molhar a camisa do companheiro e abraçá-lo, cheirando seu ombro.

— Que devem fazer os pais que têm filhos certinhos, que não saem à noite? Que fazer para ajudá-los a não entrar na droga?

— Hoje, Luiz Sérgio, os jovens que têm as notas mais altas, que são ótimos alunos, são tachados de *nerds*[10]. Se estas crianças não são bem orientadas e amadas pela família, logo usam a droga para não serem

[10] N. A. — Pessoa com pouca habilidade para relacionar-se, pouco sociável, em geral desajeitada, mas com alta capacidade de concentração e senso agudo de percepção.

discriminadas. Alguns dependentes se escondem dos *nerds* com medo de eles contarem para os pais ou para as escolas seu vício.

— Hoje é muito difícil criar um filho, não acha, Cecy?

— Sim, Luiz, porque os pais estão sem tempo de observar que seus filhos estão crescendo. O sonho de toda família, hoje, é lutar para prosperar e muitas vezes, em busca do conforto, eles caem no precipício da dor de perder os filhos para os traficantes da droga.

— Pode falar como deve agir a família para evitar que o filho busque a droga?

— Não é minha área, Luiz. Conversamos com nossas crianças, mas deixamos esse assunto para o Rayto e outros Espíritos mais conhecedores do assunto. Nossa área é educação e lutamos para que os espíritas criem escolas espíritas, contudo, que essas escolas não tratem a Doutrina como religião, e sim proporcionem ao aluno as elucidações do que é a vida e a "morte", tratando da parte científica e filosófica da Doutrina, pois educa-se o homem fazendo-o se auto-conhecer. A escola espírita não receberá somente filhos de espíritas, assim ela se tornará uma escola religiosa, e Doutrina é conhecimento. Ao estudar a Doutrina Espírita, as pessoas tornam-se religiosas e lutam para construir um altar de educação, no qual estão plasmados os princípios éticos de um verdadeiro filho de Deus em constante progresso evolutivo. A escola espírita tem de preparar os seus mestres para que eles não passem para os alunos a idéia do "fanatismo religioso", pois o espírita não pode ser idólatra, porque todos os idólatras são fanáticos. O difícil na criação de escolas espíritas é a falta de formação dos mestres, pois a escola, seja qual for, precisa de uma boa diretoria. Sem didática não existe programa e a escola espírita tem de ensinar ao aluno quais são os reais valores morais do homem e quão grande é seu compromisso com Deus. Contudo, na escola espírita a criança terá de se tornar diferente, ela será observada e admirada por onde passar. Ela aprenderá as mínimas regras da educação, como cuidar da aparência, cuidar do linguajar, cuidar do seu material escolar e da escola, tornar-se educada, cumprimentar colegas, os trabalhadores humildes da escola, professores, enfim, ele, o aluno, terá de aprender boas maneiras para ser um cidadão digno e educado para poder viver em uma sociedade que cada vez mais cobrará dos futuros profissionais. Se hoje a escola não preparar bem o aluno, ele será mais um desempregado do amanhã, porque cada vez mais, com o progresso do Planeta, o homem terá de crescer junto a ele e se o aluno e a escola não acompanharem o progresso, teremos cada vez mais a violência rondando os lares. Algumas escolas, despreparadas para o progresso do Planeta, para o avanço da tecnologia, estão deixando de investir nos professores e muitos deles estão desatualizados, precisando de uma ajuda urgente dos governos para enfrentar uma juventude que está de volta ao Planeta para levá-lo a um patamar mais alto, o mundo da regeneração. Porém, se não for mudado urgentemente o modo de educar, teremos essa juventude que está aí, despreparada para viver em sociedade. Ela não sabe lutar por um ideal, julga que é dona do mundo, mas não busca a cultura verdadeira, que plasma o caráter e ilumina a inteligência. Ela se julga a tal, mas corre atrás de copos e garrafas de bebidas e do tóxico que atrofia as células cerebrais, deixando-a com seqüelas que prejudicam a aprendizagem. A escola que não ilumina a inteligência do aluno com a luz dos princípios éticos não está cooperando com Deus, que anseia pelo progresso do Planeta e de seus habitantes. Enquanto as escolas apenas derem o programa obrigatório e não investirem no professor e no aluno, eles pouco rendimento terão, e a escola ainda lutará contra a falta de ajuda do governo, da sociedade e da família. Como pode o homem acompanhar o progresso do Planeta? Se ele não conhece as leis da Natureza, não tem condição de respeitar as leis morais. O Planeta está evoluindo, mas o homem, muito pouco.

Nisso, Cecy pediu desculpas por estar falando muito e se despediu, dizendo que daria uma aula em uma das inúmeras escolas daquela cidade. Na hora, perguntamos:

— Podemos ir junto a você, Cecy, e assistir a uma de suas aulas?

— Ô, Luiz Sérgio, que prazer, ficaremos imensamente feliz em ter ao nosso lado tão grandes amigos. Vamos até lá.

Vimos, então, que aqueles meninos e meninas que pararam para ouvir a Cecy também a acompanharam e logo lá estávamos.

Capítulo 16

REENCARNAÇÃO: BÊNÇÃO DIVINA

Com seu jeito peculiar, Cecília prontamente iniciou sua aula, se é que assim podemos chamá-la, pois achamos que estávamos recebendo um banho de amor.

— Queridos irmãos de aprendizado, por que nós, os homens, não tomamos os devidos cuidados tão bem ministrados pelo mestre Jesus Cristo? Se bem repararmos, o cuidado é tão ancestral quanto o Universo. Se após o Big-Bang não tivesse havido cuidado por parte das forças diretivas pelas quais o Universo se auto-cria e se auto-regula, a saber, a força gravitacional, a eletromagnética, a nuclear fraca e forte, tudo se expandiria demais, impedindo que a matéria se adensasse e formasse o Universo que conhecemos. Teríamos intermináveis explosões. Examinando toda essa obediência a uma Inteligência máxima que tudo dirige, vemos que tudo se processou com um cuidado muito sutil, em frações de bilionésimos de segundo, que muitos ainda não imaginam como ocorreu e ainda ocorre. Alguns cientistas tentam falar sobre a criação do Universo e muitos se aproximam da verdade, mas a Doutrina Espírita, quando bem estudada, coloca nas mãos do homem tudo o que no ontem era mistério, ou ainda o é, para aqueles que não crêem no Espírito. Estudando a Bíblia, encontramos a criação não só do nosso planeta, a Terra, como a do Universo e a origem do homem. Tudo isso encontramos em *O Livro dos Espíritos*: a passagem pelos reinos da Natureza. A Bíblia narra quando o homem veio para o planeta Terra, expulso de outra morada por desobediência às leis e aos estatutos divinos. Com que cuidado o grande Arquiteto, que é Deus, o Criador de tudo e de todos, entregou o projeto do Planeta nas mãos do grande Mestre de obras, que iniciou com muito amor a preparação do Planeta para receber seus hóspedes, Espíritos falidos!

Dizem que a vida no planeta Terra surgiu há 3,8 bilhões de anos, quando a bactéria originária dialogou quimicamente com o meio para garantir a sobrevivência e a evolução do Planeta. Se lermos a Bíblia, veremos no livro *Gênesis* toda a evolução do planeta Terra: a Terra sendo preparada para a chegada do homem, os reinos da Natureza embelezando o Planeta, o surgimento dos animais, o *crescei e multiplicai-vos*, o surgimento da fêmea e do macho, e com eles o cérebro límbico, o órgão do cuidado, do afeto, do enternecimento[11]. O homem usava a veste do planeta primitivo, pois o astro estava ainda se desenvolvendo. Mesmo vestido de pêlos, o homem não era um animal, sim um Espírito reencarnado, recebendo o cuidado de Jesus, o governador do Planeta, e de Seus prepostos, preparando o eclodir da inteligência e da amorosidade. O homem, por ser possuidor do livre-arbítrio, precisou de muita ajuda divina para fazer eclodir a inteligência e a amorosidade, já latente nele, apesar de ser um estrangeiro chegando ao planeta Terra, porém onde sempre encontrou um orientador a dizer-lhe que fosse livre e responsável, pois não era mais um animal, sim um ser humano no longo caminho da evolução.

— 'Cada homem tem um código de ética gravado na consciência, o qual tem de tomar cuidado para não desrespeitar, pois o homem encarnado está no Planeta de expiação e provas para resgatar suas faltas, nem que seja com ética mínima universal, se desejar obter a herança que recebeu do universo e da cultura, e garantir um futuro melhor para todos nós, pois nunca devemos esquecer que somos filhos de Deus e com Ele temos um só compromisso: o da perfeição. Não precisamos andar muitos quilômetros, basta o despertar da consciência e teremos a certeza de quão valiosos somos para Deus, pois por Ele fomos criados e jamais morreremos, porque somos eternos. Deveria ser obrigatório o ensino da Doutrina Espírita em todos os colégios do plano físico, não como religião, sim como ciência e filosofia. Só aprendendo a Doutrina Espírita e pondo em prática os seus ensinamentos é que o homem pode tornar-se um reli-

---

[11] N.E. — Para maiores esclarecimentos sobre o assunto, consultar a obra *O Gênesis*, primeiro volume da Série *A Bíblia na Linguagem Espírita*, escrita pelo Espírito Cecília e psicografada por Irene Pacheco Machado.

gioso, porque a religião se chama o amor a Deus e ao próximo. Se criamos diferenças religiosas, não somos respeitadores das leis divinas, por isso cada espírita tem de primeiro estudar muito, para depois dizer se é verdadeiramente um espírita representante do terceiro chamado, se toma os devidos cuidados com os ensinamentos que recebe dos livros doutrinários. Muitas pessoas dizem que o Planeta não está evoluindo. Como não? Basta olhar o avanço da tecnologia. Hoje, o conforto da vida moderna leva o homem até a se esquecer de Deus, mas o Planeta está progredindo e poucos homens, infelizmente, ainda se encontram com o coração endurecido a ponto de não parecer seres humanos. Se desejarmos nos cientificar de que nosso Planeta está evoluindo, bastará estudar, e saberemos que a cada vinte e seis meses a Terra se aproxima de Marte, planeta bem mais evoluído do que o nosso, enquanto ambos orbitam o Sol. Daqui a alguns anos, essa distância será a menor dos últimos anos, logo a Terra chegará bem mais perto de Marte[12]. Por quê? Porque o Planeta está evoluindo. Com a aproximação com a Terra, o brilho de Marte vem aumentando, tornando sua presença evidente no céu. Ele vai ficar visível só por alguns meses, pois logo uma proteção fluídica impedirá que o homem presencie a aproximação desses dois planetas. Será muito fácil observá-la. O planeta vermelho será o astro mais brilhante no céu e sua luz será diferente da de todos os demais. Sua cor vermelho-alaranjada, devido à presença de óxido de ferro no solo, é uma luz que não pisca, ao contrário das estrelas. Isso ocorre porque Marte e a Terra apenas refletem a luminosidade do Sol. A cada dezesseis anos as distâncias entre os dois planetas diminuem. Sabem por quê? Porque o planeta Terra está evoluindo e se aproxima a hora de mudar de categoria, tornar-se um planeta de regeneração. Vocês, jovens que logo voltarão ao plano físico, levarão para os meios científicos tudo o que aprenderam aqui nesta cidade e depois o que aprenderão nas universidades da ciência universal. Não

---

[12] N.E. — A aproximação máxima entre os dois planetas se deu entre os dias 25 e 28 de agosto de 2003, período em que Marte esteve mais próximo da Terra do que jamais esteve nos últimos 60 mil anos. Outra aproximação como esta, segundo os astrônomos, só ocorrerá novamente em 284 anos.

podem falhar. A Terra está necessitada de homens de caráter, pois ela avança, e ai daqueles que caírem no abismo do novo planeta, um planeta cujo estado evolutivo ainda é bem precário. Os homens sem Deus, sem fé, acham que o mundo vai-se acabar, que o mundo está cada vez pior. Sim, às vezes assim parece, como agora, nesses poucos meses deste novo século, pois muitos fatos tristes ocorrerão, várias tragédias. Com a aproximação da Terra com o planeta Marte teremos vários incêndios, várias pessoas desencarnarão queimadas. Depois de termos conquistado toda a Terra a preço de pesado estresse da biosfera, é preciso que o homem se regenere, que se torne manso e pacífico, que respeite as fronteiras, que não agrida a Natureza jogando bombas e mais bombas, matando inocentes e ainda culpando Deus, dizendo que Ele está castigando a Humanidade. O homem é que tem de se cuidar, porque assim ele vai ao encontro do pior, e o pior é ser expulso do Planeta azul, cor dos olhos do Seu governador, Jesus Cristo. Para aqueles que dizem que o Planeta não evolui, basta olhar o avanço da tecnologia, uma delas no trabalho de digitação da obra do maestro. Há o curioso teclado midi[13]. Ele apresenta teclas iguaizinhas às encontradas nos pianos, a diferença é que o aparelho pode perfeitamente ser conectado ao computador por meio de um cabo especial. Quando o músico toca uma nota, ela é transmitida para o computador e lida por um programa que interpreta cada uma delas e permite sua visualização na tela. Pouco a pouco surge a partitura digitalizada em formato PDF[14], que pode ser vista e ouvida no computador mesmo. Esses avanços estão no plano físico, contudo, entre nós eles superam o imaginável. É o Planeta que avança, é o progresso; entretanto, também temos o abuso com o moderno, pois a Internet dá a informação, mas também leva até o lar do encarnado a pedofilia, a prostituição, a droga,

---

[13] N.E. — Midi: *Musical Instrument Digital Interface* (Interface Digital de Instrumento Musical). Protocolo criado em 1983 que permite a troca de informações entre instrumentos musicais eletrônicos, além de possibilitar sua conexão com um computador.

[14] N.E. — PDF: *Portable Document Format* (Formato de Documento Portátil). Arquivo digital universal, que pode ser visualizado em qualquer sistema operacional, representando na tela do computador páginas, formulários, imagens, gráficos e tabelas, como sairiam na impressora.

enfim, sempre existiu junto ao progresso da tecnologia o mau caráter e a incapacidade do homem, que faz mau uso do progresso. A culpa, entretanto, não é de Deus nem do Planeta, está no ser humano que ainda não aprendeu o caminho estreito que nos leva a Deus.

Estávamos até sem fôlego, ouvindo nossa querida Cecy, porém Atal nos convidou a sair. Não compreendemos por quê, se a aula estava ótima. E depois, achamos que seria deselegante sair em plena aula, mas assim o fizemos não como um cordeiro manso, pois não gostaríamos de nos retirar, queríamos mais, muito mais. Chegando ao pátio, Indará nos falou:

— Luiz, temos de assistir à aula sobre reencarnação, ela já está para começar.

— Sentimos muito ter saído, pois admiramos a querida irmã. Confessamos que não gostaríamos de ter-nos retirado dali, mas ordens são ordens.

— Não, Luiz, não são ordens, sim disciplina. Temos uma tarefa e para bem realizá-la precisamos cumprir com o horário, e horário é disciplina. Sem disciplina, não chegaremos na hora certa, logo, não respeitaremos o nosso próximo, pois sempre estaremos atrasados, e os atrasados não sabem o que é dever. O dever, Luiz, é respeito ao próximo. Quem conhece as leis de Deus e as respeita não deixa ninguém esperá-lo.

— Desculpe, não está mais aqui quem falou. Sou mesmo muito bobo, confesso.

— Bobo, não, ansioso, e a ansiedade pode causar desequilíbrio.

— Obrigado, amigos, um dia vou-me tornar um Lanceiro, disciplinado, enfim, uma grande alma.

— Não deseje, Luiz, seja um Lanceiro de Maria, jogando o laço da disciplina, do amor e da gratidão.

Abracei o grande amigo, dizendo:

— Obrigado, Atal. Muito tenho aprendido com vocês e vejo que têm razão: procuro tornar-me um Lanceiro no trabalho que realizo, levando as notícias do mundo espiritual, tentando ajudar alguém, e graças à confiança que muitos Espíritos depositam em nosso trabalho.

Todos se calaram. Quando reparamos, já estávamos chegando a outra escola onde teríamos a tão esperada aula sobre reencarnação. Era um edifício-escola todo branco. Em um imenso salão, divisávamos fotos de Espíritos conhecidos em suas inúmeras encarnações, principalmente aqueles que conhecemos dos estudos bíblicos. Ficamos deslumbrados com aqueles belos retratos pintados pelos grandes mestres da pintura. Ali encontramos vários médiuns brasileiros, quem eles foram no passado, e também os pseudo-espíritas, que vivem atirando pedras no seu próximo. Na galeria, víamos nosso Paul Gibier, Flammarion, Léon Denis e as figuras bíblicas: Moisés e outros mais. O que nos chamou a atenção foi o nosso querido Agostinho, o grande convertido, Espírito maravilhoso, quem fora em outra existência. Lá estava ele, imponente, grande filósofo, grande conhecedor da vida e da morte. Agostinho, o filho que descobriu Deus e, como Madalena fez ao encontrar Jesus, transformou-se em um novo homem. Agostinho ali figurava, juntamente com sua encarnação novamente como... Infelizmente, não temos permissão para revelá-lo.

Depois da visita ao museu, vamos chamá-lo assim, de museu da reencarnação, quando já estávamos saindo, divisamos outro conhecido nosso: meu Deus, era ela, a médium conhecida. Ah, se eu soubesse pintar! Colocaria neste livro o seu retrato, mas o olhar que recebemos do Atal nos cortou o Espírito. Abaixamos a cabeça e fomos até a imensa, mas imensa mesmo, sala de aula. Todos estavam meditando, prestando atenção no fluxo da respiração, ora lentamente, ora apressadamente. Uma música clássica tocava suavemente. Pensamos que estávamos flutuando e lutamos para não dormir, pois meditar não é adormecer, é descansar a mente, serená-la, fazê-la repousar. Nisso, entrou nosso querido amigo, catedrático em reencarnação, cuja humildade nunca permite que coloquemos o seu nome, pois os grandes Espíritos não têm nome, têm obras.

— Que Deus abençoe a todos os Seus filhos e que cada um de nós sejamos gratos por Ele nos ter criado simples e ignorantes e ter-nos concedido o direito de escolha, mas também o de buscar a verdade ou permanecer de olhos fechados, até quando desejarmos nos libertar da ignorância. Muitos que se dizem espiritistas não aceitam a reencarnação, como se ela fosse um castigo de Deus. É difícil para o orgulhoso constatar que ele nada é diante das leis da Natureza, que são imutáveis, pois foram criadas por Deus. A reencarnação é um fato natural quando o Espírito culpado tem de reparar seus erros, é a volta à prisão para o Espírito almejar a liberdade outorgada pelo Pai Todo-poderoso. Negar a reencarnação é o mesmo que renegar a vida, pois sabemos que tudo morre, mas também que tudo renasce. Se a árvore muitas vezes tem suas folhas e galhos podados por algum motivo, mas logo florescem ou renascem em pequenos arbustos, por que só o homem morre e jaz para sempre no túmulo frio, sem condição de renascer novamente? Se Deus renova a Natureza, cada grama que morre torna a germinar, quão grande não será o Seu cuidado com a alma do ser humano! Negar a reencarnação é não crer na bondade divina, que tudo vê, tudo cria, que tudo faz pelo progresso do Universo, e o homem faz parte desse universo de Deus. O Criador seria injusto se o homem só tivesse o direito a uma única existência, pois os anos na matéria são mínimos, diante da eternidade. Se o homem não reencarnasse, se apenas morresse, ele não participaria da lei do progresso, porque ficaria ocioso se permanecesse vivo e morto ao mesmo tempo, e isso não é a lei do progresso. A lei do progresso é o homem evoluir sempre, até a perfeição máxima, quando, como Espírito bom, encontra a vida plena, o encontro da alma com a sua consciência, quando o Espírito livre da matéria grosseira do seu perispírito nunca mais precisa reencarnar, quando a veste perispiritual se funde ao corpo espiritual, corpo do Espírito, e o perispírito translúcido, vibrante de amor eterno, não tem mais vestígios materiais que o atraem às reencarnações expiatórias, ou melhor, quando o perispírito etéreo vara as ondas dos oceanos fluídicos e o Espírito não mais precisa de vestes pesadas para ser conduzido a mundos inferiores, cujas vestes tiveram os elementos desse mundo quando para lá foram atraídos. Julgam alguns leigos, não-espíritas, que a reencarnação é um castigo de Deus e também alguns espíritas crêem que ela é o perdão de Deus. Não, Deus não castiga, como não precisa perdoar, porque só agem assim os seres imperfeitos. Ele, como Pai sublime, criou o filho com todo o Seu amor e, por amá-lo, deu-lhe o conhecimento do bem e do mal, quando ele atingiu a maioridade, a idade da razão, quando o coronário, sede do Espírito, recebeu a consciência, em que grafadas estão as leis morais. Até então, o Espírito vinha cumprindo sua escalada evolutiva sem culpa, porque era simples e ignorante. Depois, quando tornou-se homem, Espírito formado, com o perispírito sem mácula, ele, o homem, ficou ciente de que Deus é o Criador do Universo, que esse Universo tem leis imutáveis as quais o homem tem de respeitar. Se o homem se desvia do caminho da perfeição e por vontade própria busca outras moradas, ele já possui o conhecimento do mal que causará a si próprio. Não é Deus que, dedo em riste, vai-lhe apontar as faltas, como se fosse um juiz implacável. Não, Deus não julga, porque é soberanamente justo. Ele apenas ama, e quem ama não julga nem precisa perdoar. Ele, o Criador do Universo, o Criador incriado, jamais jogará um de Seus filhos em um corpo carnal para ser castigado, nem depois de desencarnado o conduzirá ao umbral, ao inferno ou ao purgatório, porque Ele é bom, é o Pai de tudo o que compõe o Universo. Julgar que a reencarnação seja um castigo divino é desconhecer os atributos de Deus. A reencarnação é uma lei: quando o Espírito falir ele será atraído para a prisão e ela se chama remorso. Quando erra, o homem tem consciência dos seus atos e se auto-julga, e quando isso acontece o Espírito agride sua veste perispiritual de tal forma que nem Deus pode trazê-la à forma de quando nenhum mal havia feito. Portanto, quem julga é o homem, é o próprio homem que jamais esquece os seus erros. Eles só serão apagados através de um arrependimento sincero, de uma expiação e reparação escolhidas por ele mesmo, jamais por Deus, Jesus ou qualquer outro Espírito. Somente o faltoso conhece o tamanho das suas faltas e as guarda consigo, em forma de remorso. Não serão Deus, Jesus nem Espírito algum que gritarão para todos saberem o tamanho dos nossos erros. Somos nós mesmos que escolhemos a melhor maneira de pagar nossas dívidas. Ainda assim, Deus coloca um advogado para nos defender e orientar, ele se chama mentor, o mentor a quem muitas vezes ignoramos e cuja presença não desejamos junto a nós, e como ele luta para nos livrar do perigo que corremos, ao defrontar novamente com aqueles que junto a nós esqueceram as leis de Deus! Nos lugares, nos dias, nas horas perigosas, quando nossas almas fracas buscam novamente cometer os mesmos erros, o mentor tenta desesperadamente nos segurar para que não venhamos a cair novamente, e assim é que o erro que cometemos está gravado em nosso perispírito e só nós podemos apagá-lo, através de uma grande vontade de encontrar Deus.

— 'A reencarnação não é perdão nem castigo, é a chaga que o Espírito abriu em seu perispírito e que terá de curá-la com o remédio do amor, do arrependimento, da expiação e da reparação. Ninguém estará do outro lado do túmulo esperando cada filho de Deus com um livro de suas faltas e um cutelo para castigá-lo. Não, a Doutrina tem de bem explicar o que é a reencarnação, como ela se processa, como o homem autoflagela sua alma quando foge de Deus, como ele se afunda no charco infecto da matéria e se torna cada dia mais distante de sua consciência e assim vai sujando sua veste perispiritual, o seu "disquete", que um dia terá ele mesmo de colocar em seu computador, chamado consciência, e aí verá como brincou com o Espírito Santo que está nele e ele não vê; sim, Espírito Santo, porque cada obra de Deus tem o Espírito formado junto ao seu corpo espiritual, obra esta que ninguém pode destruir, nem o próprio Espírito. Ele pode deformar a veste perispiritual, porque ela é matéria e fluido, contudo, ninguém pode destruir o Espírito e seu corpo espiritual; eles não retroagem, sim o perispírito, mesmo assim o Espírito tem por dever lutar para torná-lo novamente apto para voltar aos braços do Pai, e quando acontecerem as bodas do Senhor Jesus, todos os Espíritos deste Planeta terão de estar com a veste limpa e resplandecente de boas obras, caso contrário serão deportados para outros planetas que o atrairão, de acordo com seu campo vibratório. Não será Deus nem Jesus que os escolherão, serão eles mesmos que se sentirão atraídos, como hoje muitos são atraídos para a droga, para a avareza, para a opressão sobre o pobre, para a destruição do seu semelhante. Deus não é culpado pelas faltas de Seus filhos, os filhos é que são desobedientes às leis, e estas, como diz a Bíblia, em *Deuteronômio*, Cap. 30, não estão do outro lado do mar, sim dentro da consciência de cada homem:

[11] *Na verdade, esta Lei que hoje te imponho não te é difícil nem está fora de teu alcance.*

[12] *Não está nos céus, para que possais dizer: 'Quem poderá subir ao céu por nós para apanhá-la e no-la dar a conhecer, e assim possamos cumpri-la?'*

[13] *Não está do outro lado do mar, para que possais dizer: 'Quem atravessará por nós, para apanhá-la e no-la dar a conhecer e assim possamos cumpri-la?'*

[14] *Ao contrário, ela está bem ao teu alcance, está em tua boca e em teu coração, para poderes cumpri-la.*

— 'Deus não criou a miséria nem os miseráveis. A sociedade é que é injusta e cria as diferenças, contudo, cada Espírito, ao reencarnar, traz o seu mapa e nele se encontram aqueles pontos nos quais está mais propenso ao erro, por isso o Cristo nos disse: *vigiai e orai*. Nesses pontos, ou melhor, laços, expansões do perispírito, que são em número de acordo com a evolução de cada um, é que estão os pequenos fatos nos quais ficaram gravadas as nossas faltas e os nossos acertos. São as expansões do perispírito, os laços, os primeiros a serem agredidos com nossas más ações. Depois, as más ações partem para o perispírito e nele se alojam. O corpo espiritual, aquele que Deus criou junto ao Espírito, este é inalterável, pois é uma obra divina. O perispírito é veste do Espírito, mas a ele pertence. Ele é que a elabora, desde sua materialização no reino mineral. Podemos imaginar que o perispírito é um tecido fluídico e material que Deus deu ao Espírito para ele fazer uma veste e ele, o Espírito, a fez da maneira que desejou. Sabemos que os que foram expulsos do paraíso vieram para a Terra com um perispírito bem grosseiro, que só podia dar à matéria física, ao corpo de carne, a forma mais grosseira que naquela época possuía o planeta Terra. O perispírito é uma veste maleável, com a qual o Espírito brinca, contudo, o Espírito é uma obra divina, ele não retroage, mas seu perispírito, sim. Vamos, agora, compreender melhor que não é Deus nem Jesus que estão com a ficha de cada Espírito, apontando seus erros e acertos. Não, quem grava tudo é o próprio Espírito. Ele pensa e age e basta pensar para que os laços se liguem aos pontos nobres do perispírito, e este sofre ou se beneficia conforme as obras do Espírito. As faltas gravadas no perispírito, só o Espírito pode apagá-las com boas ações. Ninguém, nem Deus, pode apagar os erros dos Seus filhos. Esta é a lei da reencarnação, portanto não existe fatalidade na Doutrina. Pode um Espírito culpado de ontem voltar à terra com sua veste perispiritual muito comprometida, mas se entregar-se de corpo e alma ao trabalho do amor a Deus e às Suas criaturas, este Espírito terá suas penas abrandadas, não por Deus, por Jesus nem pelos bons Espíritos, sim por ele mesmo. Como um grande artesão, ele modelará a argila, e com as próprias mãos, às vezes feridas, tentará embelezar novamente sua veste perispiritual através de uma grande luta e de um grande amor a Deus e ao próximo. Sem obras, só com a fé, o Espírito não consegue se livrar do peso dos seus erros, encravados nos laços do seu perispírito. É tão fácil descobrir Deus, chegar perto Dele! Só assim compreenderemos a reencarnação como um direito adquirido pelo Espírito, graças às leis de Deus, justas e imutáveis. Um espírita verdadeiramente estudioso trata o tema da reencarnação com muito cuidado e infelizmente muitas vezes, por desconhecê-la, ao falar sobre reencarnação, as pessoas amedrontam não só os espíritas, como também os Espíritos, como se ela fosse um castigo. A reencarnação é uma bênção divina, é o retorno à obra não concluída, abandonada, negligenciada, enfim, a reencarnação é um direito que o Espírito conquistou como ser livre, mas não é por isso que ele abusará sempre da bondade do Criador. É um direito do Espírito, mas também o dever de ele se tornar bom, lutar para chegar ao Pai o mais rapidamente possível, porque cada parada representa muitas horas, dias, anos e séculos de negligência do homem com seu Criador. Sendo Deus perfeito e bom, deve merecer, principalmente dos espíritas que estudam isso, o maior amor e respeito às Suas leis, e o maior mandamento do Senhor é amá-Lo *sobre todas as coisas*, que quer dizer que saibamos respeitar Suas obras e Seus estatutos. Esse é o amor que Ele nos pede, não o amor com o qual julga o homem inferior que Ele implora venhamos a amá-Lo. Não, Deus não nos pede amor para com Ele, sim para com nós próprios. Desde que respeitadas são as Suas leis, nós nos tornamos felizes e ainda mais o nosso Pai muito amado, que espera pacientemente por todos os Seus filhos, pois logo estaremos junto a Ele. Quando amamos a Deus sobre todas as coisas, aprendemos a amar e a respeitar o próximo. Essa é a maior lei de Deus: o amor, e amor chama-se respeito, humildade, gratidão, obediência. Quem não tem esses atributos não conhece Deus nem ama Suas criaturas. Já ouvimos muitos dizerem: "amo Jesus, mas não consigo amar a Deus, pois Ele é muito orgulhosos, pois pede que o *amemos sobre todas as coisas*". Amar a Deus sobre todas as coisas imutáveis e temporais é respeitar Suas leis, grafadas na consciência do homem.

— 'Estudar a reencarnação verdadeiramente não é apenas sentar-se em um auditório para ouvir palestras ou nas cadeiras das salas de passes, tampouco a uma mesa dita mediúnica. Não, estudar a Doutrina é descobrir os atributos de Deus, chegar perto Dele, tirar o véu, a poeira, as teias de aranha que cobrem as tábuas da lei, que cada criatura humana tem gravadas no tabernáculo chamado consciência. E o espírita já tem nas mãos o mapa com a bússola para levá-lo até lá, basta entender que na Doutrina Espírita não podemos idolatrar médiuns, transformando-os em "santos" como ontem fizeram com o Cristianismo. Quando os apóstolos ainda estavam encarnados, eles lutaram contra a idolatria, mas com o passar do tempo o povo foi criando os seus ídolos e os santificando. Não venhamos a fazer o mesmo com a Doutrina. Amemos e respeitemos os nomes queridos dos precursores, mas não vamos levantar monumentos para adorá-los. Quem admira Moisés, ama Jesus e tenta colocar no coração a Doutrina Espírita não pode trair o último chamado de Deus, e neste chamado as explicações estão claras. "Bom, só Deus o é", disse o Espírito mais perfeito que Se materializou no plano físico — Jesus, e todos os que estudam a Doutrina e a Bíblia conhecem o Cristo como o Espírito mais perfeito, a semelhança de Deus, que Se fez presente no plano físico. E o homem? Como o homem comum fez o seu retorno ao corpo? Ele, ao reencarnar, traz uma enorme mala repleta de papéis ou, neste século mais moderno, vários "disquetes", nos quais estão os erros e as boas ações? Ou também, ao desencarnar, como o plano espiritual, os encarregados das encarnações, saberão o que o homem fez quando no corpo físico? Alguns pensam que para cada ação boa ou má exista um departamento, ou vários deles, registrando a vida de cada encarnado, um trabalho difícil de ser feito. No mundo espiritual cada filho de Deus tem seu arquivo. Vamos comparar o Departamento da Reencarnação a um cartório, no qual cada filho de Deus tem o seu registro, os seus dados pessoais. Aquele que comete delitos graves, além de estar registrado no "cartório" tradicional, também está registrado, vamos aqui dizer, na "polícia" espiritual, no "departamento da defesa", pois ele infringiu o limite permitido por Deus, ou melhor, pela lei da sociedade. Ele terá um tratamento diferenciado do que os que praticam atos menos graves e irá para as zonas inferiores pela atração magnética de sua veste perispiritual, mas no cartório e no tribunal divino o seu nome lá está, para resguardo dele e de toda a sociedade espiritual. O mal daquele que não estuda a Doutrina, que não faz de *O Livro dos Espíritos* o seu livro de cabeceira é julgar que os desencarnados são os mortos-vivos, andando daqui para ali, que não têm teto nem responsabilidade divina para com o seu crescimento moral e o do nosso Planeta. Depois que deixamos o corpo físico, a evolução do Espírito não pára, nossas responsabilidades até aumentam, porque aqui estamos com nossa eterna veste, o perispírito, e quando encarnados temos várias roupas, não só a perispiritual, o duplo e o físico, como também as vestes de pano, os ternos e os vestidos que nos abafam, nos escondem, deixando-nos fantasiados muitas vezes de bonzinhos. Aqui no plano espiritual isso não ocorre. Nossa veste perispiritual tem nela refletido o real estado vibratório do nosso Espírito, pois é no perispírito que se encontra tudo o que já fizemos de bom e de mal, conforme a evolução do Espírito. Ele e seu corpo espiritual são inalteráveis, eles não retroagem, porque foram criados por Deus, contudo, o perispírito é uma conquista do Espírito, é uma veste e não um corpo. Ele, o perispírito, é uma cópia do Espírito. Os aperfeiçoamentos da referida cópia partem do Espírito, mas é nesse modelo, chamado perispírito, que se encontram os detalhes; é nessa cópia que estão, dispostos em camadas rígidas, os atos praticados pelo Espírito. Do perispírito, a veste, e não o corpo do Espírito, é que saem as expansões chamadas laços, que prendem o Espírito ao corpo físico. Não trataremos aqui desse modelo em outros planetas. Se não conhecemos nem o modelo do nosso Planeta, por que desejar conhecer o perispírito de outras moradas? Os laços, as expansões, cada uma delas corresponde a uma determinada encarnação do Espírito. Cada laço forma-se no decorrer da volta do Espírito ao corpo físico, em nova reencarnação. Cada laço vai-se formando no decorrer da encarnação, até o momento máximo, a formação do embrião, mas é o Espírito, junto ao seu corpo eterno, como Deus o criou, corpo espiritual, que comandará o modelo perispiritual, ou melhor, o Espírito e o perispírito se unirão para ajudar, para dar uma conjugação em que cada fator controla o outro. O Espírito reencarnante, junto ao Espírito da mãe, inicia um grande trabalho. Eles darão uma veste física para o Espírito reencarnante, mas o Espírito, mesmo soberano, não pode ultrapassar o modelo já pronto, isso graças ao trabalho do Departamento Reencarnatório. Esta veste é o que o Espírito teve direito, pois o perispírito, sendo a veste eterna do Espírito, tem a forma da evolução temporária do Espírito reencarnante. Não adianta o Espírito tentar mudar o modelo, ele já está preparado para plasmar no corpo físico todo o seu roteiro de vida encarnada, portanto, os laços que encontramos em *O Livro dos Espíritos* são a expansão do perispírito, ou melhor, quanto mais laços, mais comprometimento tem o Espírito. Vamos recordar as questões de *O Livro dos* Espíritos:

155. *Como se opera a separação da alma e do corpo?*

"Rotos os laços que a retinham, ela se desprende."

a) — *A separação se dá instantaneamente por brusca transição? Haverá alguma linha de demarcação nitidamente traçada entre a vida e a morte?*

"Não; a alma se desprende gradualmente, não se escapa como um pássaro cativo a que se restitua subitamente a liberdade. Aqueles dois estados se tocam e confundem, de sorte que o Espírito se solta pouco a pouco dos laços que o prendiam. *Estes laços se desatam, não se quebram.*"

157. *No momento da morte, a alma sente, alguma vez, qualquer aspiração ou êxtase que lhe faça entrever o mundo onde vai de novo entrar?*

"Muitas vezes a alma sente que se desfazem os laços que a prendem ao corpo. Entrega então todos os esforços para desfazê-los inteiramente. Já em parte desprendida da matéria, vê o futuro desdobrar-se diante de si e goza, por antecipação, do estado de Espírito."

— 'João Batista quase não tinha laços, por isso Jesus disse: "dos nascidos de *mulher*, não existe ninguém mais perfeito do que João Batista". Ele saudou Jesus no ventre da sua mãe Isabel, porque não teve uma reencarnação total. Os laços, podemos chamá-los de laços do esquecimento. O homem ainda não conhece nem o seu corpo físico e gosta de criticar os que estudam a vida do Espírito imortal e sua veste perispiritual, a qual, de acordo com a evolução do Espírito, vai ficando cada vez mais etérea, mas o contrário também se dá. Se o Espírito é enraizado no erro, raízes essas que chamamos "laços", eles tornarão mais pesada e deformada a veste perispiritual. O Espírito não retroage, mas sua veste, sim. É como a bela mulher que deixa seu lindo vestido, bordado a ouro, para vestir uma roupa de saco de linhagem; ela jamais deixará de ser uma bela mulher. Assim é o Espírito e sua veste perispiritual. Em cada laço estão refletidas as imperfeições e perfeições do Espírito. Contudo, ele, o Espírito, pode bem lutar para alterar sua veste, mas somente ele, pois nem Deus nem ninguém pode mudar o modelo do traje que o Espírito confeccionou desde que ganhou o corte de tecido das mãos do Pai, já no reino mineral, e veio trabalhando até a forma real do Espírito, o corpo espiritual, quando tornou-se homem. Quem não tiver compreendido, é bom recordar que um belo homem pode vestir uma fantasia de monstro, mas ele pode, se o desejar, tirar a fantasia, que continuará o belo homem de sempre. O Espírito e o seu corpo espiritual jamais retroagem, pois eles passaram pelas mãos de Deus, contudo, o perispírito é uma peça de pano que o Espírito, e não Deus, tem de trabalhar para tornar-se bela e translúcida, a túnica nupcial, com a qual todos teremos de nos apresentar no dia das bodas de Jesus, o dia em que o Planeta passar para uma categoria melhor, o Planeta regenerador. Até lá, cada Espírito deve lutar para trabalhar essa argila, à qual daremos a forma que desejarmos, de acordo com nossa evolução. Aquele que encontra Deus e renuncia em nome do amor, esse logo, pouco a pouco, vai desencarnando e reencarnando bem melhor, porque, quanto mais laços o perispírito carrega, mais culpa o Espírito tem, e suas reencarnações e desencarnações são doloridas.

— 'Aqui queremos dizer a cada um de vocês, minhas crianças, adolescentes e jovens, que não é Deus nem Jesus que castigam, o Espírito tem o seu arquivo no perispírito e dele jamais se separa. Ninguém vai julgá-lo, ele é que será levado para onde o seu campo magnético for atraído. Não existe carrasco no mundo espiritual julgando os filhos de Deus. Todos serão socorridos, mas o livre-arbítrio de cada um é que vai levá-los aonde desejarem e até onde podem ir. A responsabilidade do espírita é enorme e os encarnados não querem se conscientizar disso, pois mesmo se dizendo espíritas eles correm dos compromissos espirituais. Quem tiver alguma dúvida, consulte o livro *A Gênese*, de Allan Kardec, Cap. XI, item 18. Este trecho também narra a desencarnação. A reencarnação não é fatalismo como alguns espíritas desejam passar aos iniciantes. Não, isso seria um absurdo e revelaria falta de amor de Deus. A reencarnação é uma nova oportunidade. Contudo, cada Espírito reencarnado deve lutar para ir jogando fora todas as iniqüidades que se encontram em sua veste perispiritual. Só estudando a reencarnação como ela é, uma bênção divina, o homem procurará melhorar. Se ele gosta de fazer trapaças, tem de lutar para se tornar digno; se ele tem más tendências, tem de lutar para livrar-se delas; está nele sua transformação, e não nas mãos de Deus. Devemos deixar de culpar Deus pelas nossas fraquezas. Quando a mulher e o homem se juntam para trazer um Espírito à carne é imensa a responsabilidade de cada um, pois a eles foi confiado um filho de Deus. Louvamos a mulher como a incubadora divina, através da qual Deus dá oportunidade de Seus filhos errados voltarem ao lugar dos delitos para ressarcir seus erros. A mulher é uma missionária de Deus, transportando para o mundo físico um Espírito necessitado de novas oportunidades e sabemos o quanto a mulher ajuda o Espírito reencarnante. É junto a ela que o Espírito vai formando o seu corpo físico, e é graças aos nutrientes por ela consumidos que o feto irá desenvolver-se. E o homem, qual é sua tarefa? É também muito bela sua cooperação com a criação divina. No ato sexual, quando os pais já estão preparados para receber o filho, chegado o momento do processo de fecundação, parte a seleção de um entre os 200 milhões de espermatozóides em disparada, uma seleção feita por aparelhos manejados por Espíritos capacitados. O espermatozóide escolhido está de acordo com as necessidades do reencarnante. Esse espermatozóide escolhido do pai apresenta os potenciais que possibilitam a formação e o desenvolvimento de um organismo que está propício ao cumprimento do projeto reencarnatório em pauta, isto é, o espermatozóide do pai também auxiliará o corpo físico do reencarnante, pois ele terá afinidade com o corpo perispiritual do Espírito. Não é por acaso que o espermatozóide fecunda o óvulo. Tudo o que acontece no mundo físico já se iniciou no mundo espiritual. O homem e a mulher já foram preparados enquanto dormiam para servir a Deus, recebendo um de Seus filhos, por isso o aborto é mais que um crime, é ir contra as leis da Natureza, é jogar uma bomba em um imenso laboratório científico da espiritualidade que se deslocou e muitas vezes Espíritos especialistas em reencarnação tudo fizeram pelo retorno daquele Espírito que foi devolvido de uma maneira às vezes cruel.

— 'Hoje, algumas mulheres, cultivando o corpo carnal, esquecem-se da sublime missão de mãe e, quando grávidas, não querendo deformar o corpo, deixam de consumir os nutrientes que muito ajudarão o feto a se desenvolver. Da Natureza é que se forma o corpo carnal, ele pertence ao mundo físico. O modelo perispiritual, com seus centros de força, também capta fluidos para o desenvolvimento do reencarnante e as rodas energéticas do duplo levam até os órgãos as energias necessárias para o reencarnante. Vamos saber de que precisa o feto quando em desenvolvimento: vitamina A — ajuda no crescimento, protege a vista, auxilia a pele e as mucosas. Fontes: leite, gema de ovo, cenoura, tomate, alface, espinafre, alcachofra, acelga, repolho, brócolis, couve, salsa, escarola, mamão, manga e pêssego. Vitamina B1 (tiamina) — fortalece os nervos. Fontes: pão, cereais, castanhas, abóbora, cará, aipim, amendoim e outros nutrientes. Vitamina C. Fontes: laranja, limão, tangerina, abacaxi, goiaba, caju, mamão, banana, morango. As verduras couve, tomate, pepino, couve-flor, aspargo, acelga, espinafre, agrião, repolho, cebola, pimentão. Vitamina D — para os ossos. Fonte: luz solar, gema de ovo, manteiga, leite, nata. O organismo fabrica essa vitamina sob a ação dos raios ultravioleta do Sol sobre as células da pele. Vitamina E — auxilia o desenvolvimento do feto. É chamada a vitamina da fertilidade, da reprodução. Fontes: germe de trigo, milho, soja, amendoim, ovo. Os ácidos graxos essenciais auxiliam no desenvolvimento da pele e, mais tarde, contribuem para o funcionamento sexual e do rim. Encontrados em óleos vegetais, especialmente a soja, e assim outros nutrientes que a mãe capta para a formação e a saúde do seu filho. A Natureza é o oxigênio que mantém vivas as células do corpo físico. Os minerais, como o cálcio, formam ossos, cartilagens etc. O fósforo nutre o cérebro. O ferro está intimamente ligado ao sangue e sua função é fornecer o material necessário para a formação da hemoglobina, matéria corante dos glóbulos vermelhos no sangue, encarregados de levar o oxigênio a todos os tecidos orgânicos. Iodo: necessário ao funcionamento normal da glândula tireóide, que foi chamada a glândula da inteligência. Sódio e cloro: esses elementos são indispensáveis à vida física. Potássio: eis aí outro elemento da mãe-Natureza, indispensável à vida.

— 'Queridos irmãos, aqui terminamos nossa conversa, na certeza de que cada um jamais esquecerá que Deus é nosso Pai eterno e que jamais ficaremos órfãos Dele. Que Deus abençoe a Doutrina Espírita, para que ela não se perca no caminho da utopia, pois muitos se dispersaram do Cristianismo quando este perdeu o sabor da verdade. Que todos nós possamos descobrir as belezas da vida e lutar para não morrer de arrependimento por não ter buscado os braços amorosos de Deus. Quando o momento chegar, o mergulho de cada um ao Jordão da carne, que estejamos preparados para limpar nossas vestes perispirituais, pois o Cristo espera por todos nós, filhos retardatários de Deus que, por ignorância da imperfeição, buscamos o caminho largo da prepotência e do orgulho, mas todos os dias a aurora do amanhecer traz a cada filho perdido nas trevas do erro a luz da esperança na alvorada da aurora celeste. Lázaro José.

Fomos o último a sair e olhamos nosso perispírito: quantos "disquetes" ainda temos de jogar fora para limpá-lo ou colocar neles uma bela oração de amor a Deus e a todas as Suas criaturas!

Capítulo 17

OS ALIMENTOS TRANSGÊNICOS

Olhamos nossos companheiros Atal, Nady e Indará e nos sentimos muito feliz pelo mundo que encontramos ao desencarnar. Quantos amigos temos reencontrado em nosso caminho de aprendizado! Ali, junto à nossa eterna turma dos Raiozinhos de Sol, nossos olhos marejados de lágrimas divisaram todos os acontecimentos da nossa vida como Espírito: os primeiros passos na literatura espírita, nossas primeiras mensagens e depois a grande tarefa. Convivi com o maior inimigo da sociedade quando ele era ainda oculto, quase desconhecido: o tráfico, e enfrentei a rejeição dos espíritas ortodoxos, não querendo entender que a Doutrina tem de acompanhar o progresso. Quando dizemos progresso, queremos dizer o que está acontecendo no Planeta, mas os espíritas precisam fortificar a alma e a célula-mãe da sociedade, a família, investindo muito mais na evangelização da criança, do adolescente e do jovem, não os deixando à mercê de apenas encontros e festivais de músicas espíritas. Não, a criança, o adolescente e o jovem, como sabemos, são Espíritos velhos e muitos deles falidos, e que precisam e possuem capacidade para estudar e praticar a verdadeira Doutrina Espírita, baseada no conhecimento e na razão. Mas, não, muitos preferem considerar a juventude um jardim de flores inexpressivas, sem valor nenhum para a sociedade. Em nossos livros buscamos orientar a juventude para a real finalidade da Doutrina: mudar o homem, livrá-lo dos vícios, preparar o jovem para se tornar um grande espírita do amanhã, o conhecedor verdadeiro da Doutrina.

Adentramos outro auditório e assistimos a mais uma aula sobre os tristes fatos que vêm ocorrendo no plano físico e um dos mais terríveis é a pedofilia, a criança sendo violentada e quase todos os governos do

Planeta indiferentes ao que acontece às crianças, aos adolescentes e aos jovens. Com pesar, víamos na grande tela, nas ruas brasileiras, meninos e meninas sem teto, esquecidos pela sociedade, já praticando pequenos furtos, alguns até armados, prontos para tirar a vida do seu semelhante. Eles não tiveram a oportunidade de ser protegidos pela sociedade. Ali, eles estão à frente do carro luxuoso que por eles passa com o motorista que não se compadece da miséria que vê, achando normal, é como se esses párias fizessem parte da paisagem das cidades. Ninguém se preocupa com eles nem percebe que é desses antros que crescem as facções das delinqüências que hoje ainda não estão tão poderosas, mas que daqui a alguns meses veremos o desespero e o horror da violência, pois os meninos e as meninas estão nas ruas e ninguém faz nada por eles.

Na tela, divisávamos a exploração sexual de adolescentes em plena rua. Não existe mais hora nem lugar. Diante da platéia, víamos mulheres abordando homens desacompanhados, oferecendo-se para meia hora de sexo, meninas de doze a quatorze anos, umas por trinta ou até vinte reais, e nenhum protetor da criança aparecia para defendê-las. Enquanto em nosso país a exploração do sexo é assustadora, nos países ricos cerca de três mil ou mais crianças de até dezesseis anos desencarnam, vítimas de maus tratos e violências, e a grande potência americana, os Estados Unidos, está no topo dos mais negligentes.

Na Cidade das Crianças víamos algo que muitos ignoram e que vários dos nossos livros vêm alertando: os jovens estão morrendo. Una-se toda a sociedade para defender o bebê que sofre, chegando até a ser estuprado, por isso é muito sério levantar creches ou orfanatos para criança. Devemos é criar escolas espíritas, não com pessoas despreparadas, mas com criaturas cujo amor seja infinito, e isso podemos encontrar. Quantos senhores e senhoras vivem sozinhos e abandonados, prontos a voltar a sonhar! Poucos países como a Itália, a Espanha e a Grécia estão entre os povos com as menores taxas de mortalidade infantil por violência.

Naquela escola, ou universidade, víamos o que vem acontecendo com as crianças. Até nos lares os irmãos mais velhos violentam os menores e as meninas, suas irmãs. Uns sob efeito da droga, outros pelo vasto material de propaganda sexual que os leva à loucura, à busca das fantasias sexuais.

Como temos aprendido junto a estes jovens, neste belo local, como as crianças, os adolescentes e os jovens necessitam de proteção! Assistimos a várias palestras, porém muitas delas deixamos de narrar neste livro, pois tivemos outras para discutir os assuntos que nos preparam a espiritualidade, um deles a devastação das nossas reservas florestais, que estão sendo exploradas sem critério, pois o governo nada examina. Ali, um técnico, um Espírito grande conhecedor, um dos grandes nomes da Doutrina Espírita, ministrava uma aula sobre o cultivo de alimentos transgênicos.

Os transgênicos resultam da transferência ou alteração de genes de um ser vivo vegetal, animal, ser humano, microorganismo, ao outro, com o propósito de torná-lo mais "saudável", "produtivo" e mais imune a pragas e bactérias. A ganância de alguns faz que sejam criados alimentos transgênicos, alegando diminuição de custos, com a vantagem de criarem sementes mais resistentes a pragas. É a ganância dos homens, indo contra as leis da Natureza. Eles querem ganhos e esquecem que sãos seres humanos. Algumas empresas multinacionais produzem sementes transgênicas que estão lentamente substituindo as naturais (erosão genética), desconhecendo sua conseqüência sobre a saúde do ser humano no presente e no futuro. O homem, usando seu livre-arbítrio, deseja penetrar no segredo da vida, criando coisas novas para a longevidade advindas da biotecnologia, esquecendo-se de Deus, da vida. Na Bíblia já notamos o alerta contra os transgênicos[15]. E o pior é que os responsáveis pelo povo, principalmente no Brasil, a pátria do Evangelho, o país do grão, estão esquecendo a agricultura, sob a pressão dos grandes capitais e do mercado. Alguns buscam informações de cientistas guiados pelas trevas, que

---

[15] N.E. — Para maior detalhes, consultar a obra *Levítico*, terceiro volume da série *A Bíblia na Linguagem Espírita*, escrita pelo Espírito Cecília e psicografada por Irene Pacheco Machado, Cap. 15 — *Impurezas Sexuais*.

afirmam que a biossegurança alimentar e a ecologia dos transgênicos não causam transtornos à Humanidade. Outros, orientados pelos Espíritos que cuidam dos reinos da Natureza, gritam pedindo socorro e a Doutrina Espírita está alheia como está até hoje, indiferente à destruição da família, quando há muito nossos livros alertam o país.

Hoje, os Espíritos que cuidam dos reinos da Natureza estão pedindo socorro aos ecologistas, poucos, mas bravos idealistas, que ganham pouco, mas sonham com os mensageiros de Deus e deles recebem a força para defender a espécie humana do Planeta. O ideal do homem é o único bem que ele possui. O dinheiro fica, mas o idealista escreve o seu nome no livro das vitórias. Eles gritam sobre o perigo dos transgênicos, do risco à saúde e ao meio ambiente. Eles e nós, Espíritos, lutaremos contra as pressões, pois acreditamos na vida, na ética, na responsabilidade para com o próximo. Os produtos não podem afetar o ser humano e a cadeia da vida física. Os cientistas precisam buscar a verdade, não deixando que a ganância prejudique a vida dos Espíritos, o corpo físico, pois sabemos que é da Natureza que o Espírito reencarnante, junto à mãe, tira os nutrientes para seu corpo de carne e se os transgênicos alterarem esses elementos, como serão os corpos humanos do futuro? A Natureza trabalha há bilhões e bilhões de anos para organizar o código da vida, através de inter-retro-relações, que envolvem a física e a química do Universo. Uma célula epidérmica de nosso corpo contém, numa fantástica nanotecnologia, toda a informação necessária para a construção da vida corporal ou física e ali foi mostrado que a bactéria resistente da soja transgênica *Roundup Ready* perturbará o equilíbrio dos bilhões e bilhões de bactérias que se encontram no corpo físico. Os ecologistas devem lutar como os espíritas estão lutando, principalmente nesta Cidade das Crianças. Eles pedem que respeitem a vida física no Planeta, exponham os seus perigos e lutem contra a ganância desenfreada que toma conta dos produtores e das grandes potências mundiais. Hoje, algumas dessas alterações nos produtos consumidos pela Humanidade vêm causando várias doenças degenerativas. O câncer é uma conseqüência da vida moderna. As doenças psicossomáticas podem matar uma relação amorosa, como também aqueles que vivem permanentemente frustrados. As pessoas pessimistas, deprimidas, obcecadas por remédios, e também as que têm o coração repleto de raiva e sofrimento e vivem revoltadas com tudo e com todos são candidatas fortes ao enfarto cardíaco. A condição psicossomática tem grande impacto na origem e na evolução de doenças cardiovasculares. Quando a ciência descobrir os Espíritos, ela perceberá que o psíquico e o físico exercem uma influência mútua e que a depressão é uma patologia da alma, ela constitui um fator decisivo para a doença do corpo físico. A alma sem esperança, a alma fraca, sem ânimo para a luta diária, tem uma ligação direta com as condições físicas do coração. Os nervosos, os que não amam ninguém, sofrem de mal-estar e perseguem aqueles que os rodeiam. As pessoas nervosas, que desejam somente receber, mas não sabem doar, que não têm capacidade de levar algo por onde passam, que não pensam no seu semelhante, que vivem se queixando da vida, sempre carregando um desafeto, são mais propícias ao suicídio inconsciente. A vida física dessas pessoas corre perigo, elas estão-se assassinando pelo próprio veneno. O corpo humano é uma veste que o seu dono precisa ter bem cuidada e a alma em desequilíbrio intoxica o corpo físico. Nada como a meditação e a prece para acalmar a alma, não deixá-la levar até o organismo o seu descontrole. É fácil conhecer quando o homem está desequilibrado ou estressado: ele tem palpitação no coração, as mãos úmidas, pouca emissão de adrenalina, tem aumentada a demanda de oxigênio, que faz o coração trabalhar mais. A pressão arterial sobe, elva-se o colesterol no sangue e a mente desperta, porém, acelerados, os pensamentos correm soltos, sem disciplina, e o homem sobrecarrega os seus órgãos, o seu corpo físico com preocupações e bombas perigosas. Melhor para cada filho de Deus é saber comandar a sua mente, não desejando dominá-la, sim não deixando que as pequenas preocupações criem ondas incontroláveis de desespero, as quais só fazem que o corpo físico sofra, principalmente o cérebro e o coração. A vida moderna está levando o homem às doenças e ao mal-estar psíquico. Nada melhor do que a Doutrina Espírita para educar a criança, o adolescente e o jovem para saberem lutar contra as tendências que ainda carregam no Espírito, e ao chegarem ao corpo físico saberão que ele é uma veste que lhe foi emprestada pela Natureza e que ele também a confeccionou com sua força mental.

Atal nos enlaçou os ombros e delicadamente pegamos as mãos da Lanceira Indará, beijando-as, oferecendo-lhe uma flor do jardim de Maria.

Capítulo 18

A GRANDE HOMENAGEM

Dali fomos andando, quando encontramos o querido Sadu, o médico que sempre esteve ao nosso lado, mas que poucos conhecem como nós o conhecemos. Ele nos convidou a irmos até outra escola espiritual e ali encontramos a nossa turma. Samita, sorrindo, brincou:

— Sabe, Luiz, nós, que éramos ilustres desconhecidos, hoje estamos sendo recebidos por vários médiuns.

A Karina logo retrucou:

— Não gosto de ficar sabendo desses tristes fatos. Fazem-me relembrar o Cristianismo que foi esquecido pelos vaidosos e pseudo-sábios. Por que isso acontece no Espiritismo?

— Filhinha, isso é a fama. Hoje não somos mais os excluídos que profanam a Doutrina por falar em droga e contar a verdadeira vida dos jovens — assim falou nosso querido Rayto.

Viramos e dissemos ao Rayto:

— Companheiro, o mundo físico não está tão ruim como dizem. Você tornou-se pessoa fácil, antes precisávamos até marcar hora para conversarmos.

— Frade, quando é que o senhor vai-se conscientizar do seu trabalho?

— Não entendo.

— Pois deve procurar entender. Ninguém derruba os rochedos apenas atirando pedregulho. Ninguém polui as águas do mar apenas tentando lavar o corpo sujo e malcheiroso. Ninguém é capaz de fazer parar as ondas dos mares apenas colocando nelas algumas impurezas. Ninguém é capaz de matar um Espírito criado por Deus. Ninguém é capaz de desviar o tráfego divino deste intercâmbio espiritual que começamos há muitos anos. Quantas armadilhas já nos prepararam e todas vencemos! Ninguém é capaz de nos conhecer como a médium nos conhece, pelos tantos anos de convívio. Ninguém é dono de ninguém, é verdade, mas Deus é o Pai das obras sérias do Espiritismo e queiram ou não alguns espíritas ortodoxos aceitar, mas a verdade está aí, bem perto deles. Muitas das nossas advertências vêm acontecendo em muitos lares espíritas, infelizmente. Ninguém, Luiz, será capaz de destruir uma obra que já se perpetuou em uma Casa onde existe uma família unida pelo verdadeiro amor e gratidão eternos. Que chovam os granizos da crítica, das mentiras e das traições. Os Judas sempre existirão, nem o Cristo livrou-Se deles, e quem somos nós para condenar alguém? O sol é para todos e só aprecia o seu esplendor aqueles que buscam a verdade. Não queremos nós, seus eternos companheiros, vê-lo desanimado, porque muitos necessitam de seus livros. Querido amigo, agora iremos presenciar o que vem ocorrendo no plano físico.

E ali sentamos e fomos visitando os colégios de todo o Brasil, nos quais a droga corre solta nos pátios e nos banheiros. E as belas alunas, as meninas, chegando até elas na mais tenra idade. Os pais, com suas adegas de bebidas raras, são os maiores culpados dessas dependências químicas e ali, à nossa frente, víamos a alta sociedade, os donos da noite, empresários de *shows*, vendendo drogas, as mais caras e perigosas. Os pacotes de haxixe eram jogados pelas janelas dos condomínios de luxo, mas logo surgiram os *Hortênsias Lilases*, que levam a polícia a descobrir os carregamentos do tóxico. Víamos essa organização de Maria trabalhando junto aos policiais, descobrindo a droga nos mais estranhos lugares. Queria abraçar aquele grupo, com o qual convivi alguns meses, mas o livro não foi levado a público.

Logo assistimos a um *show* repleto de meninos no qual a droga era a rainha, o artista máximo da garotada e dos adultos. O *tai-stik* era a droga sintética mais consumida, trinta vezes mais forte do que o *skank*, tão consumido pelos artistas. Era deprimente lembrar os hospitais do mundo físico, nos quais muitos lutam para não desencarnar na UTI, e ali, à nossa frente, aquelas crianças jogavam a reencarnação no lixo da dependência química. O *tai-stik* era usado com tranqüilidade, como se fosse um simples copo de água, e assim outras drogas foram surgindo, as misturas mais e mais sofisticadas. Os desodorantes eram consumidos na frente dos bobos dos pais, que julgavam que seus filhos eram uns anjos. A promiscuidade daqueles jovens era de deixar Sodoma e Gomorra revoltadas: "como eles conseguem ser mais depravados do que nós fomos?" Mas é verdade, o sexo e as drogas estão aí, na sua casa, leitor amigo, ou na casa do seu vizinho. Não fique de braços cruzados, saia da toca e enfrente os inimigos. Se os lares não se tornarem uma trincheira contra o tráfico, a família cada vez mais se sentirá enfraquecida. Não espere o governo nem a sociedade acabarem com o tráfico. Lute para que seu lar seja protegido, pois um lar bem estruturado jamais terá um dependente.

Encontrávamo-nos estático. Como gostaríamos de escrever mais, mas logo nos despedimos dos nosso eternos amigos e quando ganhamos a rua, toda a praça central da Cidade das Crianças estava repleta de crianças, adolescentes, jovens e adultos empunhando cartazes com os títulos de todos os nossos livros, escritos por Alayde, Lucia e Irene. Muito emocionado, não pudemos conter as lágrimas. Atal e nossos amigos Nady e Indará nos abraçaram enquanto aquela multidão cantava nossas músicas. Na última delas, flores de todas as cores e miosótis atapetavam a praça com o título dos nossos livros escritos. Luzes refletiam sobre todos eles e aí vimos surgir no meio daquela multidão nosso querido Palário, trazendo pelas mãos nossa querida Alayde. Abraçamo-nos, os três, enquanto a multidão cantava muitas músicas, não somente as nossas, como as de Rosália e de Francisca Theresa.

No céu, uma luz brilhante, que parecia sair do peito de um Espírito de muita luz, escrevia: "Nós amamos vocês. A tarefa junto à juventude não pode parar". Era demais! Várias crianças, bem pequenas, deitavam no chão e formavam os títulos dos livros que estão guardados no baú das psicografias da Irene para serem editados e que ela reluta em colocar na praça. Um grupo de crianças muito nos emocionou. Eles escreveram com seus corpos no chão as palavras: "Eu Te busco". Parecia que aquelas crianças eram os miosótis de Maria de Nazaré. Ajoelhei-me junto a elas e as lágrimas molharam aqueles corpos como se estivessem molhando o jardim de Maria. Recordamos o nosso *Os Miosótis Voltam a Florir* e ali eles voltaram a colorir nosso Espírito de esperanças, dando-nos muita força para que possamos continuar no barco de Maria, vencendo as tempestades frias e cruéis que tanto nos têm causado preocupações e tristezas.

A Cidade das Crianças nos oferecia a mais bela festa que já tivemos em nossas vidas e Alayde, também emocionada, via os livros que passaram por suas benditas mãos e pelas da Lúcia escritos com as flores do crucifixo de Francisca Theresa que, aproximando-se de Alayde, deitou-se no chão e lhe falou:

—Ainda guardo a carta que escreveste à médium, dizendo como estavas feliz por Irene estar iniciando uma longa e penosa caminhada ao lado dos jovens.

Era um momento único em nossas vidas. Os cânticos faziamnos chorar muito e a música *Abraça-me, Senhor*, de Francisca Theresa foi cantada por toda a cidade. Jamais esqueceremos a despedida daquele local. Quando chegamos à saída da cidade, lá encontramos, em um grande *outdoor*, os dizeres: "Oferecemos a força que liberta a mente da ignorância, do preconceito e do erro. Procurem dar valor para que busquem a verdade por todos os modos, o amor pelo socorro mútuo. A paz sempre chega a uma mente iluminada, a um coração aberto e à consciência de uma alma imortal. Boa viagem e um breve regresso."

Leitor amigo, sou obrigado a limitar-me, não posso tudo narrar neste livro. Esses poucos casos que contamos podem dar o que pensar e isto basta aos nossos propósitos. Somos simples porta-voz dos mestres que aprofundam essas matérias. Não temos outro intuito, senão o de mostrar as dificuldades que hoje a família está vivendo, não sabendo como educar os filhos em um mundo tão moderno, tão materialista. Mesmo sabendo o que vem acontecendo em todo o Planeta, o flagelo da droga, muitas famílias preferem ignorá-lo.

Alguns leitores espíritas não gostam da maneira simples que escrevemos, mas não somos e nunca tivemos a pretensão de nos tornar um escritor. Não temos culpa de em todos os tempos terem existido os dependentes, mas os nossos livros alertam que hoje a sociedade busca uma interpretação racional e desesperada, esperando que o milagre aconteça, que tenha um fim a violência que hoje domina todos os povos. Venha de onde vier a premonição, da clarividência do futuro logo surge a explicação científica dos fatos. Ela não pode eliminar a verdade que os Espíritos trazem até os encarnados e esse trabalho nós já fazemos há muitos anos. A idéia de responsabilidade ao tratar de tão sério assunto deriva do ideal de liberdade. O que pedimos em nossos livros é a responsabilidade familiar, a responsabilidade criminal, a responsabilidade civil, porque são colunas do edifício social. À medida que se alarga o horizonte mental dos povos, vai-se depurando o sentimento de responsabilidade, crescendo de nação a nação. Depredação, pichação, pirataria, escravidão, tatuagem em jovens, adolescentes e crianças, fome, discriminação e preconceitos são coisas que a vida moral dos povos já não tolera, então está na hora de o Espiritismo ensinar ao homem que a Natureza é eterna e que ele tem o tempo à disposição, para cair na realidade e unir as mãos em prece, pedindo a Deus, pois só Ele pode nos fazer felizes quando O descobrimos ou buscamos. O Espiritismo tem a chave do segredo e ele pode resolver o eterno conflito da Humanidade: a falta de conhecimento do que seja a vida e a morte. E quando encontramos Deus, tudo fica mais fácil. Tornamo-nos humildes e damos graças ao Senhor por tê-Lo encontrado como Ele é, bom e justo.

Nisso, nossos companheiros se despediram. Depois de abraçá-los bem forte, saímos chutando as pedras do chão. Logo vimos o barco de Maria e dentro dele encontramos a disciplina de bordo, um livro chamado "estatuto do amor". Sobram-lhe uma boa parte de atos livres, toda sua vida moral e intelectual, podendo ser um bom ou um mau marinheiro.

Eis o mar da vida, chamado liberdade. Somos feliz por não ter abandonado o barco de Maria, graças a você, leitor, que sempre orou por nós. Um abraço e o até logo do

Luiz Sérgio

Eclesiástico, Capítulo 7:

1 *Não pratiques o mal e o mal não te dominará.*

2 *Afasta-te do injusto e ele se desviará de ti.*

3 *Não semeies nos sulcos da injustiça, para não vires a colhê-la sete vezes mais.*

4 *Não peças ao Senhor o cargo de chefe nem ao rei um lugar de honra.*

5 *Não pretendas ser justo diante do Senhor nem sábio diante do rei.*

6 *Não procures tornar-te juiz, se não és capaz de extirpar a injustiça, pois poderias intimidar-te frente ao poderoso e assim porias em risco tua retidão.*

7 *Não peques contra a assembléia da cidade, nem te rebaixes diante da multidão.*

8 *Não te enleies duas vezes no pecado, pois não ficarás impune nem mesmo por um só.*

9 *Não digas: "Será levada em conta a quantidade de minhas oferendas; e, quando as apresentar ao Deus Altíssimo, ele as aceitará".*

10 *Não sejas impaciente em tua oração e não te descuides em dar esmola.*

11 *Não ridicularizes o homem de alma amargurada; pois um só é o que humilha e exalta.*

12 *Não inventes mentira contra teu irmão nem tampouco o faças contra teu amigo.*

13 *Evita proferir qualquer mentira, pois tal hábito não é para o bem.*

[14] *Não sejas falador na reunião dos anciãos nem repitas as palavras na tua oração.*

[15] *Não desprezes o trabalho pesado nem a agricultura, estabelecida pelo Altíssimo.*

[16] *Não te associes à companhia dos pecadores: lembra-te de que a cólera não tarda.*

[17] *Humilha profundamente tua alma, pois o castigo do ímpio é o fogo e os vermes.*

[18] *Não troques um amigo por dinheiro nem um verdadeiro irmão pelo ouro de Ofir.*

[19] *Não te desvies de uma mulher sábia e bondosa, pois sua graça vale mais do que ouro.*

[20] *Não maltrates o servo que trabalha com fidelidade nem o assalariado que se empenha plenamente.*

[21] *Ama o servo diligente: não lhe recuses a liberdade.*

[22] *Tens rebanhos? Cuida bem deles; se deles tiras proveito, conserva-os.*

[23] *Tens filhos? Educa-os; e dobra-lhes o pescoço, desde a infância.*

[24] *Tens filhas? Vela por seu corpo; e não alegres diante delas o teu rosto.*

[25] *Casa tua filha, e terás concluído grande tarefa; mas entrega-a a um homem sensato.*

[26] *Tens uma esposa segundo teu coração? Não a repudies. Se deixaste de amá-la, porém, não confies nela.*

[27] *Honra teu pai de todo o coração, e não esqueças as dores de parto de tua mãe.*

[28] *Lembra-te de que por eles foste gerado: como lhes retribuirás o quanto te deram?*

[29] *Com toda tua alma teme o Senhor e reverencia seus sacerdotes.*

[30] *Com toda a força, ama aquele que te criou e não abandones os seus ministros.*

31 *Teme o Senhor e honra o sacerdote. Dá-lhe a sua parte,*
como te foi prescrito: primícias, ofertas pelo pecado, entrega das es-
páduas, sacrifício de santificação e primícias das coisas sagradas.
32 *Estende tua mão também ao pobre, a fim de que tua bên-*
ção seja completa.
33 *A graça dos teus dons chegue a todos os vivos; e também*
aos mortos não recuses teu favor.
34 *Não voltes as costas aos que choram, e com os aflitos*
aflige-te.
35 *Não hesites em visitar os enfermos: é por tais ações que*
serás amado.
36 *Em todas as tuas ações lembra-te do teu fim, e jamais*
pecarás.

Obras do Espírito Luiz Sérgio

O mundo que eu encontrei – Psicografado por Alaíde de Assunção e Silva
Novas Mensagens – Psicografado por Alaíde de Assunção e Silva
Intercâmbio – Psicografado por Alaíde de A. e Silva e Lúcia M. S. Pinto
Na esperança de uma nova vida – Psicografado por Irene Pacheco Machado
Ninguém está sozinho – Psicografado por Irene Pacheco Machado
Os miosótis voltam a florir – Psicografado por Irene Pacheco Machado
O vôo mais alto – Psicografado por Irene Pacheco Machado
Um jardim de esperanças – Psicografado por Irene Pacheco Machado
Mãos estendidas – Psicografado por Irene Pacheco Machado
Consciência – Psicografado por Irene Pacheco Machado
Chama eterna – Psicografado por Irene Pacheco Machado
Lírios colhidos – Psicografado por Irene Pacheco Machado
Driblando a dor – Psicografado por Irene Pacheco Machado
Deixe-me viver – Psicografado por Irene Pacheco Machado
Dois mundos tão meus – Psicografado por Irene Pacheco Machado
Cascata de luz – Psicografado por Irene Pacheco Machado
Na hora do adeus – Psicografado por Irene Pacheco Machado
Universo de amor – Psicografado por Irene Pacheco Machado
Amigo e Mestre – Psicografado por Irene Pacheco Machado
Ensina-me a falar de amor — Psicografado por Irene Pacheco Machado
Mais além do meu olhar — Psicografado por Irene Pacheco Machado
Eu Te busco — Psicografado por Irene Pacheco Machado
Cabana de Sonhos — Psicografado por Irene Pacheco Machado
Rios da Oração (Preces de Luiz Sérgio) — Psicografado por Irene Pacheco Machado

Obras de autores diversos psicografadas por IRENE PACHECO MACHADO

Diálogo com Jesus – Pelo Espírito Francisca Theresa
Maria – Pelo Espírito Francisca Theresa
Por Que Pequei – Pelo Espírito Francisca Theresa
Reflexões de Jacó – Pelo Espírito Jacó
Nós amamos você – Por Espíritos diversos
Reflexões de Jacó II – Pelo Espírito Jacó
Por que as lágrimas? – Por Espíritos diversos
Alicerce da Fé – Pelos Espíritos Lázaro José e João Batista
Sonhos & Realidades – Pelo Espírito Jacó
Uma rosa em meu caminho – Pelo Espírito Rosália
Corações amigos – Por Espíritos diversos
Cântico de paz – Pelo Espírito Jacó
As flores também choram – Pelo Espírito Jacó
O Gênesis — Pelo Espírito Cecília (Série *A Bíblia na Linguagem Espírita* — Vol. 1)
Êxodo — Pelo Espírito Cecília (Série *A Bíblia na Linguagem Espírita* — Vol. 2)
Levítico — Pelo Espírito Cecília (Série *A Bíblia na Linguagem Espírita* — Vol. 3)
Números — Pelo Espírito Cecília (Série *A Bíblia na Linguagem Espírita* — Vol. 4)

Deuteronômio — Pelo Espírito Cecília (Série *A Bíblia na Linguagem Espírita* — Vol. 5)
Josué, Juízes, Rute — Pelo Esp. Cecília (Série *A Bíblia na Linguagem Espírita* — Vol. 6)
Livro de Samuel — Pelo Espírito Cecília (Série *A Bíblia na Linguagem Espírita* — Vol. 7)
Reis, Crônicas — Pelo Espírito Cecília (Série *A Bíblia na Linguagem Espírita* — Vol. 8)
Esdras, Neemias — Pelo Espírito Cecília (Série *A Bíblia na Linguagem Espírita* — Vol. 9)
Tobias — Pelo Espírito Cecília (Série *A Bíblia na Linguagem Espírita* — Vol. 10)
Judite, Ester — Pelo Espírito Cecília (Série *A Bíblia na Linguagem Espírita* — Vol. 11)
Macabeus — Pelo Espírito Cecília (Série *A Bíblia na Linguagem Espírita* — Vol. 12)
Livro de Jó — Pelo Espírito Cecília (Série *A Bíblia na Linguagem Espírita* — Vol. 13)
CD *Viver de Amor* — Músicas de Francisca Theresa

Obras de autores diversos

O Barco de Maria — Mauricio Maia Soutinho
A Longa Estrada — Mauricio Maia Soutinho e Jab Sousa Silveira

ATENDEMOS PEDIDOS PELO REEMBOLSO POSTAL
ATRAVÉS DO SEGUINTE ENDEREÇO:
Livraria e Editora Recanto
Caixa Postal 03732
70084-970 Brasília DF — Brasil
e-mail: rema@rema.org.br www.rema.org.br

Esta obra de Luiz Sérgio relata cada versículo do Sermão da Montanha, o código moral da Humanidade, e tem como objetivo mostrar ao leitor espírita a fidelidade do Cristo ao Antigo Testamento, quando, no Sermão do Monte, disse aos escribas e fariseus: *não vim destuir a lei e os profetas, mas dar-lhes cumprimento* (*Mateus*, Cap. 5, v. 17).

Esta obra relata capítulo por capítulo de *O Evangelho Segundo o Espiritismo*, lições ministradas por dois Espíritos abnegados a um grupo de almas que desconheciam o Cristo amigo. É um livro para todos aqueles que gostam de estudar e compreender *O Evangelho Segundo o Espiritismo*, caminho que nos conduz ao Mestre.